«Was für eine Geschichte ist es denn, die ich zu erzählen habe? Die Geschichte eines Intellektuellen zwischen zwei Weltkriegen, eines Mannes also, der die entscheidenden Lebensjahre in einem sozialen und geistigen Vakuum verbringen mußte: innig – aber erfolglos – darum bemüht, den Anschluss an irgendeine Gemeinschaft zu finden, sich irgendeiner Ordnung einzufügen: immer schweifend, immer ruhelos, beunruhigt, umgetrieben, immer auf der Suche ...; die Geschichte eines Deutschen, der zum Europäer, eines Europäers, der zum Weltbürger werden wollte; die Geschichte eines Individualisten, dem vor der Anarchie fast ebensosehr graut wie vor der Standardisierung, der ‹Gleichschaltung›, der ‹Vermassung›; die Geschichte eines Schriftstellers, dessen primäre Interessen in der ästhetisch-religiös-erotischen Sphäre liegen, der aber unter dem Druck der Verhältnisse zu einer politisch verantwortungsbewußten, sogar kämpferischen Position gelangt ...»

Klaus Mann 1941

Klaus Mann

DAS ZWÖLFHUNDERTSTE HOTELZIMMER

Ein Lesebuch Ausgewählt von Barbara Hoffmeister

Rowohlt Taschenbuch Verlag

Originalausgabe

Veröffentlicht im Rowohlt Taschenbuch Verlag,

Reinbek bei Hamburg, November 2006

Copyright © 2006 by Rowohlt Verlag GmbH,

Reinbek bei Hamburg

Siehe auch im Quellenverzeichnis Seite 281

Umschlaggestaltung any.way, Barbara Hanke

(Foto: Monacensia Literaturarchiv und

Bibliothek München)

Innentypografie Daniel Sauthoff

Satz ITC New Baskerville und ITC Century PostScript,

InDesign, bei Pinkuin Satz und Datentechnik, Berlin

Druck und Bindung Clausen & Bosse, Leck

Printed in Germany

ISBN 13: 978 3 499 24411 7

ISBN 10: 3 499 24411 X

Inhalt

«Es ist eine meiner vielen Abreisen,

ich weiß nicht, wohin ich fahre. Ich fahre irgendwohin, ich trage meinen Handkoffer, ein paar Bücher, den Regenmantel. Gerade da Hans mit einer höflichen kleinen Verbeugung den Wagenschlag für mich öffnet – ‹Zum Hauptbahnhof, Herr Klaus?› –, erscheint mein Vater am Fenster seines Schlafzimmers im ersten Stock. Es muß vier Uhr nachmittags sein – seine Ruhestunde. Er trägt seinen dunklen Schlafrock, eine schöne Robe aus blauem Brokat, in der er sich fast niemals vor uns sehen lässt, und ist eben dabei, die Jalousien herunterzulassen. Aber er unterbricht sich in seiner Hantierung, da er den Wagen, das Gepäck, den Chauffeur und mich drunten in der Allee bemerkt. Wie deutlich ich das Bild vor Augen habe! Der Vater dort oben, im Rahmen des offenen Fensters … Und nun winkt er mir zu, mit einem müden und ernsten Lächeln.

‹Viel Glück, mein Sohn!› sagte der Vater, mit halb scherzhafter Feierlichkeit. ‹Und komm heim, wenn du elend bist!›»

Klaus Mann, im Rückblick 1949

Gruß an das zwölfhundertste Hotelzimmer

Zwölfhundertstes Hotelzimmer – sei mir gegrüßt!
Sei mir gegrüßt, mit mäßig gutem Bett, Spiegelschrank,
Kommode, wackeligem Schreibtisch;
Mit rosa Nachttischlampe, abgeschabtem Teppich,
Wasserkaraffe, Briefpapier, Kofferständer.
Sei gegrüßt, Heimat seit einer halben Stunde,
Heimat für zwei, drei oder vierzehn Tage –:
Wirst du mir freundlich gesinnt sein?
Werde ich bei dir ausruhen dürfen?
Oder gibt es gleich Aerger, weil der Kellner mich neun ge-
    schlagene Minuten warten läßt, seit ich nach meinem
    Frühstück geklingelt habe?
Neun bittere Minuten, die ich, zornig summend, zwischen
    Bett und Waschtisch spazierengehe;
Neun verfluchte Minuten, zwischen Aufstehen und Café
    complet, die nicht mehr zur Nacht, noch nicht zum Tage
    gehören;
Was kann ein Tag bringen, der so beginnt?
Schlechte Heimat! Schon ist das Vertrauen dahin, das ich dir
    zunächst entgegenbrachte. –
Werde ich nach Kleiderhölzern, Tinte, Aschenbecher, Papier-
    korb erst verlangen müssen, oder ist alles zur Stelle?
(Was für eine Heimat wäre denn das, ohne Tinte und ohne
    Papierkorb!)
Versuchest du ihn zu bluffen oder zu verblüffen, deinen Gast,
    deinen Schutzbefohlenen –
Oder trachtest du vielmehr danach, sachlich für ihn zu sorgen?
(Bluff scheint mir, wenn ich drei Glocken übereinander an-

gebracht finde, für Kellner, Hausburschen, Zimmermädchen – noch dazu mit neckisch erläuternden Bildern, komisch flatterndem Frack des Kellners, Zimmermädchen, sich niedlich machend mit Besen:
Es ist aber gleichgültig, auf welche Klingel man drückt, immer erscheint der Angestellte, der gerade nichts andres zu tun hat.)
Wie ist der Nachtportier?
Gestattet er mir, meinen Besuch mit aufs Zimmer zu nehmen, schaut höflich beiseite, wenn ich, mit gemachter Selbstverständlichkeit, vorbeischlendere an seiner Loge?
Oder spielt er den Strengen – «bitte sich ins Schreibzimmer zu bemühen, gibt es noch was zu besprechen.»
Wie verhält sich das Bett?
Ist die Steppdecke ganz appetitlich, garantiert frisch bezogen –
Oder ein wenig klebrig, nicht kühl genug, von verdächtiger Weichheit?
Oberkellner, schwatzest du mir zuviel, Trinkgeldlüsterner?
Oder erklärst du mir gar, daß nach zehn Uhr morgens kein Frühstück erhältlich?
(Bin ich in einem Gefängnis?)
O Heimat von drei, vier Tagen, sechs Wochen, zweieinhalb Monaten – wieviel Enttäuschungen hast du mir schon bereitet!
Wie hart und peinlich hast du sie schon bestraft, meine Unruhe, Unrast, meinen Ehrgeiz und mein Abwechslungsbedürfnis.
Und es mich als Beschämung empfinden lassen, daß ich immer wieder zu dir zurückkehren mußte. –
Aber freilich, wieviel Gutes hast du mir schon gewährt, wieviel Rührendes, Sanftes, Aufmerksames. Laßt mich euch danken, meine zwölfhundert kleinen Heimatländer!

Ich schaue durch euch hindurch,
Ihr reiht euch eins hinters andere, in unendlicher Perspektive –
Wie wenn man zwei Spiegel sich spiegeln läßt ineinander.
(Badezimmer wie Grotten der Operndekoration).
Nein, nicht wie zwei Spiegel.
So ähnlich ihr euch nun scheint, so verschieden wart ihr euch doch. Ich sehe mich durch euch hindurchgehen, Kilometer um Kilometer.
Kleiner Punkt, winzige Figur, die hartnäckig wandert, ganz allmählich herankommt;
Dort länger verweilend, dort nur sehr flüchtig;
Plaudernd mit Zimmermädchen, mit Kellnern, Portiers,
Im Hotelzimmer lesend, schreibend, Freiübungen machend;
Viel allein, manchmal mit Besuch Tee trinkend am Tischchen (schlechtes Gebäck).
Einsame Nacht, da man über den Rand des Buches in eine Oede starrt, die den kleinen Raum ins Unendliche weitet.
Liebesnacht im Hotelzimmer – oh, welcher Töne bedürfte ich, um deine Reize zu schildern, die, bitterer, zärtlicher, unverbindlicher, als Liebesnächte in anderen Zimmern sie kennen, den Geschmack des Endes in jeder Umarmung hatten.
(Und draußen Meer und eine mondbeschienene Promenade; oder die große Stadt; oder das schwarze Gebirg.)
Ihr verlorenen zwölfhundert!
Ich glaubte, jeden von euch ohne Schmerzen hinter mir zu lassen, ihn gleich zu vergessen.
Aber, ach, es waren zwölfhundert Abschiede –
Ohne daß ich es merkte.
Nach jedem von euch ist mir eine winzig kleine Sehnsucht geblieben.
Ich trage eure Gerüche in meinem Herzen.

Ich gehe dahin, schwer von zahllosen unbeträchtlichen und doch schweren Erinnerungen.

Hotelzimmer des Südens, wo man unter einem Moskitonetz schläft, wie inmitten einer weißen Wolke;

Gasthausstube auf dem bayerischen Land, mit schweren, rot-karierten Plumeaus, schweren Wasserkrügen, Blumenkä-sten am Fenster.

Amerikanisches Hotelzimmer, mit Bibel und Eiswasser, und voll technischer kleiner Tricks (grünes Lämpchen flammt auf, wenn Post für dich unten).

Französisches Zimmer, mit Kamin, geblümter Tapete, enorm breitem Bett, Paravent vor dem aufdringlich placierten Bi-det; etwas staubig, etwas parfümiert.

Spanisches Zimmer, mit Steinboden und Wasserhähnen, die so ungeschickt konstruiert am Rande des Beckens sind, daß man sich wirklich kaum die Hände waschen kann.

Wiener Hotelzimmer, wo die Direktion einen fast allabend-lich mit kleinen Geschenken überrascht (Blumenkörb-chen, Petits fours) –

Und ihr, ihr Berliner, in denen man den ganzen Tag telefo-niert, und über die sonst nichts, nichts, nichts zu sagen ist.

Schmutz des Balkans,

Ostseegeruch vorm Fenster,

Palmenallee der Riviera.

Phantastisch orientalisch vermummte Zimmer in den Luxus-kästen des fernen Ostens

(Badezimmer wie Grotten in der Operndekoration).

Schweizer Zimmermädchen.

Arabische Magd, brauner Bursche in roter, gebeutelter Hose.

Marmornes Treppenhaus, muffiges Treppenhaus, weißes, sachliches Treppenhaus.

Legion der Speisesäle.

Unendliche Ausblicke auf Gärten, Höfe, Promenaden, auf Hauptverkehrsstraßen, auf stille Winkel und auf das Meer.

Oh, wie bestürmt ihr mein Herz mit scheinbar unbeträchtlichen und doch so schweren Erinnerungen (Badezimmer, Geruch des Hotelautobus).

Wieviel von meinem Leben ließ ich bei euch. –

Und da ich in dich eintrete, mein liebes Zwölfhundertstes, prüfe ich, mißtrauisch, aber zärtlich, kennerisch und doch mit unendlicher Wehmut, die Beschaffenheit deiner Bettdecken, deines Briefpapiers und des Schrankes, der wieder einmal nicht schließt.

TEIL I

ROMANE, ERZÄHLUNGEN UND EIN SONG

Treffpunkt im Unendlichen

[Neuntes Kapitel]

Richard Darmstädter hatte in einem der großen Hotels an
der Promenade des Anglais ein Doppelzimmer mit Bad und
Salon für Tom und sich gemietet. Das Appartement kostete
zweihundertfünfzig Francs täglich, ohne Pension. Es hatte einen Balkon, mit Blick über die Promenade zum Meer. Den
ganzen Tag zogen vor ihren Fenstern in dichten Ketten die
Einwohner jener unzähligen Hotels vorüber, aus denen Nizza zu bestehen scheint; die vergnügungssüchtigen oder erho-
lungsbedürftigen Bürger aus Lyon und Leipzig, aus Manche-
ster, Frankfurt a. M., Budapest, Kansas City, Rio de Janeiro,
Mailand und Hannover. Meistens spielte auf der Kaffeeter-
rasse, die zum Hotel gehörte, eine Jazzkapelle, die sich aber
auch klassisch einstellen konnte (dann bevorzugte sie Wagner oder Puccini). – Nur zur Zeit der Hauptmahlzeiten – mit-
tags zwischen halb eins und zwei, abends zwischen sieben und
halb neun – wurde es stiller; und nachts, wenn die letzten
Betrunkenen aus den Lokalen nach Hause gefunden hatten.
Dann hörte man endlich das Geräusch des Meeres, das leise
rauschende Auslaufen der Wellen auf dem kiesigen Ufer; das
zugleich schmeichlerische und drohende Gurgeln, mit dem
das Wasser die ins Meer hinausgebauten Pfähle des Casino de
la Jettée umspielte.
  Richard hätte ein stilleres Zimmer vorgezogen. Aber Tom
sagte: «Nee, so ist es gerade recht.» Ebenso war es in Cannes und in Marseille gewesen. Tom saß den halben Tag auf
dem Balkon und sah träge neugierigen Blicks den Leuten zu,
die vorbeispazierten. «Schau; die ist richtig», rief er manch-

mal mit seinem kurzen und grollenden Lachen. Dann kam Richard, der hinter ihm im Zimmer arbeitete oder träumte, gehorsam herüber, um die besonders hergerichtete Frauensperson zu besichtigen.

Nachmittags ging Tom ins Kasino oder in ein Café. Zuweilen begleitete ihn Richard, aber nicht immer. Wenn Tom allein aus war, konnte es passieren, daß er erst um vier Uhr morgens wiederkam. Dann hatte er eine besonders ulkige Dame kennengelernt und sie gleich mit in eine Absteige genommen.

Richard war viel allein und hatte viel Zeit für seine Geistessorgen. Zu Ausflügen hatte Tom jetzt meistens keine Lust mehr, «wir kennen doch schon alles», sagte er faul. Dabei waren sie, von Nizza aus, nur einmal in Monte Carlo gewesen. – Aber die paar Stunden, die Richard an Toms Bett sitzen durfte, oder ein Spaziergang zu zweit in der Nacht, oder ein Frühstück, wo sie zusammen Unsinn trieben und lachten und mit den Kissen warfen – entschädigten ihn für alles.

Er schrieb an seinen Freund Doktor Massis: «Ich erlebe hier Wochen von einer Seligkeit, die Ihnen unvorstellbar sein muß. Täglich versenke ich mich tiefer und inniger in Toms Wesen, als es mir möglich wäre, wenn ich jede Nacht mit ihm schliefe. Seine unergründliche Einfachheit, seine Reinheit erschüttern mich jeden Morgen aufs neue. Er ist und bleibt für mich das Phänomen, als das ich ihn von Anfang an empfunden: das Phänomen des vollkommen naturnahen, des wahrhaft unverdorbenen Menschen. Dabei bewundere ich die Intelligenz und den nahezu *unfehlbaren* Instinkt, mit dem er auf für ihn doch so neue Menschen, Zustände und Landschaften reagiert. Ich liebe ihn grenzenlos – und ich danke Gott, daß ich diesem Menschenkind begegnen durfte. Solange uns Begegnungen von solcher Tiefe und so lebensförderndem Reiz vergönnt sind, ist es herrlich, auf dieser Erde zu sein, und der

Tod ist mir ferner, unvorstellbarer, ja absurder als jemals. Für Tom zu leben – – –»

Denselben Tag, da er diesen euphorischen Brief abschickte, begann er eine Arbeit über das *Einsamkeitsproblem.* Sie sollte umfangreich werden, vielleicht ein Buch. Zunächst setzte er zusammenhanglose Notizen hin. «*Hegel.* Nach seiner Auffassung sind alle Individuationen nur Spaltungen eines Ur-Ichs und im Grunde mit diesem identisch geblieben. – Daß das Allgemeine zugleich und ebenso unmittelbar das Einzelne ist – dies bedeutet eine der Formeln, auf die er das Weltmysterium bringt. – Was nützt uns das? Wie hilft uns das weiter? – Daß wir als Idee identisch sind, ist eine Tatsache der Logik, keine erlebte: daß wir uns als identisch anerkennen, eine politisch-juristische Tatsache, keine erlebte. – ‹Selig aus Verstand›; eine schöne Seligkeit. – Der logische Mythos; schöner Mythos. – Welche Groteske, die Einsamkeit durch eine äußerlich-technische Gemeinschaft überwinden zu wollen! Wo berühren die empirisch-zivilisatorischen Notwendigkeiten, aus denen heraus *der* STAAT entsteht, sich mit der Einsamkeitsfrage, in ihrer eigentlichen, unerbittlichen Tiefe? – Auch *die Sprache* scheint mir nicht mehr als ein technisches Hilfsmittel, intellektuelle Notkonstruktion – Morsezeichen über die Abgründe. – *Die Überwindung der individuellen Einsamkeit im Staat:* hoffnungsloser Weg von Hegel über das militaristische Preußentum bis zum Marxismus. – Kollektivist, wer wäre es nicht gern? Solange aber das Einsamkeitsphänomen (das Phänomen der Spaltung, des Nicht-zueinander-Hinkönnens) primäre Voraussetzung bleibt: Utopie, deren Erfüllung metaphysische Veränderungen unserer Existenz vorausgehen müßten. Bis dahin kann der staatsreligiöse Kollektivismus immer nur durch äußeren, brutalen Zwang bestehen, sei es in Potsdam, sei es in Moskau. Zusammenhang zwischen dem individuellen Einsamkeitsproblem und der sozialen Frage. Im klassenlosen Staate des Goldenen Zeit-alters, das der Sozialismus verheißt, müßten die unendlich gespaltenen Teile des Ur-Ichs wieder zueinander gefunden haben; erst dann Gütergemeinschaft, erst dann überhaupt *Gemeinschaft* möglich. Bis dahin: *die Liebe* der einzige wesent-liche Versuch, das tragische Phänomen der Isolierung zu überwinden. Wie jeder andere Versuch zum Scheitern verur-teilt (Einsamkeit unser Teil); aber das einzige Surrogat, das wenigstens auf Minuten über die sonst unerträgliche Wahr-heit hinwegtäuscht.

Und Tom will nicht einmal mit mir schlafen –»

(Der letzte Satz mit Bleistift und in einer plötzlich fas-sungslos entgleitenden Schrift unter das Manuskript ge-schrieben.)

Draußen, vom Balkon, Toms Stimme: «Schau doch mal, Richard!»

Als Richard hinauskam, zeigte Tom ihm einen besonders schönen Rennwagen, der vorm Kasino hielt. «Fein, was? – Schnellganggetriebe», fügte er bedeutungsvoll hinzu.

Tom saß auf dem Balkon wie ein Schiffer auf seinem Beob-achtungsposten; die Knie auseinandergespreizt und die brei-ten Hände schwer daraufgelegt. Die Augen schienen zugleich scharfsichtig und träge. In ihrem apathischen, aber genauen Blick war etwas Stumpfes und etwas Helles, etwas Totes und etwas Kraftvolles.

Richard sah den Wagen an und fand auch, daß er prächtig wäre. Er stand neben Tom und legte seine Hand auf dessen Schulter. Tom trug ein blauseidenes Hemd – Richard hatte es ihm vor ein paar Tagen geschenkt – und englische graue Fla-nellhosen. Socken trug er auch jetzt nicht. – Er meinte: «Die machen so ekelhaft heiß», – aber an der blauen Küste wirkte das nicht unelegant.

So einen Wagen müßte ich ihm schenken, wie den da

unten, dachte Richard. Er rechnete plötzlich: ich habe jetzt noch etwa sechsundzwanzigtausend Mark. Wieviel kann so ein Ding kosten? Die Hotelrechnung hier wird jetzt schon fast tausend Mark machen; freilich, fast zu allen Mahlzeiten Sekt. – – Ich sollte ihm das ganze Geld schenken. Er müßte was lernen. Seine Zeichnungen sind doch so nett. An einem Wagen hätte er natürlich mehr Spaß. Aber er kann ihn sich doch nie halten. Ihn in Berlin auf die Akademie schicken. Hier nur noch ein paar Tage bleiben. Komisch, daß er nie von seiner Mutter spricht. Wird immer ganz ärgerlich, wenn ich mal nach ihr frage. Ob sie nicht doch noch lebt? Ich möchte sie kennenlernen – – –

Im starken Nachdenken hatte er sich neben Tom, auf die Seitenlehne des Korbstuhls, gesetzt. Richards Gesicht neben Toms Gesicht in der Sonne. – Toms Gesicht: breit, in sich ruhend, schläfrig und fest, mit der Strähne dunkelblonden Haars in der breiten, glatten und gedankenlosen Stirn; mit den schönen, halbgeöffneten Lippen (er müßte dampfen beim Atmen; dampfenden Atem ausstoßen). – Richards eckiges und langes Gesicht mit den schwarzen, verklebten Haaren, den unsteten, leidenschaftlichen Augen, über denen die Brauen zusammenwachsen; der langen Nase, deren Nüstern vibrieren; dem beweglichen Mund. Alles in Spannung, alles nervös, zügig, forciert.

Richard fragte: «Wollen wir heute abend zusammen ausgehen?»

Tom, ohne ihn anzuschauen, träge: «Bin eigentlich mit dem Mädel verabredet.»

«Mit welchem?»

«Na, mit dem aus dem Kasino, von neulich.»

Schweigen.

Zwanzigtausend Mark – was soll ich mit dem Geld? Ich habe es in einem Jahr ausgegeben. Dann sitze ich doch wieder da. Aus Mainz kriege ich nichts mehr, keinen Pfennig. Was mache ich dann? – Er könnte sich davon ausbilden. Ich sollte es ihm schenken. Ich sollte es ihm lassen – – –

Tom steht auf, reckt sich. Über dem Meer wird der Himmel glasig. Feierliches Erblassen des Himmels. Perlmutterner Friede über dem Meer. – Es scheint auszuruhen, die Brandung geht sanfter.

Auf den maurischen Kuppeln des Kasinos flammen die ersten Lichter. Drüben, am Negresco: die ersten Lichter. Erste Lichter, die ganze Promenade hinauf, die sich mit majestätisch beschwingter Kurve ins Meer wirft.

‹Ich sollte es ihm ganz lassen –›

Drinnen zieht sich Tom für den Abend um. Er steht mit nacktem Oberkörper vorm Spiegel und kämmt sich das Haar. (Dichtes Haar; Kamm muß schwer durchgehen.) Er schnauft leise über der Anstrengung; Spiel der Muskeln am Rücken und an den Armen. Braune, glänzende Haut über den Muskeln. Er murmelt etwas Ärgerliches, weil das Haar so verwirrt ist. Blauer Anzug, noch in Berlin gemacht, aus Seide, dreihundert Mark. Weißes Hemd. Blaue Krawatte, mit weißen Tupfen.

«Amüsiere dich gut.»

«Wird gemacht.»

Toms Hand ist immer noch etwas schwielig und rauh. Schneeschaufeln. Dabei hat er sich doch zwischendurch monatelang von seinen Mädchen aushalten lassen. Aber man merkt es den Händen eines Menschen Jahre später noch an, wenn er einmal körperlich schwer gearbeitet hat. –

Richard beschloß spazierenzugehen. Dann fiel ihm ein, daß er noch nicht gegessen hatte. ‹Ich muß doch zu Abend essen› – als sei es ein mechanischer Zwang.

Er saß unten im Restaurant. Die Türen zur Terrasse standen offen; draußen war blaue und milde Nacht. Die Kapelle spielte: «Lache, Bajazzo!» In die Pianostellen hinein rauschte das Meer.

Das Menü war Richard zu lang (von der Potage divine bis zur Corbeille de fruits); er bestellte sich ein leichtes Gericht: Sole au vin blanc, danach nur einen schwarzen Kaffee.

Freilich, das Mädchen von neulich, aus dem Kasino das. War es die Amerikanerin? Nein, es war das Manikürfräulein aus dem Salon des Ruhl.

Ich sollte ihm alles lassen.

Hand aufs Herz: hatte ich eigentlich erwartet, daß er mit mir schläft? Natürlich hatte ich es erwartet. Es wäre ja, in Toms Situation, korrekter gewesen. Wenn man sich schon von einem fremden Herrn einladen läßt. – – Einfach *juristisch* korrekter. (Daß wir als Ichs identisch sind, ist eine Tatsache der Logik, keine erlebte; daß wir uns als identisch anerkennen, eine politisch-juristische Tatsache, keine erlebte.)

Eigentlich habe ich es nur einmal versucht, gleich die erste Nacht, in Paris. Er sagte: «Nee, du, mit so was fangen wir erst gar nicht an. Wenn du darauf hinauswolltest, fahr' ich gleich zurück nach Berlin.» Ich zitterte vor Angst, er könnte fahren. – Dann in Marseille, als er gleich in einem Hafenpuff verschwand. Dann die Tage in Cannes. Unser Ausflug ins Hinterland, zu den Felsen. Das war der schönste Tag.

«– – – Wochen von einer Seligkeit, die Ihnen unvorstellbar sein muß – – und ich danke Gott, daß ich diesem Menschenkind begegnen durfte – – – tiefer und inniger, als wenn ich jede Nacht mit ihm schliefe – – der Tod ist mir ferner, unvorstellbarer, ja absurder – – – –»

Ich sollte ihm alles lassen.

Er signierte die Rechnung («Darmstädter, App. 8»), legte das Trinkgeld daneben. Jetzt erst merkte er, wieviel Leute um ihn herum saßen. Das Restaurant war ganz voll. Er mußte mehrmals um Entschuldigung bitten, während er sich zwischen den besetzten Tischen hindurchschob. Man schaute ihm nach. An einem Tisch wurde beraten, was für ein Landsmann er sei. Man kam zu dem Entschluß: Spanier. (Gelbliche Haut, temperamentvoll zusammengewachsene Brauen, unstet feuriger Blick. Aber rote, häßliche Hände.)

Auf der Promenade war es ziemlich leer. Vor dem Kasino standen sich in zwei langen Reihen Automobile gegenüber. In der Nähe des Kasinos lungerten ein paar Burschen herum; zwei Matrosen, ein Soldat, zwei Burschen mit Mützen, Zigarettenstummel im Munde, ohne Kragen. Einer pfiff leise durch die Zähne Richard zu.

Ich könnte ihn mir mitnehmen.

Er ging allein weiter; die Promenade hinauf, Richtung Monte Carlo. Bis dorthin, wo sie sich zu einem erhöhten Aussichtsplatz erweitert und nach links die scharfe Kurve macht. Richard wußte: hinter der Kurve kam ein abscheuliches Kriegerdenkmal. Hier sind Bänke, ich könnte mich ausruhen. Auf der nächsten Bank schlief ein Mann mit grindigem Kopf, in ein graues Tuch eingewickelt.

Geräusch des Meeres. Anschlag der dunklen Wellen an die Felsen, dort unten. – Das Geräusch des Meeres hebt die Zeit auf. Auf unserer Erde das einzige Geräusch, in dem der Atem der Ewigkeit ist.

Die Zeit – aufgehoben. Freiheit.

Ich sollte ihm alles lassen.

Nach dem Testament meines Großvaters gehört unser Haus in Mainz mir, wenn mein Vater gestorben ist. Man kann's mir nicht wegnehmen. Ich vermache es Tom. Das jüdische Patrizierhaus soll Tom gehören. Mein Vater muß den Rest seiner Tage in einem Haus verbringen, von dem er weiß, daß es Tom gehören wird. – *Tom: mein Universalerbe.*

Den Erben laß verschwenden die zwanzigtausend Mark. Wird er auf die Akademie gehen, wie ich's gern möchte? Der denkt doch nicht dran. Den Erben laß verschwenden das alte Haus in Mainz.

Wir versaufen unser Oma ihr klein Häuschen.

Den Erben laß verschwenden.

Eigentlich möchte ich doch noch einiges schreiben. Psychologisch-medizinische Betrachtung über den Masochismus des geistigen Menschen gegenüber dem naiven, naturnahen. Der Leidensrausch des Geistes vor der einfachen Kreatur. Seine Lust, sich aufzuopfern. (Ich sollte ihm alles lassen.) Folgert daraus nicht, daß der Geist an sich etwas Abnormes, etwas Krankhaftes und, in jedem biologischen Betrachten, Negatives ist, da seine höchste Wonne darin besteht, sich vor dem strahlenden Ungeist sinnlos selbst zu vernichten? Eigenes Kapitel über die Liebe des dunklen Menschen zum hellen. Die Liebe des jüdischen Menschen zum Arier. Stolz und Demut des Juden. Sich erniedrigen vor dem, den man verachtet.

Unsinn: Ich will überhaupt keine Betrachtungen mehr schreiben. Nicht mehr eitel mich selbst bespiegeln und durch Selbstanalyse heimlichen Selbstkult treiben. Sich stumm aufopfern. Sterben. –

Eine umfangreiche Abhandlung über das Versagen des geistigen Menschen in der europäischen Zivilisation. Seine vollkommene und erschreckende *Standpunktlosigkeit* verurteilt ihn selbst zum Tode. Wir erleben nichts Geringeres als die *Abdankung des Geistes* selbst, jenes Geistes, der mit den kritischen Fähigkeiten, die ihm eignen, seine nihilistische und lebensfeindliche Position selbst erkannt und bekannt hat, und sich selber – –

Den Erben laß verschwenden.

Abdanken.

Ich danke ab. Nie wieder eine Zeile von Goethe, von George, von Paul Valéry. Nie wieder ein Ton von Bach oder

Strawinsky. Ich danke ab. Nie wieder Sonne, Wind, Nacht, salzige Luft, Regen, schwarzes Brot, weißes Brot, Obst, Lachen und Schlafen, nie wieder Berlin, Ostsee, Schwarzwald, Paris, Nizza.

Nie wieder Nizza.

Er war von der Promenade in die Place Masséna eingebogen. Er hatte die Place durchquert, wanderte die Avenue de la Victoire hinunter, Richtung Bahnhof.

Nie wieder dein Haar, träger Blick, breite Stirn und ungeschickter Mund. Ich danke ab. Nie mehr dein Schritt, dein Atem, dein Geruch. Nie mehr deine Schultern berühren. Dein Oberkörper naß, morgens, wenn du dich wäschst.

Eine Abhandlung darüber, ob der Selbstmord in einem logischen Sinn überhaupt möglich, überhaupt existent sei. Der Lebenstrieb, die vitale Energie richtet sich gegen sich selbst. Ein grauenhaft-paradoxes Sichüberschlagen des Lebenstriebes. Der Arm, der sich hebt, eigens zu dem Zweck, daß er sich künftig nie mehr heben könne –: schauerlicher Mißbrauch der Muskelkraft. – Der Selbstmord also, weil *unlogisch*, auch *unethisch*.

Es kann ein gräßliches Erwachen geben.

Er war fast am Bahnhof. Die kleine Brasserie, in die er eintrat, war menschenleer. Ein Kellner war damit beschäftigt, an der großen Fensterscheibe, die zur Straße ging, etwas abzukratzen. Richard sah genau hin: es war eine aufgeklebte Dame im Badetrikot, die sich, Kopf voraus und in anmutig gestreckter Haltung, in ein imaginäres Wasser, beziehungsweise: ins Leere schleuderte. Richard, der sich einen Kognak bestellt hatte, fragte den Kellner, warum er die Dame vernichte, sie sei doch sehr niedlich. Aber der Kellner meinte: nein, sie sei schon zu lang dagewesen, und überhaupt würde es hübscher ohne sie sein. Er kratzte eifrig an der Papierdame herum, und immer, wenn er wieder einen Teil von ihr abgekratzt hatte – die Füße oder die Hüften –, wusch er mit einem Schwamm säuberlich nach. Den Schwamm nahm er aus einem Kübel voll Wasser, der neben ihm stand. Bald würde die Scheibe blank sein, als sei nie eine Dame auf ihr gewesen.

Der Kellner war jung, vielleicht zwanzig Jahre. Südfranzösischer Typ, mit hübschen, etwas stark vorstehenden Augen und gelblicher Haut. Er trug eine weiße Jacke zu schwarzen Hosen.

Als ich Tom in Berlin die ersten Kleider schenkte, die braunen Schuhe und die Lackschuhe, die Krawatten und die hübschen Socken, wie man sie jetzt hat, halblang, bis unter die Knie, und ohne Sockenhalter zu tragen, sie halten wohl durch etwas Gummi, oben im Gewebe – – Wie er das alles anfaßte, so selbstverständlich und so bewundernd. So nimmt er die Welt hin. Wird er so auch – – wird er so ähnlich auch – –?

Ich schenke ihm meinen Tod.

Er muß sich gräßlich mit mir gelangweilt haben.

Aber die Kissenschlachten morgens waren doch sehr lustig.

Wieder die Avenue de la Victoire hinunter; die Place Masséna; die Palmenanlage, die nach irgendeinem englischen König heißt. Komisches, geliebtes altes Nizza; mit deinen hunderttausend Hotels, deinen prunkvoll-spießigen Kasinos, deiner, geliebten, geliebten Promenade. Bürgerliches altes Nizza mit deinen Lichteffekten über dem dunklen Wasser. Mit deinen bourgeoisen Damen, die wie Kokotten, und deinen Bordellmädchen, die wie Ladenbesitzerinnen aussehen. Mit deinen Aussichtshügelchen und Palmengärten. Mit dem Geräusch deines Meeres.

Das Hotel. Am Concierge vorbei, durch die Halle.

Unsere Betten sind aufgedeckt; die ehelichen Betten. Juristisch wäre es ohne Frage korrekter gewesen – –

Ich schreibe noch ein paar Zeilen, keinen Abschied, so

sentimental bin ich nicht, bei aller Hemmungslosigkeit. Wäre ja ganz reizvoll, Abschiedsbriefe zu schreiben, an die paar Freunde, die man so hatte. Zum Beispiel an Massis oder an Sebastian. Ja, Sebastian, dieser freundliche Mensch, wenn der jetzt da wäre. In Berlin hatten wir uns doch ein paar Wochen lang wirklich gern. Der nimmt sich sicher niemals das Leben – – Wegen des Hauses in Mainz. (*Gott*, freut mich das für Papa! Du wirst, Papa, als Toms Gast leben und sterben!) Wegen des Geldes. Mein Universalerbe. Was ich an Bargeld mithabe, tue ich hier ins Kuvert. Die Traveller-Schecks, kolossal praktische Einrichtung, wenn er nur keine Schwierigkeiten wegen der Unterschrift hat.

Ich muß mir noch einmal genau überlegen, ob es vernünftig ist, was ich vorhabe. Schließlich bin ich ein logisch denkender Mensch und keine hysterische kleine Person wie Ernstchen, der neulich im Tiergarten-Kasino – – Also: *was* würde ich eigentlich machen, wenn die vierundzwanzigtausend Mark verbraucht sind? Bitte, genaue Antwort! Glaube ich an meinen Beruf?

Was ist das überhaupt für eine lächerliche Ausdrucksweise: «vorhaben»? Ich habe es schon getan. Ich bin schon so leicht, so entfernt. Daß es so wenig schwer sein würde! Und wie hochmütig es macht.

Tiefste Niederlage – endgültigster Sieg.

Ich werfe die Last ab, ich werfe die Liebe ab. Welche Verlockung vermöchte *mich* noch zu halten? Ich verzichte, schaut her zu mir, ich verzichte. Auf das Meer, auf die Bach-Sonaten, auf Tränen und Schlaf. Sogar auf dich. Auf dich sogar, Universalerbe.

Er kramte in der Handtasche nach dem Revolver. Unter den Taschentüchern muß er liegen. Er schob einige Briefe, einige Hefte mit Manuskripten beiseite. «Die Kritik der praktischen Vernunft oder – –» Danke ab! Danke ab, Geist.

Wie schlau, daß ich den Revolver mitgenommen habe, Gift wäre feiner gewesen. Auf den Knall hin wird das ganze Hotelpersonal zusammenlaufen. Aber Tom kommt erst gegen vier Uhr morgens. Was für ein Gesicht er machen wird? Mein letztes Rätsel.

Über den Handkoffer gebückt, überlegte er: Ich will es auf seinem Bett tun, ja, diese Hochzeit will ich mir doch gönnen. Was schert mich, daß es sentimental ist? Meine Rasse ist sentimental. Wo sein Haar, wo seine Füße lagen, sollen mein Haar und meine Füße ruhn.

Tränen, trotz allem Hochmut.

Nun muß ich ja doch weinen. Ist die Freiheit Schwindel? Bin ich fester gebunden denn je? Solange die Atome meines Leibes aneinanderhalten, werden sie dir zustreben. Aber ich löse den Bann, der sie hält, ich löse ihn eigenmächtig. Ich löse, ich steige. Mag sein, daß ich wieder gebunden werde, aber nie wieder in diese Form.

Der Dunkle geht an dem Hellen zugrunde, aber in der Ekstase seiner Selbstvernichtung erhebt er sich weit über ihn; läßt ihn unter sich in seiner irdischen Schwere, und sein letzter bitterster Triumph wird sein, daß jener noch atmen muß, während er sich schon verflüchtigt.

*

Alter Herr Darmstädter begab sich sofort mit dem Flugzeug nach Nizza. Ehe er noch bei der Leiche seines Sohnes gewesen war, ließ er Tom – der nun plötzlich wieder Walter hieß – unter Mordverdacht verhaften. Da aus Richards Hinterlassenschaften einwandfrei hervorging, daß es sich bei seinem Ableben um Selbstmord handelte; wurde Walter nach einer Woche wieder aus dem Gefängnis entlassen. Er reiste denselben Tag nach Berlin.

Inzwischen hatte Herr Darmstädter das Testament seines Sohnes angefochten: Nach einem langwierigen Prozeß wurde dem Walter J. der Besitz des von Richard Darmstädter hinterlassenen Barvermögens (nach Abzug seiner Schulden ein Betrag von achtzehntausend Mark) zugesprochen; der Familie aber der Besitz des Mainzer Hauses. Solange der Prozeß schwebte, hatte Walter keinen Pfennig zu leben und ging wieder stempeln. Seine Freundin war die Besitzerin einer Kneipe in Neukölln, die ihn verköstigte. Als er dann die achtzehntausend Mark endlich in Händen hatte, brachte er sie mit dieser Frau innerhalb von acht Monaten durch.

Die Presse interessierte sich einige Tage lang sehr für den Selbstmord des jungen Darmstädter und für die geheimnisvolle Person des Walter J. Man forschte nach seiner Familie, es erwies sich, daß eine gewisse Frau Grete Z. seine Mutter war. Auf diese Weise erfuhr Konsul Bruch, daß seine Geliebte zehn Jahre älter war, als sie behauptet hatte; daß sie niemals Künstlerin gewesen war, sondern vielmehr einen Sohn ihr eigen nannte, von dem es in den Zeitungen stand, daß er «in Zuhälterkreisen» wohlbekannt war («aus Berlins Unterwelt») und daß er unter Mordverdacht im Gefängnis gesessen hatte. Konsul Bruch verzichtete also auf seine Geliebte, trotz ihrer reizvollen Stimme, sowie auf die Wohnung am Reichskanzlerplatz. Er schenkte Frau Grete zweihundertfünfzig Mark zum Abschied und bat sie, nie wieder von sich hören zu lassen. Sie unternahm einen Selbstmordversuch, indem sie in Doktor Massis' Wohnung den Gashahn aufdrehte. Doktor Massis rettete sie persönlich.

«Dazu ist es später noch Zeit», sagte er kühl, während er sie in seinem Wohnzimmer auf das Sofa bettete.

«Ich bin fertig», sagte Frau Grete.

«Freilich, du hast viel hinter dir.» Er musterte ihr verwüstetes Gesicht, neugierig und milde. «Du wirst alt, freilich.»

«Verdammtes Ekel», flüsterte sie.

«Ach, du wirst schon wieder zärtlich!» Der Doktor war eigentlich darüber enttäuscht, daß sie so schnell wieder zu Kräften kam.

Ihre kurze, fleischige Nase schnupperte nervös. Aber über den geschlossenen Lidern, dem blassen, erschlafften Mund lag tödliche Müdigkeit.

Sie war siebenundvierzig Jahre alt und hatte etwa zwanzig «Berufe» hinter sich. Unter anderen: Kellnerin, Gehilfin bei einer Photographin, Angestellte in einem Massagesalon, Empfangsdame in einer modernen Bildergalerie, Mannequin, Filmstatistin. Sie war mit einem Apotheker verheiratet gewesen, hatte eine Zeitlang als erste Sekretärin eines Industriellen gearbeitet und mit unzähligen Männern aller Art zusammengelebt. (Welcher von ihnen war Walters Vater?)

Sie war eine energische und zähe Abenteurerin, wenn ihr auch der große Stil fehlte. Aber sie spürte, daß ihre reduzierten Kräfte der Enttäuschung über den Konsul Bruch und dem demoralisierenden Einfluß des Doktor Massis nicht gewachsen waren.

«Geben Sie mir schon eine Spritze», sagte sie und schlug flehend die Augen auf.

Letztes Gespräch

Karl bog vom Boulevard Saint Germain in die Rue Saint Benoist ein; ging die Rue Saint Benoist rasch hinunter bis zur nächsten Straßenkreuzung; schwenkte dann nach links ab. Er ging schnell, die Hände in den Taschen seines schmutzigen, alten Trench-Coats, das junge Gesicht geneigt vor einem grimmigen Wind, der an Nase und Ohren weh tat. Schneien sollte es, dachte Karl. Es war sehr kalt. Beinah wäre er an seinem Hotel vorbeigelaufen, weil er die Stirn nicht gegen diese Kälte heben wollte. Dicht vor der Haustür merkte er, daß er am Ziel war; er lachte leise in sich hinein – es war eine angenehme kleine Überraschung –, stieß die Türe auf, ging durch das Vestibül – im Salon wurde Klavier gespielt, Chopin –, vorbei an der staubigen Palme im grünen Kübel, am Brett mit den Schlüsseln unter den Zimmernummern; am Glasverschlag, hinter dem die Patronne – sie war taub – im schwarzen Kostüm saß und ihn mißtrauisch musterte (er nickte ihr zu, aber sie erwiderte seinen Gruß nicht, er hatte seit vierzehn Tagen nichts bezahlt); rannte die Treppe hinauf (schmutzig-roter Läufer vollgesogen, von Staub; aus diesem Hause müßte man den Staub tonnenweise ziehen können, dachte er laufend, etwas atemlos); erster Stock, zweiter Stock dritter Stock; schnaufend hielt er vor Zimmer achtzehn; riß die Türe auf; stand lachend im Zimmer.

«Ich habe Geld!» rief er lachend und fügte hinzu – als gelte es, eine übertrieben freudige Reaktion, einen Aufschrei etwa, der aber aus dem Zimmer gar nicht erfolgt war, zu dämpfen –: «Oh, nicht sehr viel! Aber es langt doch, um die Rechnung hier zu bezahlen. Wir können raus aus dem Loch hier, Annette!»

Statt des begeisterten Schreis, den er sich unterwegs, auf

der kalten Straße, vorgestellt hatte, antwortete ihm aus dem halbdunklen Zimmer nur gedämpfte Musik. Das Grammophon spielte, eine schleppende und süße Melodie erfüllte den dämmrigen, kleinen Raum, mit dem Zigarettenrauch, wie eine zäh ziehende Wolke. – Karl konnte im ersten Augenblick gar nicht feststellen, wo Annette saß, so dunkel war es. Dann erkannte er sie, in der Ecke des breiten Betts, regungslos kauernd. «Mach doch die Türe zu, Liebling!» sagte sie mit einer hohen, piepsenden Stimme.

«Ich bin zu Bruno gegangen», redete er auf sie ein. «Wie idiotisch, daß ich es nicht längst getan habe! Er war prachtvoll wie immer. Noch ein paar Genossen sind dagewesen, es war wirklich fein, sie wiederzusehen. Was ich da alles gehört habe! Es wird ja viel, viel mehr getan und geplant, viel intensiver unterirdisch gearbeitet, als wir ahnen, Annette. Ja, und das Geld hat Bruno mir also geliehen. Es genügt, um in diesem verdammten Puff hier die Rechnung zu bezahlen – dafür genügt es. Wir haben ja verdammt fest hier gesessen. Jetzt können wir raus!» – Er warf den Trench-Coat über eine Stuhllehne, die Baskenmütze flog hinterdrein. Er reckte sich, lachend. Man hatte eine schwere und schlimme Zeit hinter sich. Aber nun fühlte er sich wieder wundervoll.

Annette sah vom Bett her seinen Bewegungen zu, die schön und beinah wild vor Freudigkeit waren. Sie sagte, ohne die Augen von ihm zu wenden und ohne ihre Stellung zu verändern: «Komm her! Gib mir einen Kuß.» Er stutzte; aber dann lachte er wieder. Lachend trat er zu ihr. Um sie zu erreichen, mußte er sich aufs Bett knien und dann immer noch die Arme nach ihr ausstrecken. Er zog sie näher an sich, ohne sie zu umarmen. Er legte nur sein Gesicht gegen ihres (sein Gesicht, frisch von der Kälte, mit roten Ohren, jung im Lachen wie das eines Achtzehnjährigen). Mit seinen Lippen berührte er leicht, sehr zärtlich ihre Stirn – kleine, runde Kin-

derstirn, dachte er, ergriffen von einer plötzlichen Besorgtheit. Diese Besorgtheit wuchs, da er seinen Blick weiter über
ihr Antlitz gehen ließ, das sie ihm stumm hinhielt –: Antlitz eines Kindes, das zuviel erlebt hat, oder zuwenig; schon mitgenommen, schon ramponiert. Wie grau und locker das Fleisch
ihrer Wangen. Armes Ding! dachte er. Sie sieht richtig krank
aus. Sein fast ängstlich prüfendes Schauen erwiderte sie mit
dem unschuldsvoll feuchten Blick ihrer runden, dunklen
Augen, die in tiefen, bräunlichen Schatten lagen.

«Freust du dich, daß wir wegkommen von hier?» fragte er,
so nahe bei ihr. «Das hier war nicht gut – auch für dich nicht.»
Er machte eine angeekelte Handbewegung über das Zimmer.
«Wir werden mit Bruno und den Genossen zusammenwoh-
nen. Sie haben ein Atelier, es liegt ziemlich weit draußen, aber
mit Metro-Verbindung. Zunächst brauchen wir gar nichts zu
zahlen. Wir werden arbeiten – auch du wirst arbeiten, Annette. Hier waren wir ja so elend isoliert, so weg von den andern,
so abgeschnitten. Freust du dich?» fragte er sie noch einmal.
Sie sagte nichts. Ihr Lächeln, das er nicht beachtete – denn
er suchte mit seinen Augen in ihren nach einer Antwort, die
er nicht finden konnte –, wurde sehr traurig. Der große, dun-
kelgefärbte Mund in ihrem blassen Gesicht – ein Gesicht, das
einmal rund gewesen war, pausbäckig (nur wer es so gekannt
hatte, konnte diese vergangene Schönheit noch an ihm erraten) –, ihr großer, schöner Mund zitterte etwas im Lächeln.
Sie hätte lieber geweint.

Sie stand plötzlich auf und ging rasch durchs Zimmer. Ihr
Gang war elastisch, eitler und kraftvoller, als ihr verwundetes
und müdes Lächeln es hätte vermuten lassen. Man konnte
wieder ein wenig mehr Hoffnung für sie haben, da man sie
gehen sah. Sie war sehr groß; das enge, schwarze Pyjama be-
tonte ihre Magerkeit. Auf dem Schwarz des kurzen, seidnen
Jäckchens trug sie eine blutrote schmale Kette; Karl hatte sie

ihr vor Jahren geschenkt. – Sie beugte sich über das Grammophon, das leer lief, um es abzustellen. Noch über den Apparat geneigt, sagte sie leise: «Ich will nicht fort von hier, Karl. Ich bleibe.»

Hatte er nicht schon auf diese Worte von ihr gewartet? Nun stellte er sich, als täte sie ihm eine arge Überraschung an. «Was heißt das?» fuhr er auf – sie ging langsam an ihm vorbei, um sich wieder aufs Bett zu setzen. «Gefällt es dir hier so gut?» Er machte wieder dieselbe angeekelte Handbewegung – nur fiel sie diesmal heftiger aus – durch die dämmrige Stube, mit all ihrem Plüsch, gerafften Vorhängen, Schlafröcken und Hemden über Stuhllehnen. Annette zündete sich eine Zigarette an. Das Gesicht still über dem Streichholz, welches sie zu Ende glimmen ließ, fragte sie, sanft erstaunt: «Ob es mir hier gefällt? Wieso denn?» Das weiche, hellbraune Haar fiel ihr in die Stirne, sie warf es zurück, indem sie den Kopf hob und Karl beinah bittend anlächelte. «Aber ich will nicht mehr fort», sagte sie. «Ich will auch gar nicht zu Bruno, und von illegaler Arbeit will ich auch nichts wissen. Ich bin müde.»

Er betrachtete sie mit einem Blick, der unter zusammengezogenen Brauen immer finsterer wurde. Von ihr weg schaute er über das Zimmer. Mit einer grimmigen Genauigkeit prüfte er – als sähe er das alles zum ersten Mal – die billigen und makabren Requisiten ihrer Einsamkeit, die er, seit sie von Deutschland fort waren, mit ihr geteilt hatte. Über den Hocker, auf dem das Grammophon stand, hatte sie einen dunkelroten, türkischen Schal gebreitet; Karl empfand plötzlich die gelben Blumen, mit denen der Schal bestickt war, als ungemein häßlich. Die Nachttischlampe war mit einem weichen Lumpen ähnlicher Art verhüllt. Auf dem Nachttisch lagen zwei zerlesene, gelb broschierte Bücher, ein zerknülltes, schwarzseidenes Tüchlein und eine lange, schwarze Zigarettenspitze neben einer leeren Parfümflasche und einer

Kollektion von medizinischen Packungen: Schlafmittel, Beruhigendes, Schmerzstillendes; Tabletten, Tropfen, Zäpfchen und Tinkturen. – Als Aschenbecher benutzte sie die Seifenschale vom Waschtisch.

Was für ein billiger kleiner Aufwand! dachte Karl entsetzt. Er spürte plötzlich Haß gegen Annette, wegen der Seidenlümpchen und der leeren Flacons. Sie will eine Stimmung um sich herstellen, die ihr sozial nicht mehr zukommt. Das ist es – natürlich, da haben wir den Grund, warum dies alles so abstoßend wirkt. Unsereiner kann sich solchen Zauber nicht mehr leisten; dazu gehört ein Apparat, der kostspielig ist. Décadence, die noble Pathologie; Einsamkeit mit Drogen und Huysmans' «À Rebours» in kostbarem Einband –: ich weiß schon, was ihr da vorschwebt, dem Kindskopf. Diese Launen kamen einer Bourgeoisie zu, deren Geschäfte gut gingen. Die konnte sich den Horizont mit Orchideen verstellen und müde vom Nichterlebten dem Tode zulächeln, während andre sich für sie plagten. Aber Orchideen sind teuer. Mit diesen abgeschmackten Seidenfetzen wirkt das Ganze nur blöd.

Laut sagte er: «Wie willst du überhaupt die Rechnung hier weiter bezahlen? Was ich habe, langt grade für das, was wir jetzt schon schuldig sind.» Sie erwiderte, ohne sich zu bewegen und ohne die Augen von ihrer Zigarette zu heben: «Vielleicht schickt Mama doch noch mal 'n bißchen was.»

Er wußte, daß sie es nicht glaubte – ja: daß sie von der völligen Unmöglichkeit ihrer Hoffnung überzeugt war –, und er erschrak gleich über den zugleich klaren und toten Klang ihrer Stimme. Um das sehr unangenehme Gefühl dieses Schreckens zu überwinden, redete er wieder eifrig und laut: «Was das wieder für Dummheiten sind! Du hast Launen, gut, dafür bist du eine Frau! Aber jetzt denk doch mal nach, nun nimm dich doch mal zusammen! Soll es denn ewig so weitergehen, mit dieser Schlappheit und mit dieser Faulheit und mit diesen traurigen Spielereien? Wieviel schöne Zeit wir schon verloren haben! Das ist doch unersetzliche Zeit. Wir hätten sie nutzen sollen – zur Arbeit. Auf wen soll die Bewegung denn rechnen, wenn *wir* so verkommen, und wir sind jung? In Deutschland herrscht das Grauen und die Barbarei, in andren Ländern steht es vor der Tür; wir sollen kämpfen – *kämpfen*, verstehst du, Annette? –, auf uns kommt es an! Und du liegst hier mit deinen Seidentüchlein.»

Es war fraglich, ob sie zugehört hatte. Ihr Gesicht – beinah friedlich bei aller Traurigkeit – zeigte keine Bewegung. Zu der Zigarette hinunter, die sie langsam zwischen den Fingern drehte, sagte sie mit derselben klaren und toten Stimme wie vorher: «Laß mich liegen. Ich mag nicht mehr.»

Ihre schreckliche Haltung ängstigte und erregte ihn derart, daß er schrie. «Unsinn!» schrie er, und: «Du weißt ja nicht, was du sprichst. Sitz doch nicht so da, ich beschwöre dich! Du lebst doch gern, du hast doch immer gerne gelebt. Nun – dann mußt du auch etwas dafür tun, dann mußt du dich mit uns plagen, daß aus dem Leben hier etwas Vernünftiges wird, etwas Lebenswertes –»

Er rannte im Zimmer auf und ab, gestikulierend und keuchend. Sie sagte, während sie die Zigarette in der Seifenschale ausdrückte: «Ja – es war hübsch mit dir –» Wahrscheinlich hatte er es gar nicht gehört, denn er schrie noch immer, wobei er nun vor ihr stehen blieb und sie sogar an den Schultern rüttelte – er spürte die Magerkeit ihrer Schultern –: «Steh auf! Komm mit mir! Die Welt will anders werden, und du bleibst hocken auf deinem Bett!»

Sie erwiderte langsam und ruhig – und entzog sich dabei seinem Zugriff –: «Die Welt will anders werden. Gut. Mehr als gut – ja, ich weiß schon, Karli: ganz ausgezeichnet. Es muß famos sein, da mitzuarbeiten.» Er wollte schon wieder auffahren, aber sie winkte seiner Entrüstung mit ihrer schönen, blassen Hand ab – es war die rechte Hand, die sie hob, er sah die vom Nikotin gelbgefärbten Spitzen von Daumen und Zeigefinger, es war aber nicht häßlich, nur rührend, Elfenbein, mußte er denken, Elfenbein, edel verfärbt, ach, wie unendlich hatte er diese Hände geliebt, lange Finger, schmale Gelenke und der schöne Schnitt der ovalen Nägel –: «Laß mich doch sprechen, Tolpatsch», sagte sie und lächelte ernst (sie ist älter geworden). «Du mußt mir doch zugeben: die Welt nimmt sich reichlich Zeit zu ihrem Anderswerden. Der Übergang dauert recht lange! Liebling – es *muß* ja nicht jeder dabeisein. Nicht jeder fühlt sich stark genug, da mitzumachen. Und ihr sagt ja selber, daß es auf den einzelnen nicht mehr ankommt.»

Hier konnte er sie unterbrechen, das gab Anlaß zur Diskussion. «Nein», konnte er heftig rufen – das Gesicht hitzig und angespannt, wie wenn er in Versammlungen sprach –, «nicht so, doch nicht in diesem Sinne, Annette. Da mißverstehst du wieder etwas, ja, da *weißt* du eben einfach nicht genug. Natürlich ist der einzelne unentbehrlich, jeder ist unentbehrlich für den sozialistischen Aufbau und für den Kampf um seine Vorbereitung – aber eben nur, wenn er sich unterordnet, nur als Teil des Ganzen –»

Einen Moment kam Langeweile in ihr Gesicht, aber sie wich gleich wieder einem freundlichen, wenn auch müden Ernst. «Sicher», sagte sie nachgiebig, «du hast recht, Liebling. Aber sicher ist der einzelne doch nur dann zu verwenden, wenn gewisse Voraussetzungen erfüllt sind; vor allem die, daß ihn die ganze Pastete – ich meine: das Schicksal der Menschheit – überhaupt so sehr interessiert. Die Menschheit – denk doch nur Karli –: was für eine Bande. Gut, gut – soll sie doch sehen, wie sie mit sich zurechtkommt, soll sie doch recht grausam und störrisch sein – sie muß ja selbst alles büßen –, soll sie endlich ihre große Schreckenssache auffahren, ihre effektvolle Apokalypse, diesen Gaskrieg – jetzt schwatzt man so lange davon –; sie wird auch darüber wegkommen, sie ist ja zäh; und soll sie sich dann *noch* eine Diktatur einrichten, damit alles möglichst grausig bleibt. Aber – *ohne mich*, Liebling! Bitte, bitte, Liebling –: ohne mich!» Ihre Bitte war ernst, sie hob flehend die Hände, Tränen standen in ihren kindlichen Augen.

Vor dem naiven Zynismus dieser Melancholie erschrak er wie vor einem Abgrund, der plötzlich aufsprang. Das war seine Geliebte, das seine Freundin seit so vielen Jahren! Mit ihr war er aus Deutschland geflohen, damit sie seine Genossin im Kampfe sei. Er nannte diesen Kampf «heilig», den sie abtat mit so trostlosen Worten. Annette! – «Aber Annette!» konnte er grade noch flüstern. Sie sprach schon weiter – jetzt hatte sie die schwarze Zigarettenspitze als ein Spielzeug zwischen ihren Fingern –: «Wir haben nichts mehr zu erwarten, was sich für jemanden lohnt, der das Kämpfen nicht mag. Seien wir doch mal ehrlich, mein Häschen: nur immer noch ekelhafter kann es werden. Wir haben zehn relativ vernünftige Jahre hinter uns. Jetzt fängt ein Zwischenspiel von Grauen an – ein etwas ausführliches Zwischenspiel, für meinen Geschmack. Was dann kommt, ist schon für die nächste Generation, bestenfalls; sicher nicht mehr für uns. Wozu da noch groß Kraftanstrengung machen?» In seiner Hilflosigkeit rief er: «Annette! Du bist siebenundzwanzig Jahre alt!» Sie beugte sich tiefer über die Zigarettenspitze, auf das armselige Spielzeug fiel ihr Lächeln wie Tränen. «Ja», sagte sie. «Ich war sechzehn, als ich dich kennenlernte. Das macht elf Jahre.» Sie berührte mit ihren Fingern seine Hand, die sich geballt hatte, aber sich löste, öffnete bei ihrer Berührung.

Kühle Berührung ihrer Hände – ewig geliebte Berührung –: was stürzte da auf ihn ein? Ach, die Ewigkeit ihrer Liebe. Diese ersten Jahre, gemeinsam, in der Freien Schulgemeinde. Spaziergänge, endlos, und das endlose Gespräch. Die Vertrautheit ihrer Körper, innig, wie die Vertrautheit ihrer unreif schweifenden Gedanken. Reisen; dann das Leben in verschiedenen Städten. Und um wie vieles schöner das Leben wurde, da es anfing, ernster und verpflichtender zu werden. Er begann, sich um Politik zu kümmern, dann politisch tätig zu sein. Sie blieb ihm nahe, bei aller etwas spöttischen Skepsis, die sie dieser Sphäre gegenüber wahrte. Sie war immer sein Leben gewesen, oder doch sein geliebtester Teil. Er glaubte, daß er niemals ohne sie auskommen könnte.

Auch sie spürte Erinnerungen, während sie seine Hand streichelte; aber ein Schleier hängte sich davor. Im Innersten war sie doch schon bereit, dies alles, was ihr einst über alle Maßen kostbar gewesen war, gegen das große Dunkle einzutauschen, dem sie nun allein die tröstliche Macht zuerkannte. Ihr freigiebig und schrecklich frei gewordnes Herz verschenkte schon das Irdische, um das gnadenreichere Labsal dafür anzunehmen. Ihr Herz war lüstern und gierig nach diesem Tausch. Es hatte noch nichts vergessen und sich alle Zärtlichkeit bewahrt. Aber schon war diese Zärtlichkeit getränkt von dem unwiderstehlichen Gefühl ihrer Todessehnsucht, ganz durchdrungen von ihm und dadurch dunkel verändert. Die hingerissene Liebe zum Tod, die ihr Gesicht nicht bitter machte, sondern freundlich verklärte, schloß ihre treue Liebe zum Gatten und Freunde in sich ein. Sie vergaß ihn nicht, ihren Freund – wie hätte sie's können? –, aber was sie ihm noch an unvergänglichem Gefühl bewahrte, war doch schon nur ein Teil ihrer neuen Brautschaft.

Mit einem merkwürdig friedlichen Ausdruck im Gesicht konstatierte sie: «In Deutschland ist die Schweinerei zunächst unabsetzbar, und was nachher kommt, wird auch nicht viel besser sein. Ein feines Vaterland haben wir. Der einzige Trost bleibt, daß mit der übrigen Welt auch nicht mehr los ist.»

Das ernüchterte ihn. Alle seine Instinkte und all seine Grundsätze wehrten sich gegen diese schaurige Resignation. Ihre asoziale, hoffnungslos lächelnde Friedsamkeit empörte ihn. Er sagte mit Schärfe: «Wenn alle so dächten wie du, könnte die Menschheit Selbstmord begehen.» Worauf sie mit dem sanftesten Lächeln zu entgegnen hatte: «Erstens wäre das nur ein Gewinn, und zweitens denken ja leider nur die allerwenigsten wie ich, oder trauen sich doch nicht, es sich einzugestehen.» Statt ihr auf diese Bemerkung, die er als geradezu unverschämt empfand, zu erwidern, dachte er nach, die Stirne trotzig gesenkt, in großen, harten Zusammenhängen.

Merke ich das jetzt erst? Wir gehören nicht mehr zusammen. Ich habe eine Aufgabe, sie hat keine. Ich glaube an etwas, sie nicht. Wir dürfen uns nichts mehr vormachen. Das wußten wir ja, als wir damals loszogen aus Deutschland: diese Situation muß alles auf die Spitze treiben, auch das Private. Es wird Entscheidung verlangt. – Nein, sie wird sich doch nichts antun, das doch nicht! Er dachte diesen Gedanken zum ersten Mal oder doch zum ersten Mal mit solcher Klarheit. Mit einer Unaufrichtigkeit vor sich selber, die nicht ganz unbewußt sein konnte, wies er ihn gleich wieder von sich. Solche Unaufrichtigkeit gestattete er sich um der Sache willen. Wer so wie sie mit dem Tod kokettiert, läßt sich nicht im Ernst mit ihm ein, zwang er sich zu denken. Hat sie denn einen Grund zum Selbstmord? Ich «verlasse» sie nicht. Was sind das überhaupt für bürgerliche Vokabeln. Es liegt nur so, daß wir einander im Augenblick durchaus nichts nützen können. Ich darf mich jetzt mit ihr nicht belasten, so sicher bin ich selber noch nicht. Ein Glück, daß ich mich nicht schon mehr an ihr angesteckt habe. Diese Begegnung mit Bruno war meine Rettung. Vielleicht findet sie später doch noch zu uns, wahrscheinlich, es muß ja so kommen, im Grunde ist sie ein prachtvoller Mensch, und wir gehören zusammen. Es wird meine Aufgabe sein, ihr zu helfen, sie zu erziehen. Ich habe da gewiß viel falsch gemacht. Aber ich verkomme selbst, und sie mit mir, wenn ich hier in dieser Atmosphäre weiterlebe.

Vor ihrem Bett stehend fragte er sie noch einmal mit einer künstlichen Ruhe, sehr streng: «Du willst also nicht mit mir zu den Genossen gehen?» Sie schüttelte den Kopf.

«Ich habe es aber den Genossen versprochen, daß ich zu ihnen komme», sprach er weiter. «Ich habe es Bruno versprochen. Ich brauche Bruno und die andern, ich brauche sie jetzt.»

«Dann mußt du eben gehen», sagte sie.

«Aber dann verlierst du mich», schrie er sie an.

Sie lächelte vertrauensvoll. «Dich habe ich doch – hier», sagte sie und deutete auf ihr Herz.

«Wenn du meinst –» antwortete er verbissen. Und dann, hastiger: «Es ist natürlich nur für ein paar Tage. Du wirst nachkommen, warte nur ab. Ich werde mit Bruno nächstens hier anrücken und dich einfach holen.» Er lachte. Plötzlich eilig, rannte er ein paarmal durchs Zimmer, warf Gegenstände in eine Handtasche: die Zahnbürste, das etwas zerrißne Pyjama. «Ich nehme nur das Nötigste mit», redete er im Hantieren. «Morgen hole ich die anderen Sachen und schaue nach, ob du vernünftiger bist. Wir werden heute abend bei Bruno eine große Besprechung haben, einen Arbeitsplan werden wir machen. Ich zahle unten die Rechnung, wenn ich bei der alten Tauben vorbeikomme. Denke darüber nach, ob es sich nicht doch lohnt zu kämpfen, Annette – ob sich das Leben um des Kampfes willen nicht doch lohnt.»

Sie folgte mit ihrem verhangenen Blick seinen raschen und ungeschickten Bewegungen. Ohne zu lächeln, aber wohlwollend beobachtete sie, wie er sich so rasch wie möglich den Trench-Coat anziehen wollte und mit dem rechten

Arm den Ärmel nicht fand. Er fuchtelte heftig. Während er sich dann nach der Handtasche bückte, überlegte er sich einen Augenblick, ob er ihr noch einen Kuß geben solle; kam aber zu dem Entschluß, daß ein wenig pädagogische Strenge nur heilsam wirken könne. «Also, werde mir gescheiter bis morgen!» sagte er, bei der Tür. Und, schon mit einem Fuß auf dem Korridor: «Ich bin wirklich froh, aus dem Muff hier herauszukommen.»

«Adieu, Karli», sagte Annette.

Ziemlich laut fiel die Tür hinter ihm zu. Sie lauschte, wie sich seine Schritte die Treppe hinunter entfernten. Wenn sie angestrengt hinhörte, konnte sie noch unterscheiden, wie er unten mit der Patronne verhandelte und wie dann die Haustür hinter ihm zufiel. Die Stille, die nach diesen entfernten Geräuschen plötzlich einsetzte, schien ihr riesenhaft. Wie betäubt von ihrer Wucht – die als ein Lärm, auf den sie nicht gefaßt gewesen war, das Zimmer erfüllte –, legte sie sich zurück. Dabei streifte ihr Blick, neugierig, freundlich und ernst, über die Medikamente auf dem Nachttisch. An der Schachtel mit den Veronal-Tabletten blieb ihr Blick haften. Er wurde nicht feierlicher dabei, sondern von einer beinah fröhlichen Nachdenklichkeit. Dann wandte sie noch einmal den Kopf, so wie man sich für einige kurze und reizvoll spannende Sekunden von einem höchst begehrten Gegenstand entfernt, um dann, wenig später, mit um so größerem Genuß zu ihm zurückzukehren. Sie drückte ihre Wange fester gegen das Kissen, auf dem sein Kopf neben dem ihren geruht hatte in den vielen Nächten dieser letzten schweren Monate. «Mein Liebling», sagte sie in das Kissen hinein. Aber da wußte sie nicht mehr: galt es noch ihrem Karl oder schon dem anderen Freunde, dessen erlauchte Gegenwart bald ihr armes Zimmer strahlend verdunkeln würde.

«**Ernstes Lied**»
(Kleines Lied)

Die Städte, in denen wir leben müssen,
Sind aus lauter hartem Stein gemacht;
Ein harter Stein ist kein gutes Kissen
Für den müden Kopf in der langen Nacht.

Wie für die Ewigkeit stehn ihre Mauern,
Trotzig gefügt aus Beton und Metall;
Sind entschlossen, zu überdauern
All unser Leiden und noch uns'ren Fall.

Steh'n große Städte wirklich gar so fest?
Wer weiß denn das?
Wie lange man sie noch so stehen läßt:
Wer weiß denn was?

Kommt bald ein Wind, ein kleiner Wind,
Und weht sie um –
Und wo sie lang so laut gewesen sind,
Wird's stumm.

Die Menschen, mit denen wir leben müssen,
Haben harte Gedanken und schlimmen Mut;
Liegt kein Schatten auf ihrem Gewissen,
Triefen auch ihre Hände von Blut.

«Pfeffermühlen»-Song 1935

Und wir, mit ihnen, betrügen und streiten;
Denken, wir wären auf diesem Stern,
Heute, morgen, für ewige Zeiten,
Die allmächtigen, einzigen Herrn.

Ob es so argen Treibens sich verlohnt –
Wer weiß denn das?
Wie lang uns eine dunkle Macht verschont –
Wer weiß denn was?

Kommt bald ein Wind, ein kleiner Wind,
Und weht uns um –
Und wo wir einst so laut gewesen sind,
Wird's stumm.

Die Zeiten, in denen wir leben müssen,
Sind hart wie ein Krieg, der nicht enden will;
Von einem Abgrund zum nächsten gerissen,
Sind wir die Opfer und halten still.

Aber die großen Männer beteuern –
Ob auch des Erdteils grausige Nacht
Nur noch erhellt wird von tödlichen Feuern –:
«Tausend Jahr' bleiben wir an der Macht!»

«Ernstes Lied»

Steh'n große Männer wirklich gar so fest?
Wer weiß denn das?
Ob man sie tausend Jahre stehen läßt –:
Wer weiß denn was?

Der große Wind, der reine Wind
Kommt vielleicht schnell –:
Und wo es lang so schwarz gewesen ist,
Wird's *hell*!

Geschrieben am 20. August 1935 für «Die Pfeffermühle».
Aufgeführt in der Suite «Familie», November
1935, Luzern

Symphonie Pathétique

[Fünftes Kapitel]

Peter Iljitsch wußte nichts von der Masse. Wenn man ihn in ein Gespräch über politische oder soziale Fragen zu ziehen versuchte, blieb er unbeteiligt, fast erstaunt. Ihm war zu eigen ein mitleidiges, empfindliches Herz, das leicht und heftig von der Not anderer betroffen wurde – von der Not *einzelner* anderer, wenn er sie mit seinen Augen sehen mußte. An keinem Bettler konnte er vorübergehen, ohne in die Tasche zu greifen, und für einen Freund, einen bedürftigen Bekannten, der mit einer Bitte zu ihm kam, gab er das Letzte. Aber er ahnte nichts vom Schicksal der Klassen oder der Völker. Er war ein völlig unpolitischer Mensch und er glaubte, daß diese seine komplette Desinteressiertheit am Politischen logisch und unabänderlich zusammenhänge mit seinem Künstlertum. Seine Meinung war: der Künstler sei ebenso isoliert von der Gesellschaft, wie der Verbrecher – nur daß seine Vereinsamung sich anders manifestiert. Übrigens gab ihnen beiden – dem Genie wie dem großen Kriminellen – die Gesellschaft den Ruhm als die Bestätigung ihrer gefährlichen und abnormen Existenz. Der Ruhm ist ein Paria-Zeichen.

Kollektive Ereignisse erlebte Tschaikowsky als ästhetische Phänomene: sie waren hinreißend oder störend, jedenfalls erschütterten sie den isolierten Künstler-Menschen immer nur als Reiz und Glanz oder als Lärm und Häßlichkeit, nicht als das, was sie für die Masse, für das Kollektiv bedeuteten. –

Peter Iljitschs Aufenthalt in Prag, der sich an das Berliner Gastspiel anschloß, war eine öffentliche, politisch sehr stark akzentuierte Festlichkeit. Der Vereinsamte freute sich über die Ovationen, die man ihm bereitete, und er notierte sich wohl auch, daß sie nicht nur ihm galten, «sondern Mütterchen Rußland» – denn er war bescheiden und mochte nicht glauben, daß man nur um seinetwillen sich so heftig begeistern könnte. Ziemlich unempfindlich aber blieb er für die höchst politische und höchst pathetische Spannung, die in diesem wilden Jubel für einen russischen Komponisten sich äußerte. Er war gerührt bis zur Fassungslosigkeit, bis zu Tränen, von den huldigenden Schreien der tschechischen Studenten, von dem Beifallssturm, mit dem das tschechische Publikum ihn in der Oper begrüßte. Er genoß diese zehn schimmernden Tage des Prager Triumphes, zumal er sie in der Begleitung seines schönen und fremden Freundes Alexander Siloti verbringen durfte. Er entzückte sich an der Schönheit der «goldenen Stadt», ihrer Brücken, Plätze und geheimnisvollen Gassen; er rühmte sie als «die Stadt, die zuerst Mozart erkannte». Wußte er sonst nichts von ihr? – Er wurde sehr froh der herzlichen Beziehungen, die ihn mit dem neuen musikalischen Genie des Tschechenvolkes Dvořák verbanden, und er spürte ein erschrockenes Glück im Herzen, als man ihm versicherte, noch niemals wäre einem ausländischen Künstler hier so gehuldigt worden. Wußte er nicht, warum die Avantgarde der Tschechen, ihre Presse und ihre hochoffiziellen Instanzen diese Huldigungen mit einem so absichtsvollen Enthusiasmus betonten und überbetonten?

Blieb ihm unbekannt oder unbegreiflich, welch ein Kampf hier im Gange war, und daß man ihn, den hergereisten Musiker, seine Figur, seinen Ruhm einbezogen hatte in diesen Kampf, daß man ihn im Kampf verwendete? Ahnte er nicht, daß dieser große Streit ausgetragen wurde zwischen zwei Rassen, zwischen zwei Zeitaltern? Daß hier ein junges und starkes Volk die Fesseln sprengen wollte, die ihm auferlegt waren von der müde und fast schon resigniert gewordenen, bei aller Müdigkeit aber immer noch grausamen österreichischen Monarchie? –: ein junges und starkes Volk, heftig entschlossen, seine eigene Kultur, seine eigene politische Lebensform durchzusetzen in der Geschichte. Man berauschte sich an dem slawischen Ton in der Musik Peter Iljitsch Tschaikowskys. Dieser Ton bedeutete hier nicht nur süße vielgeliebte Heimat, sondern auch Macht; denn er bedeutete: Rußland gegen die Monarchien der Habsburger und Hohenzollern. – Die Huldigungen an den unpolitischen Komponisten Tschaikowsky waren eine politische Demonstration.

Nach Prag stand auf dem Programm dieser Reise: Paris.

In Deutschland hatte ein bürgerlich-respektabler Kunstbetrieb den Komponisten aufgenommen und geehrt mit einem temperierten Verständnis; in Prag hatte ein Slawenvolk, das unterdrückt war von fremder Macht, ihm den demonstrativ-überschwenglichen Triumph bereitet. In Paris aber griff die Gesellschaft nach ihm. Das musikalische Leben stand hier in intimem Zusammenhang mit dem mondänen: der Ausländer, der es in jenem zu etwas bringen wollte, durfte sich nicht diesem entziehen – das hatten russische Freunde, die sich auskannten, ihrem Landsmann Peter Iljitsch eingeschärft. Er glaubte es, und er nahm den musikalisch-eleganten Rummel auf sich wie eine Verpflichtung, die Beruf und Auftrag mit sich brachten. Ein befangener, leicht verstörbarer Weltmann – etwas eingezwängt in seinen Frack, die hohe Stirne gerötet – bewegte er sich auf den Empfängen, die man zu seinen Ehren veranstaltete in feinsten Häusern. Man muß nicht nur leiden für die Musik, sondern auch dafür, daß sie unter die Leute kommt und berühmt wird. ‹Und ich habe doch zu meinem ehrgeizigen Siloti gesagt: Mir liegt nichts am Ruhm›, denkt Peter Iljitsch. ‹Er aber hat mir geantwortet: Wir brauchen ihn alle. – Wir brauchen ihn alle. Nehmen wir also die ehrenvollen Einladungen an, wenngleich ich schwitzen werde vor Verlegenheit und vor Langeweile, ja: der Schweiß wird mir buchstäblich ausbrechen. Jede Begegnung mit dieser zudringlichen und unzuverlässigen Welt ist so peinlich, so beschämend und so anstrengend wie ein Zusammensein mit dem Agenten Siegfried Neugebauer, der alle ihre schlechten Eigenschaften aufs umheimlichste und aufs komischste in sich vereinigt.›

Übrigens versuchte Peter Iljitsch immer noch, sich einzureden, daß er alle diese geselligen Unannehmlichkeiten eigentlich nur für das große russische Konzert auf sich nähme: es blieb sein Ehrgeiz, die Musik seines Landes diesem verwöhntesten Publikum der Welt vorzuführen. ‹Denn man weiß nichts von uns›, dachte er täglich mehrmals, wenn man ihm von russischen Dingen sprach. Es gab auch hier eine russische Mode, jedoch nur eine sehr geringe Kenntnis russischer Leistungen und russischen Lebens. Auch hier war die Mode politisch betont, wie in Prag die echte, überströmende Sympathie: ihre Spitze war gegen das gefährliche Deutschland gerichtet. Man schwärmte von der französisch-russischen Verbrüderung, man trug Halsbinden ‹franco-russe›, in Salons und Zeitungen wurden die Namen Tolstois und Dostojewskys häufig genannt, dem russischen Clown Durow wurde im Zirkus zugejubelt. Dabei blieb es. Für die ernste russische Musik indessen war das Interesse so gering, daß Peter Iljitsch ein reicher Mann hätte sein müssen, um das Konzert selbst zu riskieren. Noch ohne so gewaltige Extravaganzen zahlte er erheblich zu auf dieser Tournee, die viel mehr kostete, als sie einbrachte. Er wußte schon, daß ihm nichts andres übrigbleiben würde, als auf das große russische Konzert zu verzichten. Dann hatte Siegfried Neugebauer recht behalten mit seinem beleidigenden Skeptizismus, und gerade dies wollte Peter Iljitsch sich nicht zugeben. So sprach er gerne weiter von seinem schönen Konzert, versuchte einflußreiche Einzelne und mondäne Zirkel daran zu interessieren und dafür zu gewinnen; stieß überall auf ein höfliches Interesse, das aber kühl blieb und aus dem sich keine Hilfsbereitschaft entwickelte.

Inzwischen ließ er sich herumreichen: es konnte seinem Ruhm förderlich sein, und den Ruhm braucht man, wenn er auch nur ein Paria-Zeichen ist und eine melancholische Entschädigung. – Der Reigen der solennen Festlichkeiten begann mit einem Gala- und Parade-Empfang im Palais des Herrn Benardacky, eines reichen Mäzens, der in Paris großes Haus machte. Über dreihundert Personen waren versammelt, man erklärte Peter Iljitsch, dies sei «tout Paris». Der große Dirigent Colonne hatte seinem Orchester die Streich-Serenade von Tschaikowsky einstudiert, am Gala-Abend dirigierte sie der Komponist. Nach Peter Iljitsch – der auch den Klavierpart im Andante Cantabile seines Ersten Quartetts übernommen hatte – produzierten sich einige der berühmtesten Virtuosen; zum Beispiel: der Pianist Diemer und die Brüder Reszke – zwei Sänger, deren Stimmen man hier für die denkbar schönsten hielt. Übrigens wirkte auch Madame Benardacky, geborene Leibrock, als Sängerin mit, sowie ihre Schwester, die Opernsängerin war. Es wurde ein glanzvoller Abend: Verleger Maquart, der alles arrangiert hatte, konnte zufrieden sein. Nach dem Konzert gratulierten verschiedene Weltberühmtheiten dem russischen Gast, der sich – die Stirne gerötet, etwas eingezwängt in seinen Frack – befangen liebenswürdig vor jedem, der sich ihm nahte, tief verneigte. Gratulierend traten heran: Colonne und Lamoureux, die beiden großen Konkurrenten; Gounod, Massenet und Saint-Saëns; die alte Pauline Viardot, Paderewski. Der russische Gast lauschte höflich, wer sich auch immer geschwätzig-zutunlich an ihn wandte. Eben fragte ihn eine alte Dame, die ein Vermögen an Juwelen auf Hals, Busen, Armen und Fingern trug, ob er denn wisse, wie berühmt er in Frankreich sei: sein Lied: «Nur wer die Sehnsucht kennt» spiele in dem Roman «Le Froc» von einem gewissen Emile Goudau eine ziemlich wichtige Rolle. So groß war sein Ruhm. Wenn man in einem französischen Roman vorkommt, gehört man zu «tout Paris».

Der Reigen der solennen Festlichkeiten riß nicht ab. M. Colonne gab einen großen Abend; einen noch größeren die Baronin Tresdern, eine Liebhaberin der Musik, die es sich hatte leisten können, in ihrem Salon an der Place Vendôme eine private Aufführung des Wagnerschen «Ring» zu arrangieren. Nun empfing sie zu Ehren des russischen Gastes, der in Mode war. Es empfingen: die Russische Botschaft, Madame Pauline Viardot, und in großem Stil die Redaktion des «Figaro» – bei dieser Gelegenheit wurde in den blumengeschmückten Sälen der bedeutenden Zeitung der dritte Akt aus «Macht der Finsternis» aufgeführt: alles zu Ehren des russischen Gastes. Pianist Diemer veranstaltete einen Gala-Abend, an dem seine Schüler nur Kompositionen von Tschaikowsky vortrugen – das war eine recht gute Reklame, sowohl für den Virtuosen-Pädagogen, als für den Komponisten, als – vielleicht – auch für die jungen Schüler. An all diesen gesellschaftlich-musikalischen Ereignissen nahm die große und die kleine Boulevard-Presse lebhaften Anteil. Freilich interessierte man sich weniger für Tschaikowskys Musik, als für «la délicieuse toilette en satin et tull blanc», die eine Polignac oder Noailles getragen; man rühmte «la grâce de Grande Dame», die Madame Benardacky, der geborenen Leibrock, eigen, und den Blumenschmuck in der großen «Figaro»-Halle: der Name des Blumenlieferanten wurde hierbei nicht vergessen, denn warum sollte er nicht teilhaben am allgemeinen üppigen Reklamesegen?

Als es endlich zu den zwei großen öffentlichen Tschaikowsky-Konzerten im «Châtelet» kam, war der russische Gast schon wohlbekannt bei den wichtigsten Herzoginnen und in den Empfangsräumen der wichtigsten Redaktionen. Er hatte überall Besuch gemacht, ein befangener Weltmann, geführt und eingeführt von seinem eifrigen Verleger M. Maquart. Nun sollte, zum Schluß, das große französische Publikum ihn kennenlernen, und die seriöse Musik-Presse würde sich mit ihm beschäftigen.

Er wurde im «Châtelet» mit starkem Beifall begrüßt, der freilich – wie sein empfindlicher Argwohn ihm sagen mußte – wieder einmal mehr dem «Mütterchen Rußland» und der Verbrüderung franco-russe galt, als dem Komponisten, von dem dieses Publikum wenig wußte. Immerhin wurde auch nach den einzelnen Stücken und zum Schluß stark applaudiert.

Die Presse blieb reserviert. Es war deutlich: Man hatte Caesar Cuis «La musique en Russie» gelesen, daraus bezog man nun seine Weisheit. Die Pariser Presse konstatierte mit Strenge: «M. Tschaïkovsky n'est pas un compositeur aussi russe qu'on voudrait le croire»; er besitze, so wurde festgestellt, weder die Kühnheit noch die gewaltige Originalität, die den Hauptreiz der großen Slawen, der Borodin, Cui, Rimsky-Korsakow, Ljadow bilde. M. Tschaïkovsky sei leider recht europäisch. «L'allemand dans son œuvre domine le slave, et l'absorbe.»

‹Man hatte wohl erwartet im ‹Châtelet› «des impressions exotiques» zu hören›, dachte Peter Iljitsch erbittert. ‹In Leipzig wirft man mir vor, ich sei französisch, in Hamburg, ich sei asiatisch, in Paris, ich sei deutsch, in Rußland findet man: ich sei alles im Durcheinander und jedenfalls völlig unoriginell.

Ach, diese Hochmütigen und Brutalen von der neurussischen Schule, diese fünf genialen «Novatoren», die wie Pech und Schwefel zusammenhingen, diese feierlich verschworene Brüderschaft der musikalischen Nationalisten: was haben sie mir schon alles angetan! Ihnen, ihnen ganz allein habe ich den Ruf zu verdanken, ich sei fade, ohne Kraft und ‹verwestlicht›. Die Studenten in Prag, die mich als den legitimen Sendboten und Sänger des großen Rußlands feierten, haben das nicht gefunden, und der gescheite alte Avé-Lallemant hat es nicht gefunden, als er sagte: ich sei asiatisch und sollte bei den deutschen Meistern lernen. Herr Caesar Cui aber findet es. Mit Rimsky-Korsakow läßt sich auskommen, er ist der einzige von der Gesellschaft, der etwas von seinem Handwerk versteht, sein «Spanisches Capriccio» ist sehr interessant instrumentiert. Ohne ihn wäre die ganze Bande verloren. Er arrangiert ihre Geniestreiche, bei ihm holen sie sich Rat: er hat nämlich das getan, was sie mir als Schande anrechnen – er hat etwas gelernt. Die anderen sind alle Dilettanten! Alexander Borodin – Gott habe ihn selig – mag ein ausgezeichneter Chemie-Professor gewesen sein; Caesar Cui ist vielleicht ein verdienstvoller Professor der Fortifikation, man sagt mir, seine Vorträge über Befestigungswesen an den Militärschulen von St. Petersburg seien vorzüglich. Mussorgsky war gewiß eine tragische Figur, ein verkommener, großartiger Mensch, ein enormer Säufer: aber die ganze Gesellschaft hat sich zu wenig mit Musik beschäftigt, Musik macht man nicht nebenbei. Von Anfang an war es das Unglück der russischen Komponisten, daß sie die Musik nebenbei machen wollten: das begann mit Glinka, unserer großen Quelle. Der wollte nur auf dem Sofa liegend komponieren, und nur dann, wenn er verliebt war; meistens aber trank er, anstatt zu arbeiten. Da er ein Genie war, kam immerhin «Das Leben für den Zaren» dabei heraus, unsere erste Oper, ohne die es uns alle gar nicht geben würde. «Das Volk komponiert, wir arrangieren nur», sagte Glinka, die große Quelle. Das haben sie sich gemerkt, sowie auch seine Vorliebe für den Alkohol. Nur immer das Volkslied tüchtig strapazieren: dann ist man echt, dann ist man volksverbunden. Als ob unsereiner nichts vom Volkslied wüßte! Aber weil wir nicht beim Volkslied stehengeblieben sind, weil wir es veredeln, verwenden und mit anderen, ihm zunächst fremden Elementen vermählen, sind wir fad und konventionell. Nur nichts dazulernen! Nur nicht den Gesichtskreis erweitern! «En musique on doit être cosmopolite.» Diese Weisheit ist von Alexander Sserow, den die Herren ‹Novatoren› als einen der ‹Initiatoren› russischer Musik anzuerkennen immerhin freundlich genug sind. Aber das gilt nicht mehr. Nur noch das Barbarische ist echt, nur das Grobe, Ungeschliffene, Häßliche. Echt ist vor allem Mussorgsky, der ohne die freundliche Hilfe von Rimsky-Korsakow überhaupt nicht vor das Publikum hätte kommen können, so miserabel ist seine Musik geschrieben. Kein Mensch kann sie spielen, aber «Boris Godunow» ist *die* Oper des russischen Volkes, ihr Held ist nicht irgendeiner, kein einzelner, sondern das Volk selber. Was man unsereinem als Effekthascherei vorwerfen würde, das ist bei ihm groß und schön und die Wahrheit. Wenn ich einmal in einer Partitur die Glocken läuten lasse aus besonderem Anlaß, dann lächelt alles: Wie geschickt arrangiert! *Seine* Glocken aber sind die von den alten Kirchen Rußlands. Krönungsaufzug und Schenke, Bettelmönche, Vagabunden und Bauerntanz: bei ihm ist alles echt, alles echt! Mord, Klage, Aufschrei, Größenwahn, Geistererscheinung – das gemordete Kind schüttelt blutige Fäustchen gegen den falschen Zaren –: wer ihn sich leisten könnte, diesen ganzen Apparat! Ich darf mir's nicht leisten, ich bin ja ein ‹Traditionalist›, wie die Brüder Rubinstein: nur ein alter Herr in Hamburg hält mich noch für asiatisch. Besser unterrichtet ist man hier in Paris: Caesar Cui hat aufklärend gewirkt. Die echten Russen sind: Borodin, Cui, Balakirew, Rimsky-Korsakow und Mussorgsky – die große Kameraderie, die gemeinsam das ‹Manifest› der neuen russischen Musik lanciert hat und die seitdem zusammenhängt wie Pech und Schwefel. Vielleicht sind sie lauter Genies, Mussorgsky vielleicht das größte, Gott sei seiner armen Seele gnädig, er hat viel gelitten, der hemmungslose Geselle, vielleicht war er wirklich am nächsten der Seele unseres Volkes. Ich aber gehöre nirgends hin. Man läßt mich allgemein fühlen, daß ich nirgends hingehöre.› –

Ihm blieb reichlich Zeit über all dies nachzudenken; denn er hatte, verstimmt durch die Zeitungskritiken, enerviert und angeekelt von der ewigen Geselligkeit, für heute abend jedes Rendezvous abgesagt. Er wollte allein sein. Nach dem Diner hatte er sein Hotel, das in der Nähe der Madeleine lag, verlassen. Ziellos war er die großen Boulevards entlanggeschlendert, hatte schließlich einem Wagen gewinkt und sich nach Montmartre fahren lassen. Er spazierte am Cirque Medrano vorbei, es reizte ihn, einzutreten. Die Vorstellung hatte begonnen. ‹Wie gut es hier riecht›, dachte er, während das Fräulein ihm die Türe zu seiner Loge öffnete. Seit jeher liebte er den scharfen, gefährlichen, Neugier und Spannung erweckenden Geruch der Manege.

Eine üppige Dame in einem steifen rosa Ballettröckchen, einen hohen silbernen Zylinderhut über der blonden Lockenfrisur, tanzte auf dem Rücken eines Schimmels, der seinerseits tänzerische Schritte durch die Manege tat. Die Dame warf Kußhändchen und stieß hohe, englische Rufe aus, halb Jubeltöne, halb Angstschreie. Nebenher lief ein dicker Clown mit einer fürchterlichen violetten Riesennase im breiten, kreideweißen Gesicht; man wußte nicht genau: floh er vor dem tanzenden Schimmel oder war er, im Gegenteil, bemüht, ihn anzutreiben. Jedenfalls stellte er sich aufs drolligste ungeschickt an, fiel häufig hin, schien auch beständig in Gefahr, die weiten roten Hosen zu verlieren: hierüber wurde stets besonders laut gelacht, von der Galerie wurden unpassende Scherze geschrieen, der Clown, das klaffende rote Maul zu einem schamlos-schamhaften Grinsen verzerrt, verwickelte sich in seine Hosenträger, stolperte, hätte sich, zum Jubel der Galerie, beinahe ganz entblößt, hielt sich im letzten Moment die bedenklich rutschenden Beinkleider.

Nach der Kunstreiterin kamen dressierte Bären; dann drei Seiltänzer in weißen Trikots; dann eine Löwenbändigerin, die als schottischer Soldat mit kariertem Röckchen gekleidet war, häufig mit einem großen Revolver in die Luft knallte und Schreie ausstieß, die viel beängstigender klangen als das gedämpfte Knurren ihrer geduckten Bestien; dann eine große Pferdenummer; dazwischen die Clowns. Peter Iljitsch amüsierte sich ausgezeichnet. Er konnte sehr lachen über die Spaßmacher; er erregte sich, weil die Seiltänzer so gewagte Schritte taten, und von Herzen bewunderte er die täppische Kunstfertigkeit der tanzenden Bären. Am meisten freute er sich über das Publikum, über Enthusiasmus und Witz seiner Zurufe. ‹Hier ist es reizend›, dachte Peter Iljitsch. ‹Endlich bin ich froh, in Paris zu sein.› Er vergaß die Herzoginnen, die fatale Kritik und die fünf «Novatoren». Während des Entr'acts trank er am Buffet mehrere Cognacs. Lärm und Gedränge um ihn herum störten ihn nicht; sie beruhigten. Er beobachtete die Familienväter, die ein kleines Regiment von Buben und Mädchen mit sich führten, immer besorgt, daß die Schar sich in Unordnung auflöse, hinterrücks Unfug stifte; die Kokotten, die unter ihren bunten Hüten habgierig lugten, die Dandys der Äußeren Boulevards mit glänzenden schwarzen Schnurrbärten, übermäßig hohen steifen Kragen, schmalen Hüften und zu spitzen Schuhen. Er liebte es, den Pariser Argot, die fliegende pointierte Rede, das schillernde Gelächter um sich zu hören. Er war glücklich, hier zu sein.

Ihm fiel ein sehr schönes Mädchen auf; dann erst der Junge, mit dem sie sprach. Das Mädchen hatte in einem blassen, überanstrengten, ungemein lieblich geformten Gesicht

lange, dunkle, leidenschaftliche Augen. Sie trug ein eng an-
liegendes, sehr einfaches schwarzes Seidenkleid, unter dem
glatten Stoff hob sich die junge Brust deutlich ab, das Hinterteil war, der Mode entsprechend, übermäßig stark heraus-
gearbeitet. Der Junge, mit dem sie lachte und sprach, drehte
Peter Iljitsch den Rücken zu. Sein Haar war weich, mattblond
und am Hinterkopf kurz geschoren. Der Junge trug keinen
Mantel; sein Anzug war aus einem englischen, großkarierten
Stoff, sehr auf Taille gearbeitet, ziemlich abgetragen, von einem gewissen dürftigen Chic. Das Mädchen lachte, so daß
es silbrig tönte durchs ganze Foyer; sie ließ dabei den Kopf
in den Nacken sinken, ihr blasses Gesicht mit dem dunkel
geschminkten, großen Mund und den langen Augen lag
nackt, entblößt, sehr lieblich und rührend überanstrengt bei
aller Lustigkeit, im harten Licht der Gaslampen. Der Junge
antwortete ihr mit einem anderen Lachen, das rauh, zärtlich
und etwas höhnisch klang. An was erinnerte es Peter Iljitsch?
Er schloß ein paar Sekunden lang die Augen, um in sich hin-
einzulauschen, an was ihn dieses Lachen erinnert habe. Als er
die Augen wieder öffnete, hatte der Junge den Arm des schönen Mädchens ergriffen: eng nebeneinander, immer lachend
und redend, bahnten sie sich durch das Menschengedränge
mit schlendernden, aber sehr sicheren Schritten ihren Weg
zum Ausgang.

Peter Iljitsch spürte: ‹Ich muß ihnen folgen. Ich muß ihnen nachgehen, den ganzen Boulevard Clichy entlang. Ich
muß sie beobachten, wie sie lachen und schlendern – beide
sehr jung, mit sicheren Schritten durch die Menschenmenge.
Unbedingt muß ich herausfinden, an was mich das Gelächter
des Jungen erinnert hat.›

Er stürzte zur Garderobe, verlangte hastig nach seinem
Pelz, gab ein zu hohes Trinkgeld; den Pelz nachlässig um die
Schulter geworfen, lief er zum Ausgang. Gierig dachte er,

während er lief: ‹Werde ich sie noch finden? Sind sie noch nicht verloren?›

Es waren aber sehr viele Menschen unterwegs auf dem Boulevard Clichy zu dieser Nachtstunde. Auf dem Trottoir, das grell geschminkt war vom Licht der Gaslaternen, schoben sich die Huren neben den behäbigen Bürgersfrauen, die Zuhälter neben den Offizieren, die kleinen Ladenmädchen neben den Arabern und Negern. Vor den Cafés, die auf die Straße geöffnet waren, staute sich der träg dahintreibende Strom, über dem sein eigener Lärm und sein Geruch wie eine zähe Wolke hing. Zerlumpte Burschen boten Zeitungen oder Erdnüsse an; mit ihren Schreien, die einen halb wehklagenden, halb zornigen Ton hatten, vermischten sich die Klänge der Tanzmusik aus den Cafés. An der Ecke Boulevard Clichy – Place Pigalle stand ein zerlumpter Alter, sein Gesicht war von Aussatz zerfressen; mit schwärzlich-lippenlosem Mund sang er ganz leise, fast murmelnd eine Ballade, deren Inhalt – wenn man genauer hinhörte – sich als sehr traurig und bewegt herausstellte. Peter Iljitsch warf ihm, das Gesicht weggewendet, ein Geldstück in die entfleischte Hand. Ihn würgten Mitleid und Ekel angesichts des entstellten Greises; übrigens fürchtete er sich vor allen Bettlern und war fest davon überzeugt, daß sie ihm Unglück brächten.

In dieser Menge hatten sich die beiden reizvollen Kinder verloren – das schöne Mädchen und der Junge mit dem gefährlichen Lachen. Darüber wurde Peter Iljitsch sehr traurig. ‹Sie sind weg›, dachte er, und vor lauter Betrübtheit wurde sein Gang langsam und schleppend. ‹Sie haben mir wohlgefallen, deshalb hat der Erdboden sie verschluckt. Nein, natürlich hat nicht der Erdboden sie verschluckt. Sie sind, aneinander geschmiegt, eingetreten in eines dieser dunklen Häuser. Sie lieben sich in einem dieser dunklen Häuser …›

Die künstlich erhellte, vom Lärm bewegte Nacht war milde. Man spürte schon den Frühling in der feuchten Luft. Es wurde Peter Iljitsch warm beim Gehen; ihn störte der lose um die Schultern gehängte Pelz. Ein kleines Negermädchen erschreckte ihn, da es ihm in den Weg sprang und mit einer wimmervollen Stimme Streichhölzer anbot: es hatte angstvoll aufgerissene, übermüdete Augen, unter der starren und finsteren Krone des Kraushaares. Während Peter Iljitsch sich bückte, um die schwärzliche Hand des Kindes, deren Innenseite rührend hell, wie ausgeblichen war, eine Münze zu legen, trat mit schwankendem Schritt die Negerin-Mutter hinzu: als ein massiger Schatten erschien sie hinter ihrem bettelnden Töchterchen. Sie murmelte dem Herrn, der ihr Kind beschenkte, Segenswünsche zu, die bitter klangen wie Flüche. Die Frau war hochschwanger, ihr Leib wölbte sich ungeheuer unter der bunt gemusterten Kattunschürze. Ihr Gesicht schien beinahe ebenso erschreckend in die Breite gegangen wie ihr Leib. Das war kein Menschengesicht mehr, sondern eine große, ungeformte Fläche, in der nur die Augen glimmten und zuweilen das Weiß der Zähne aufblitzte.

Peter Iljitsch entwich, rückwärts gehend, vor der schwarzen Trächtigen; dabei konnte er die Augen nicht von ihr lassen. ‹Die bringt mir entsetzliches Unglück›, dachte er, und starrte gebannt die Unförmige an. ‹Alle schwangeren Frauen bringen mir Unglück, und nun gar diese! Oh wehe über die Unglückliche, wehe über mich, daß ich sie anschauen muß!› Endlich fand er die Kraft, ihr den Rücken zu drehen. Mit schweren, ungeschickten Sätzen sprang er davon, wobei er sich mit beiden Händen den Pelz über der Brust zusammenhielt. Aus der halb geöffneten Tür eines Cafés kam Walzermusik. Peter Iljitsch trat ein.

Er ließ sich an der Theke einen Cognac geben, trank rasch und verlangte noch einen. Das bedienende Mädchen versuchte eine kleine Unterhaltung mit ihm anzufangen und sagte etwas über den Frühling, der nun nicht mehr lange würde auf sich warten lassen. Sie war eine üppige, brünette Person mit einem Schatten von dunklem Bart über der Lippe; ihr Akzent war stark südfranzösisch. Peter Iljitsch antwortete nicht, das Mädchen zuckte die Achseln. Auf den langen Lederbänken, unter dem Goldrahmen der Spiegel, saßen andere Mädchen, vor sich, auf der beschmutzten Marmorplatte des Tisches, die Kaffeetasse oder das Glas mit einer grünlichen Flüssigkeit. ‹Das muß Absinth sein›, dachte Peter Iljitsch, ‹ich könnte auch einen trinken. Die beiden reizvollen Kinder aber, die mir wohlgefielen, hat der Erdboden verschluckt.›

Neben ihm, faul und unbeweglich an die Theke gelehnt, stand ein verwilderter Mensch in einer Samtjacke; er starrte aus entzündeten Augen vor sich hin, in sein Glas mit der grünlichen Flüssigkeit. Neben diesem heruntergekommenen Gesellen – ‹es wird ein Kunstmaler sein›, dachte mitleidsvoll Peter Iljitsch, ‹ein sehr begabter Porträtist vielleicht, aber vom Unglück verfolgt, wie viele in dieser Stadt› – stand noch jemand, für Peter Iljitsch durch den Ersten verdeckt. Dieser Zweite, Unsichtbare sprach mit dem Mädchen hinter der Theke. Plötzlich hörte Peter Iljitsch sein rauhes, zärtlich-höhnisches Lachen: das kannte er, er hatte es vor langer Zeit gehört, und erst kürzlich wieder. Es war das Lachen Apuchtins. Peter Iljitsch erschrak.

So war der Junge also hier, der zum schönen Mädchen im Cirque Medrano gehörte, und er hatte das Lachen Apuchtins. Peter Iljitsch machte ein paar Schritte, am Rücken des Heruntergekommenen in der Samtjacke vorbei. Er stellte sich neben den Jungen. Über die eigene Hemmungslosigkeit erschrak er, als er ihn ansprach.

«Sie sind hier», sagte Peter Iljitsch.

Der Junge wandte ihm erstaunt das Gesicht zu: «Ja», sagte

er ziemlich unliebenswürdig und schaute den Herrn im Pelz dabei scharf an. «Warum nicht?»

«Ich habe Sie im Cirque Medrano gesehen», sagte Peter, der unter dem harten Blick des Jungen die dunkle Röte auf der Stirn spürte. «Sie hatten ein sehr schönes Mädchen bei sich.»

«Gefällt sie Ihnen?» Der Junge zeigte ein verständnisvolles Grinsen. «Das wäre zu arrangieren.»

Diesen Ton war Peter Iljitsch nicht gewohnt. An wen war er hier geraten? Das war ein kleiner Zuhälter, der sein Mädchen anbot. Man hätte sich umdrehen sollen und ihn stehen lassen. Peter Iljitsch aber sagte: «Ich bin euch nachgegangen, ihr wart verschwunden auf dem Boulevard.»

«*Wem* sind Sie nachgegangen?» fragte der Junge und prüfte diesen kuriosen Alten aus seinen scharf-blickenden, grau-grünen, schmal geschnittenen Augen. «Meiner Freundin?»

Vielleicht saß das Mädchen hier im Café unter den vergoldeten Spiegelrahmen vor ihrem Glas mit grünlicher Flüssigkeit; der Junge lauerte darauf, daß sie wegginge mit einem Freier, gegen Morgen traf er sie wieder und nahm ihr das Geld ab.

«Euch beiden bin ich nachgegangen», sagte Peter Iljitsch. «Euch beiden, weil ihr mir gefallen habt.»

«Auch mir also?» fragte der Junge, übrigens ohne jede Koketterie, ganz sachlich und mit einem abwesenden, fast bösen Gesichtsausdruck. Er war aber etwas näher an den Ausländer im Pelz herangetreten.

Zu seinem eigenen Schrecken antwortete Peter Iljitsch: «Vor allem Ihnen.»

Daraufhin sagte der Junge trocken: «Ach so.»

Peter Iljitsch schwieg. ‹Ich könnte ihn fragen, ob er mit mir kommen will›, dachte er. ‹Er würde vielleicht grob werden, oder er würde sagen: Auch das läßt sich arrangieren,

und würde keine Miene dabei verziehen.› – Die üppige Süd-
französin hinter der Theke schaute spöttisch auf den grau-
bärtigen Herrn und auf den Jungen.

«Sie sind Russe», sagte der Junge. Sein Gesicht blieb mürrisch, aber er berührte mit seinem Arm den Arm des älteren
Herrn, der ihm nachgegangen war.

«Woran merken Sie das?» fragte Peter Iljitsch.

« Ich kenne viele Ausländer», sagte der Junge und machte
ein etwas angewidertes Gesicht, als wäre es ihm unangenehm,
an all das zu denken, was er erlebt hatte mit den Zugereisten.
Er streckte die Hand nach dem Glas mit der grünlichen Flüssigkeit aus, das vor ihm stand; seine Hand war mager, sehnig
und etwas schmutzig.

«Wollen Sie noch etwas trinken?» fragte Peter Iljitsch, denn
der Junge hatte sein Glas mit einem Zuge geleert.

«Ja», sagte der Junge – und, mit einem verächtlichen, ja, ge-
hässigen Gesichtsausdruck zum Mädchen hinter der Theke:
«Noch zwei Absinth, Léonie, für den Herrn und für mich.»
Auch Peter Iljitsch bekam vom Grünlichen eingegossen.

Sie standen ein paar Minuten lang schweigend. Peter Iljitsch sah den Jungen an. Sein lockeres, mattblondes Haar
war am Hinterkopf und an den Schläfen sehr kurz geschoren – das war Peter Iljitsch schon im Zirkus aufgefallen. Unter
den schmal geschnittenen, graugrünen Augen sprangen die
Backenknochen stark hervor. Die Stirne war klar und schön;
umso mehr enttäuschte die weiche Linie des kurzen Kinns.
Das ziemlich breite, sehr junge, aber schon mitgenommene,
schon nicht mehr ganz frische Gesicht hatte blasse Farben,
die über den Augenlidern, bis zu den blonden Brauen, ins
Rosa-Bläuliche spielten. Einen starken Farbton gab allein
der trotzig vorgeschobene Mund: sein Dunkelrot kontra-
stierte heftig zu der Fahlheit von Stirne, Wangen und Blick.
Der Junge war nicht sehr groß, wesentlich kleiner als Peter

Iljitsch, und mager. Unter seinem engen, auf Taille gearbei-
teten Anzug ließ sich ein akrobatisch trainierter, biegsamer
Körper erraten. Er stand in einer zugleich nachlässigen und
gespannten Haltung, die Beine gekreuzt, den Kopf ein wenig
geduckt, wie ein Läufer am Start; die sehnigen, strapazierten
Hände um das Glas gelegt.

«Sie sind Franzose?» fragte Peter Iljitsch.

«Ich bin Pariser», sagte der Junge und blickte mit seinem
fahlen und scharfen Blick ins Glas. «Aber meine Familie
ist nicht von hier, wir kommen von ziemlich weit her, von
dort drüben, vom Balkan –.» Er winkte mit seiner schönen,
schmutzigen Hand, als wollte er andeuten, aus welcher finsteren Gegend die Familie käme. «Aber jetzt habe ich keine
Verwandten mehr», fügte er mit einem plötzlich einstudiert
und künstlich wirkenden, wehleidigen Tonfall hinzu.

«Haben Sie eine Stellung?» erkundigte sich Peter Iljitsch
und ärgerte sich sofort über seine ungeschickte naive Frage.
«Ich meine», verbesserte er sich, «haben Sie irgend etwas zu
tun?»

«Ich habe im Zirkus gearbeitet.» Der Junge schaute ins
Glas; wahrscheinlich log er. «Eigentlich wollte ich Musiker
werden, ich kann Flöte spielen.» Er lächelte sanft, wie ergriffen von der Erinnerung an sein Flötenspiel. Nein, dies war
nicht gelogen.

«Sie wollten Musiker werden», wiederholte Peter Iljitsch
und sah ihn an.

«Aber das war ja nur so eine blödsinnige Idee», sagte der
Junge, nun wieder mit seinem mürrischen Gesichtsausdruck
und mit der bösen, etwas heiseren Stimme.

‹Er wollte Musiker werden, vielleicht ist er ein großes
Talent – sehr wohl möglich, er sieht ganz danach aus. Man
könnte ihn protegieren, er verdient es gewiß ebensowohl
wie irgendein Sapelnikow, wahrscheinlich mehr, denn er ist

stärker mit Reiz begnadet. Man könnte sich seiner annehmen …»

«Was treiben *Sie* denn?» fragte der Junge. «Sie sind wohl Schriftsteller oder so etwas?» Das war das rauhe, zärtlich-höhnische Lachen Apuchtins: das Lachen des bösen Engels, der Macht besessen hat über Peter Iljitsch, den ausgelieferten.

‹Man könnte ihn bei sich behalten, man müßte sich seiner annehmen. Vielleicht wird etwas Besonderes aus ihm.›

Da der Fremde nicht antwortete, sondern in Grübelei versunken schien, verzichtete der Junge auf alle Umschweife und fragte direkt: «Nun, wie ist es, werden Sie mich mitnehmen?»

Peter Iljitsch wurde dunkelrot. Das Mädchen hinter der Theke, stumme, spöttische Zeugin seines Abenteuers, mußte die eindeutige Frage gehört haben. Lachte sie nicht? Es war außerordentlich peinlich. Ziemlich sinnlos sagte Peter Iljitsch: «Es ist aber schon spät.» Er zog seine schöne Uhr, weniger um die Zeit festzustellen, als um Zeit zu gewinnen, und vielleicht auch, um sich zu vergewissern, daß er sein hübschestes Ding, den guten Talisman, noch bei sich hatte.

Er ließ den geschmückten Deckel der Uhr aufspringen. Im selben Moment erschrak er über den gierigen Blick, mit dem der Junge das Kleinod aus Gold und Platin verschlang.

Peter Iljitschs Hand zitterte, als er die Uhr wieder in seine Tasche schob. ‹Der Junge wird mir die Uhr stehlen, wenn ich ihn mitnehme›, begriff er plötzlich und wischte sich den Schweiß von der Stirne. ‹Darauf würde es hinauslaufen: keine Freundschaft fürs Leben, nicht die pädagogische Beziehung, durch die ich ihn rettete und zum großen Musiker machte – nichts, nichts, nichts, alles Schwindel, alles Selbstbetrug. Die Uhr würde er mir stehlen, so endete das große Abenteuer, dies der Dank für das verschwendete Gefühl.

Oder würde es noch schlimmer kommen? Ich habe heute

nacht auffallend viele Bettler getroffen und eine besonders schreckliche Schwangere: das bedeutet Unglück. Ganz gewiß, es mußte noch schlimmer kommen. Ermorden würde er mich, wenn ich nur im mindesten zögerte, ihm die Uhr freiwillig auszuhändigen; erwürgen würde er mich, denn er ist zwar klein, aber unheimlich stark und gewandt und sehr böse; ich merke es: er haßt mich schon jetzt und wählt mit seinen Augen die Stelle an meinem Hals, wo er nachher zupacken wird.›

Freilich, dachte Peter Iljitsch und leerte hastig sein Glas mit der grünlich-milchigen Flüssigkeit, deren Anisgeschmack ihm unangenehm war, ‹freilich, es wäre kein übler Tod, von diesem erwürgt zu werden … Der böse Engel, unheimlich stark und gewandt, stürzt sich auf dich, so daß dir das Sehen und Hören schwindet; schließlich gibt er sich als das zu erkennen, was er ist, als der Würgeengel, und preßt dir den Atem ab, du vergehst …

Du vergehst, oh Erlösung … Aber vergehst du denn im Einverständnis mit Dem, von welchem der Auftrag kommt? Ach, sicher nicht, ach, das darf ich nicht hoffen. Denn der weitentfernte Auftraggeber hat sich ja deutlich entschieden damals, als du ins eisige Wasser stiegst, es ist mehr als zehn Jahre her, in provozierender Absicht, und was dabei herauskam, das war nur ein Zähneklappern und ein Schnupfen. Und nun soll es wieder Apuchtins Leben sein, und sein verderblicher Reiz, der dir den Atem abpreßt?

So leicht sind die dämonischen Triumphe nicht mehr zu haben, mein alter Freund! So leicht nicht mehr, Apuchtin, mein böser Engel!› Peter Iljitsch spürt einen Trotz, wie er ihn vielleicht nur einmal aufgebracht hat bisher: damals, als sich das Bild seines Lebens und seiner Pflicht überraschend-selbstverständlich in ihm formte, und als er die Kraft fand, sich zu lösen aus der Freundschaft mit Apuchtin, dem bösen

Engel. Nun denkt er heftig weiter: ‹So steht es nicht mehr um uns, daß wir so völlig hilflos ausgeliefert wären. Heute wissen wir, was wir noch alles zu erledigen und auszurichten haben – Mancherlei, viele Dinge, sie sollen uns den Ruhm bringen, diesen melancholischen Trost – du aber wirst unberühmt sterben, mit allen deinen Reizen, mein Kleiner! – Wie war das mit der kurzen, stampfenden Melodie in der Sonate meines Freundes Grieg, und warum hat sie mich so aufgerichtet? Wir sollen Widerstand leisten …›

Da der etwas merkwürdige ältere Herr noch immer zögert, fragt der Junge noch einmal: «Wie ist es? Nehmen Sie mich mit? » – und denkt wahrscheinlich an die schöne Uhr. Seine schmalen, blassen und bösen Augen schauen lauernd und dabei lustig: es ist eine verlockende, geheimnisvolle gefährliche Lustigkeit. Zwischen Augenwimpern und Brauen spielen die Farben seiner fahlen Haut ins Rosa-Graue und Silbrige, wie auf Perlmutter.

«Ich bin jetzt müde», redet der ältere Herr und hat ein recht scheinheiliges Lächeln. «Ich möchte jetzt lieber schlafen.» Da der Junge gehässig den Mund verzieht und beleidigt den Blick senkt, fährt der Ausländer fort: «Aber ich will Sie wiedersehen, mein Lieber, besuchen Sie mich doch bitte morgen vormittag. Mein Name ist Jurgenson, ich wohne im Hôtel du Rhin an der Place Vendôme – Sie müssen nur den Concierge nach mir fragen.»

«Einverstanden!» sagt der Junge. «Morgen vormittag.» Und mit einer plötzlichen, elastischen Drehung auf dem Absatz sich dem Herrn zuwendend, fügt er hinzu: «Geben Sie mir jetzt schon ein bißchen Geld – als Anzahlung.» Danach das rauhe, zärtlich-höhnische, gedämpfte Lachen.

Der Herr, vollkommen ruhig, sagt: «Gern.» Er nimmt aus seiner Brieftasche einen Schein und gibt ihn dem Jungen. Es ist ein großer Schein, ein viel größerer, als ihn der Junge sich erwartet hatte; der Junge lächelt und berührt mit seiner mageren, schmutzigen Hand ganz leicht die große, weiße und schwere Hand des Fremden. Der Fremde betrachtet den Jungen mit seinem tiefblauen, sanft-grübelnden, sehr traurigen Blick.

Er verlangt die Rechnung von dem Mädchen hinter der Theke, bezahlt und wendet sich zum Gehen. Schon einige Schritte von dem Jungen entfernt, hebt er die schwere Hand zu einem Winken. «Leben Sie wohl, mein Kleiner!» sagt der fremde Herr. «Und seien Sie glücklich!»

Er tritt auf den Boulevard Clichy. Die Menschenmenge hat sich verlaufen, aus den Cafés, in denen die Lichter ausgehen, kommt keine Musik mehr.

Peter Iljitsch wohnte aber nicht im Hôtel du Rhin an der Place Vendôme; vielmehr im Hôtel Richepanse, Rue Richepanse. Die Rue Richepanse durchkreuzt die Rue St. Honoré, läuft parallel zur Rue Royale und verbindet mit ihrer Fortsetzung die Rue de Rivoli mit der Madeleine.

Die letzte Station der Tournee, der Aufenthalt in London, wurde erledigt als eine Pflicht. Tschaikowsky hielt sich in der englischen Hauptstadt nicht länger auf als unbedingt notwendig, das waren vier Tage.

Er drängte nach Hause. Genug der unablässig wechselnden Menschengesichter, die vorüberglitten und entglitten, denen man nachschaute mit dem wehmütigen grübelnden Blick! Genug des hoch-bürgerlichen oder mondänen oder populären Kunstbetriebs! Jetzt war, was man verlangte: Einsamkeit. Denn jetzt mußten Monate der Arbeit kommen.

Peter Iljitsch machte sich Notizen, während der stürmischen Fahrt über den Kanal, während der Eisenbahnreise, die sechs Tage dauerte. Es waren nicht Notizen zu der Oper, die er geplant hatte: der «Pique-Dame»-Stoff reizte ihn nun nicht. Nicht ernst und nicht rein genug schien ihm die Kunstform der Oper, als der Ausdruck dieser Lebensstunde, als das Ergebnis und Resultat alles dessen, was wieder einmal erkannt und durchlitten war. Es sollte eine Symphonie werden. Es sollte die Symphonie des guten Trotzes werden. Es sollte die Symphonie des großen Widerstandes werden. Es sollte ganz die Musik werden, zu der er sich bereit und reif gefühlt hatte, da das kurze, stampfende Thema des schmalen Freundes Edvard Grieg als ein Trost und eine Erfrischung zu ihm gekommen war.

Es sollte die Symphonie des großen Widerstandes werden; in der ein fast zorniger Enthusiasmus die Klage besiegt; die Symphonie des Aufbegehrens, dessen männliche Entschlossenheit mächtiger ist als die Schwermut. Denn wir sind noch nicht fertig, es ist noch Vielerlei zu erledigen und auszurichten, diesmal soll das Finale nicht schal klingen, sondern es soll tönen als ein echter Triumph.

Und im Frühling und Sommer dieses Jahres 1888 wurde geschrieben die Symphonie Nr. 5 in e-moll, Opus 64 – geschrieben unter Entzückungen und Qualen, in der Einsamkeit eines kleinen Landsitzes, genannt Frolowskoe, sechs Werst von Klin in bewaldeter Gegend; denn Peter Iljitsch hatte Maidanowo verlassen und aufgegeben, von dem er eine kurze Zeit lang hatte glauben wollen, daß es ihm Heimat sei.

Die Fünfte Symphonie wurde geschrieben, zum Trotz jener schlimmen Angst, die den Alternden lähmen wollte mit ihrem Flüstern: Du bist ausgesungen, vertrocknet, von dir kommt nichts mehr. Und siehe da: Die Symphonie wurde groß und sie wurde gut. Sie hatte Schwermut und Glanz, und dazwischen eine ganz entrückte Leichtigkeit, und am Ende den stolzen und heftigen Überschwang dessen, der sich höchst tapfer gewehrt hat.

Als sie abgeschlossen war, die mächtige Partitur, hatte

Tschaikowsky die Widmung zu vergeben, diesen Ehrentitel. Er schrieb die Widmung nicht an einen seiner Freunde – als wollte der vereinsamt Gesellige grimmig andeuten, daß er keine Freunde besitze –; er schrieb sie an Herrn Avé-Lallemant, Ersten Vorsitzenden der Philharmonischen Gesellschaft zu Hamburg. Das war ein Fremder. Aber er war es, der zu Peter Iljitsch gesagt hatte: Aus Ihnen könnte ein ganz Großer werden. Und: Sie sind doch noch jung.

Mephisto

[Vorspiel 1936]

«In einem der westdeutschen Industriezentren sollen neulich über achthundert Arbeiter verurteilt worden sein, alle zu hohen Zuchthausstrafen, und das im Laufe eines einzigen Prozesses.»

«Nach meinen Informationen sind es nur fünfhundert gewesen; über hundert andere hat man erst gar nicht abgeurteilt, sondern heimlich umbringen lassen, ihrer Gesinnung wegen.»

Sind die Löhne wirklich so entsetzlich schlecht?»

«Miserabel. Dabei fallen sie noch – und die Preise steigen.»

«Die Dekorierung des Opernhauses für heute abend soll 60 000 Mark gekostet haben. Dazu kommen mindestens noch 40 000 Mark andere Spesen – nicht mitgerechnet die Unkosten, die es der öffentlichen Kasse gemacht hat, das Opernhaus, wegen der Vorbereitungen für den Ball, fünf Tage lang geschlossen zu halten.»

«Eine nette kleine Geburtstagsfeier.»

«Ekelhaft, daß man den Rummel mitmachen muß.»

Die beiden ausländischen jungen Diplomaten verneigten sich, auf den Gesichtern das liebenswürdigste Lächeln, vor einem Offizier in großer Uniform, der hinter seinem Monokel einen mißtrauischen Blick auf sie geworfen hatte.

«Die ganze hohe Generalität ist da.» Sie sprachen erst wieder, als sie die große Uniform außer Hörweite wußten.

«Aber sie sind alle für den Frieden begeistert», fügte der andere boshaft hinzu.

«Wie lange noch?» fragte fröhlich lächelnd der erste, wobei er eine kleine Dame von der japanischen Botschaft begrüßte, die am Arm eines hünenhaften Marineoffiziers klein und zierlich einherschritt.

«Wir müssen auf alles gefaßt sein.»

Ein Herr vom Auswärtigen Amt gesellte sich zu den beiden jungen Botschaftsattachés, die sofort dazu übergingen, Pracht und Schönheit der Saaldekoration zu preisen. «Ja, der Herr Ministerpräsident hat Freude an diesen Dingen», sagte, etwas verlegen, der Herr vom Auswärtigen Amt.

«Aber es ist alles geschmackvoll», versicherten die beiden jungen Diplomaten, beinah im gleichen Atem.

«Gewiß», sprach gequält der Herr aus der Wilhelmstraße.

«Eine so prachtvolle Veranstaltung kann man heute nirgends als in Berlin finden», sagte einer der beiden Ausländer noch. Der Herr vom Außenministerium zögerte eine Sekunde lang, ehe er sich zu einem höflichen Lächeln entschloß. Es entstand eine Gesprächspause. Die drei Herren blickten um sich und lauschten dem festlichen Lärm. «Kolossal», sagte schließlich einer von den beiden jungen Leuten leise – diesmal ohne jeden Sarkasmus, sondern wirklich beeindruckt, beinah verängstigt von dem riesenhaften Aufwand, der ihn umgab. Das Flimmern der von Lichtern und Wohlgerüchen gesättigten Luft war so stark, daß es ihm die Augen blendete. Ehrfurchtsvoll, aber mißtrauisch blinzelte er in den bewegten Glanz. ‹Wo bin ich nur?› dachte der junge Herr – er kam aus einem der skandinavischen Länder –. ‹Der Ort, an dem ich mich befinde, ist ohne Frage sehr lieblich und verschwenderisch ausgestattet; dabei aber auch etwas grauenhaft. Diese schön geputzten Menschen sind von einer Munterkeit, die nicht gerade vertrauenerweckend wirkt. Sie bewegen sich wie die Marionetten – sonderbar zuckend und eckig. In ihren Augen lauert etwas, ihre Augen haben keinen guten Blick, es gibt in ihnen so viel Angst und so viel Grausamkeit. Bei mir zu Hause schauen die Leute auf eine andere Art – sie schauen freundlicher und freier, bei mir zu Hause. Man lacht auch anders, bei uns droben im Norden. Hier haben die Gelächter etwas Höhnisches und etwas Verzweifeltes; etwas Freches, Provokantes, und dabei etwas Hoffnungsloses, schauerlich Trauriges. So lacht doch niemand, der sich wohl fühlt in seiner Haut. So lachen doch Männer und Frauen nicht, die ein anständiges, vernünftiges Leben führen ...› –

Der große Ball zum 43. Geburtstag des Ministerpräsidenten fand in allen Räumen des Opernhauses statt. In den ausgedehnten Foyers, in den Couloirs und Vestibülen bewegte sich die geputzte Menge. Sie ließ Sektpfropfen knallen in den Logen, deren Brüstungen mit kostbaren Draperien behängt waren; sie tanzte im Parkett, aus dem man die Stuhlreihen entfernt hatte. Das Orchester, das auf der leergeräumten Bühne seinen Platz hatte, war umfangreich, als sollte es eine Symphonie aufführen, mindestens von Richard Strauss. Es spielte aber nur, in keckem Durcheinander, Militärmärsche und jene Jazz-Musik, die zwar wegen niggerhafter Unsittlichkeit verpönt war im Reiche, die aber der hohe Würdenträger auf seinem Jubelfeste nicht entbehren wollte.

Hier hatte alles sich eingefunden, was in diesem Lande etwas gelten wollte, niemand fehlte – außer dem Diktator selbst, der sich wegen Halsschmerzen und angegriffener Nerven hatte entschuldigen lassen, und außer einigen etwas plebejischen Parteiprominenten, die nicht eingeladen worden waren. Hingegen bemerkte man mehrere kaiserliche und königliche Prinzen, viele Fürstlichkeiten und fast den ganzen Hochadel; die gesamte Generalität der Wehrmacht, sehr viel einflußreiche Financiers und Schwerindustrielle; verschiedene Mitglieder des Diplomatischen Korps – meistens von den Vertretungen kleinerer oder weit entfernter Länder –;

einige Minister, einige berühmte Schauspieler – die huldvolle Schwäche des Jubilars für das Theater war bekannt – und sogar einen Dichter, der sehr dekorativ aussah und übrigens die persönliche Freundschaft des Diktators genoß. – Über 2000 Einladungen waren verschickt worden; von diesen waren etwa tausend Ehrenkarten, die zum unentgeltlichen Genuß des Festes berechtigten; von den Empfängern der übrigen tausend hatte jeder fünfzig Mark Eintritt zahlen müssen: so kam ein Teil der ungeheuren Spesen wieder herein – der Rest blieb zu Lasten jener Steuerzahler, die nicht zum näheren Umgang des Ministerpräsidenten und also keineswegs zur Elite der neuen deutschen Gesellschaft gehörten.

«Ist es nicht ein wunderschönes Fest!» rief die umfangreiche Gattin eines rheinischen Waffenfabrikanten der Frau eines südamerikanischen Diplomaten zu. «Ach, ich amüsiere mich gar zu gut! Ich bin so glänzender Laune, und ich wünschte mir, daß alle Menschen in Deutschland, und überall, glänzender Laune würden!» Die südamerikanische Diplomatenfrau, die nicht gut Deutsch verstand und sich langweilte, lächelte säuerlich.

Die muntere Gattin des Fabrikanten war von solchem Mangel an Enthusiasmus enttäuscht und entschloß sich dazu, weiter zu promenieren. «Entschuldigen Sie mich, meine Liebe!» sagte sie fein und raffte die glitzernde Schleppe. «Ich muß eben mal eine alte Freundin aus Köln begrüßen – die Mutter unseres Staatstheaterintendanten, Sie wissen doch, des großen Hendrik Höfgen.»

Hier tat die Südamerikanerin zum ersten Mal den Mund auf, um zu fragen: «Who is Henrik Hopfgen?» – was die Fabrikantengattin veranlaßte, leise aufzuschreien: «Wie?! Sie kennen unseren Höfgen nicht? – Höfgen, meine Beste –, nicht Hopfgen! Und Hendrik, nicht Henrik – er legt größten Wert auf das kleine ‹d›!»

Dabei war sie schon auf die distinguierte Matrone zuge-
eilt, die am Arme des Dichters und Führerfreundes würdevoll
durch die Säle schritt. «Liebste Frau Bella! Es ist eine Ewigkeit her, daß man sich nicht gesehen hat! Wie geht es Ihnen
denn, Liebste? Haben Sie manchmal Heimweh nach unserem
Köln? Aber Sie befinden sich hier ja in einer so glänzenden
Position! Und wie geht es Fräulein Josy, dem lieben Kind? Vor
allem: Was macht Hendrik – Ihr großer Sohn! Himmel, was
ist aus ihm alles geworden! Er ist ja fast so bedeutend wie ein
Minister! Jaja, liebste Frau Bella, wir in Köln haben alle Sehnsucht nach Ihnen und Ihren herrlichen Kindern!»

In Wahrheit hatte sich die Millionärin niemals um Frau
Bella Höfgen gekümmert, als diese noch in Köln gelebt und
ihr Sohn die große Karriere noch nicht gemacht hatte. Die
Bekanntschaft zwischen den beiden Damen war nur eine
flüchtige gewesen; niemals war Frau Bella eingeladen worden in die Villa des Fabrikanten. Nun aber wollte die lustige
und gemütvolle Reiche die Hand der Frau, deren Sohn man
zu den nahen Freunden des Ministerpräsidenten zählte, gar
nicht mehr loslassen.

Frau Bella lächelte huldvoll. Sie war sehr einfach, aber
nicht ohne eine gewisse ehrbare Koketterie gekleidet; auf
ihrer schwarzen, glatt fließenden Seidenrobe leuchtete eine
weiße Orchidee. Das graue, schlicht frisierte Haar bildete einen pikanten Kontrast zu ihrem ziemlich junggebliebenen,
mit dezenter Sorgfalt hergerichteten Gesicht. Aus weiten,
grünblauen Augen schaute sie mit einer reservierten, nach-
denklichen Freundlichkeit auf die geschwätzige Dame, die
den lebhaften deutschen Kriegsvorbereitungen ihr wunder-
volles Collier, ihre langen Ohrgehänge, die Pariser Toilette
und all ihren Glanz verdankte.

«Ich kann nicht klagen, es geht uns allen recht gut», sprach
mit stolzer Bescheidenheit Frau Höfgen. «Josy hat sich mit

dem jungen Grafen Donnersberg verlobt. Hendrik ist ein wenig überanstrengt, er hat rasend zu tun.»

«Das kann ich mir denken.» Die Industrielle schaute respektvoll.

«Darf ich Ihnen unseren Freund Cäsar von Muck vorstellen», sagte Frau Bella.

Der Dichter neigte sich über die geschmückte Hand der reichen Dame, die sofort wieder zu schwätzen begann. «Ungeheuer interessant, ich freue mich wirklich, habe Sie sofort nach den Photographien erkannt. Ihr Tannenberg-Drama habe ich in Köln bewundert, eine recht gute Aufführung, natürlich fehlen die überragenden Leistungen, wie man sie in Berlin jetzt gewöhnt ist, aber wirklich recht anständig, ohne Frage sehr achtbar. Und Sie, Herr Staatsrat – Sie haben doch inzwischen eine so großartige Reise gemacht, alle Welt spricht von Ihrem Reisebuch, ich will es mir dieser Tage besorgen.»

«Ich habe viel Schönes und viel Häßliches gesehen in der Fremde», sagte der Dichter schlicht. «Jedoch reiste ich durch die Lande nicht nur als Schauender, nicht nur als Genießender, sondern mehr noch als Wirkender, Lehrender. Mich deucht, es ist mir gelungen, dort draußen neue Freunde für unser neues Deutschland zu werben.» Mit seinen stahlblauen Augen, deren durchdringende und feurige Reinheit in vielen Feuilletons gepriesen wurde, taxierte er den kolossalen Schmuck der Rheinländerin. ‹Ich könnte in ihrer Villa wohnen, wenn ich das nächste Mal in Köln einen Vortrag oder eine Premiere habe›, dachte er, während er weitersprach: «Es ist für unseren geraden Sinn unfaßbar, wie viel Lüge, wie viel boshaftes Mißverständnis über unser Reich im Umlauf sind – draußen in der Welt.»

Sein Gesicht war so beschaffen, daß jeder Reporter es «holzgeschnitten» nennen mußte: zerfurchte Stirn, Stahlauge unter blonder Braue und ein verkniffener Mund, der leicht sächsischen Dialekt sprach. Die Waffenfabrikantin war sehr beeindruckt, von seinem Aussehen wie von seiner edlen Rede. «Ach», schaute sie ihn schwärmerisch an. «Wenn Sie einmal nach Köln kommen, müssen Sie uns unbedingt besuchen!»

Staatsrat Cäsar von Muck, Präsident der Dichterakademie und Verfasser des überall gespielten «Tannenberg»-Dramas, verneigte sich mit ritterlichem Anstand: «Es wird mir eine echte Freude sein, gnädige Frau.» Dabei legte er sogar die Hand aufs Herz.

Die Industrielle fand ihn wundervoll. «Wie köstlich es sein wird, Ihnen einen ganzen Abend zuzuhören, Exzellenz!» rief sie aus. «Was Sie alles erlebt haben müssen! Sind Sie nicht auch schon Staatstheaterintendant gewesen?»

Diese Frage wurde als taktlos empfunden, und zwar sowohl von der distinguierten Frau Bella als auch vom Autor der «Tannenberg»-Tragödie. Dieser sagte denn auch nur, mit einer gewissen Schärfe: «Gewiß.»

Die reiche Kölnerin merkte nichts. Vielmehr sprach sie noch, mit durchaus deplacierter Schelmerei: «Sind Sie denn da nicht ein klein bißchen eifersüchtig, Herr Staatsrat, auf unseren Hendrik, Ihren Nachfolger?» Nun drohte sie auch noch mit dem Finger. Frau Bella wußte nicht, wohin sie blicken sollte.

Cäsar von Muck aber bewies, daß er weltmännisch und überlegen war, und zwar in einem Grade, der an Edelmut grenzt. Über sein Holzschnittgesicht ging ein Lächeln, das nur in seinen ersten Anfängen etwas bitter schien, dann aber milde, gut und sogar weise wurde. «Ich habe diese schwere Last gerne – ja, von Herzen gerne an meinen Freund Höfgen abgegeben, der wie kein anderer berufen ist, sie zu tragen.» Seine Stimme bebte; er war stark ergriffen von der eigenen Großmut und von der Schönheit seiner Gesinnung.

Frau Bella, die Mutter des Intendanten, zeigte eine beeindruckte Miene; die Lebensgefährtin des Kanonenkönigs aber war derartig gerührt von der edlen und majestätischen Haltung des berühmten Dramatikers, daß sie beinahe weinen mußte. Mit tapferer Selbstüberwindung schluckte sie die Tränen hinunter; tupfte sich die Augen flüchtig mit dem Seidentüchlein und schüttelte die weihevolle Stimmung mit einem sichtbaren Ruck von sich ab. In ihr siegte die typisch rheinische Munterkeit; sie schaute wieder strahlend und jubilierte: «Ist es nicht ein ganz herrliches Fest?»

Es war ein ganz herrliches Fest, darüber konnte gar kein Zweifel bestehen. Wie das glitzerte, duftete, rauschte! Gar nicht festzustellen, was mehr Glanz verbreitete: die Juwelen oder die Ordenssterne. Das verschwenderische Licht der Kronleuchter spielte und tanzte auf den entblößten, weißen Rücken und den schön bemalten Mienen der Damen; auf den Specknacken, gestärkten Hemdbrüsten oder betreßten Uniformen feister Herren; auf den schwitzenden Gesichtern der Lakaien, die mit den Erfrischungen umherliefen. Es dufteten die Blumen, die in schönem Arrangement verteilt waren durch das ganze Lusthaus; es dufteten die Pariser Parfums all der deutschen Frauen; es dufteten die Zigarren der Industriellen und die Pomaden der schlanken Jünglinge in ihren kleidsam knappen SS-Uniformen; es dufteten die Prinzen und die Prinzessinnen, die Chefs der Geheimen Staatspolizei, die Feuilletonchefs, die Filmdivas, die Universitätsprofessoren, die einen Lehrstuhl für Rassen- oder Wehrwissenschaft innehatten, und die wenigen jüdischen Bankiers, deren Reichtum und internationale Beziehungen so gewaltig waren, daß man sie sogar an dieser exklusivem Veranstaltung teilhaben ließ. Man verbreitete Wolken künstlichen Wohlgeruchs, als gälte es, ein anderes Aroma nicht aufkommen zu lassen – den faden, süßlichen Gestank des Blutes, den man zwar liebte und von dem das ganze Land erfüllt war, dessen man sich aber bei so feinem Anlaß und in Gegenwart der fremden Diplomaten ein wenig schämte.

«Tolle Sache», sagte ein hoher Herr von der Reichswehr zum anderen. «Was der Dicke sich alles leistet!»

«Solange wir es uns gefallen lassen», sagte der zweite. Sie machten gutgelaunte Gesichter; denn sie wurden photographiert.

«Lotte soll ein Kleid anhaben, das dreitausend Mark kostet», erzählte eine Filmschauspielerin dem Hohenzollernprinzen, mit dem sie tanzte. Lotte war das Eheweib des Gewaltigen mit den vielen Titeln, der sich zu seinem 43. Geburtstag feiern ließ wie ein Märchenprinz. Lotte war eine Provinzschauspielerin gewesen und galt als herzensgute, schlichte, urdeutsche Frau. An ihrem Hochzeitstage hatte der Märchenprinz zwei Proleten hinrichten lassen.

Der Hohenzollernprinz sagte: «Einen solchen Aufwand hat meine Familie niemals getrieben. – Wann wird das hohe Paar denn übrigens Einzug halten? Unsere Erwartung soll wohl auf das äußerste gesteigert werden!»

«Lottchen versteht's», meinte sachlich die ehemalige Kollegin der Landesmutter. –

Ein ausgesprochen herrliches Fest: Alle Anwesenden schienen es aufs intensivste zu genießen, sowohl die mit den Ehrenkarten als auch die anderen, die fünfzig Mark hatten zahlen müssen, um dabei sein zu dürfen. Man tanzte, schwatzte, flirtete; man bewunderte sich selber, die anderen und am meisten die Macht, die sich so üppige Veranstaltungen wie diese gönnen durfte. In den Logen und Wandelgängen, an den verführerischen Buffets waren die Konversationen sehr lebhaft. Man diskutierte über die Toiletten der Damen, über das Vermögen der Herren und über die Preise, welche die Wohltätigkeits-Tombola bringen würde: als das wertvollste

Stück wurde ein Hakenkreuz aus Brillanten genannt, etwas sehr Niedliches und Teures, als Brosche oder als Anhänger an einem Collier zu tragen. Eingeweihte wollten wissen, daß es auch höchst amüsante Trostpreise geben würde, zum Beispiel naturgetreu nachgebildete Tanks und Maschinengewehre aus Lübecker Marzipan. Einige Damen behaupteten launig, daß sie noch lieber ein Mordinstrument aus so süßem Stoff haben wollten als das kostbare Hakenkreuz. Es wurde viel und herzlich gelacht. Mit gedämpfteren Stimmen besprach man sich über die politischen Hintergründe der Veranstaltung. Es fiel auf, daß der Diktator abgesagt hatte und mehrere Parteiprominente nicht eingeladen worden waren; daß man aber Mitglieder der fürstlichen Familien in so großer Anzahl anwesend sah. An diesen Umstand knüpften sich mancherlei dunkle und bedeutungsvolle Gerüchte, die man sich im Flüstertone weitergab. Auch über den Gesundheitszustand des Diktators wollte der oder jener finstere Neuigkeiten wissen; man besprach sie leise und leidenschaftlich, sowohl im Kreise der auswärtigen Pressevertreter und Diplomaten als auch bei den Herren von der Reichswehr und der Schwerindustrie.

«Es scheint also doch Krebs zu sein», berichtete hinter vorgehaltenem Taschentuch ein Herr von der englischen Presse dem Pariser Kollegen. Bei diesem aber war er an den Falschen geraten. Pierre Larue hatte das Aussehen eines höchst gebrechlichen, dabei recht tückischen Zwerges, schwärmte aber für den Heroismus und für die schönen uniformierten Burschen des neuen Deutschland. Übrigens war er kein Journalist, sondern ein reicher Mann, der verklatschte Bücher über das gesellschaftliche, literarische und politische Leben der europäischen Hauptstädte schrieb und dessen Lebensinhalt es bedeutete, berühmte Bekanntschaften zu sammeln. Dieser ebenso groteske wie anrüchige kleine Kobold, mit dem spitzen Gesichtchen und der lamentierenden Fistelstimme einer kränklichen alten Dame, verachtete die Demokratie seines eigenen Landes und erklärte jedem, der es hören wollte, daß er Clemenceau für einen Schurken und Briand für einen Idioten halte, jeden höheren Gestapo-Beamten jedoch für einen Halbgott und die Spitzen des neudeutschen Regimes für eine Garnitur von tadellosen Göttern.

«Was verbreiten Sie für infamen Unsinn, mein Herr!» Das Männchen schaute erschreckend boshaft; seine Stimme raschelte dürr wie gefallenes Laub. «Der Gesundheitszustand des Führers läßt nichts zu wünschen übrig. Er ist nur ein bißchen erkältet.»

Diesem kleinen Scheusal war es zuzutrauen, daß es hinging und denunzierte. Der englische Korrespondent wurde nervös; er versuchte, sich zu rechtfertigen: «Ein italienischer Kollege hat mir im Vertrauen so etwas angedeutet …» Aber der schmächtige Liebhaber prall gefüllter Uniformen schnitt ihm mit Strenge das Wort ab: «Genug, mein Herr! Ich will nichts mehr hören! Das ist alles unverantwortliches Geschwätz! – Entschuldigen Sie», fügte er sanfter hinzu. «Ich muß den Exkönig von Bulgarien begrüßen. Die Prinzessin von Hessen ist bei ihm, ich habe die Bekanntschaft Ihrer Hoheit am Hofe Ihres Vaters in Rom gemacht.» Er rauschte davon, die bleichen und spitzen Händchen auf der Brust gefaltet, in der Haltung und mit dem Gesichtsausdruck eines intriganten Abbés. Der Engländer murmelte hinter ihm her: «Damned snob.»

Eine Bewegung ging durch den Saal, es gab ein hörbares Rauschen: der Propagandaminister war eingetreten. Man hatte ihn heute abend nicht hier erwartet, alle wußten um seine gespannte Beziehung zu dem fetten Geburtstagskind – das sich übrigens seinerseits noch immer verborgen hielt, um aus seinem Entrée dann den ganz großen Clou zu machen.

Der Propagandaminister – Herr über das geistige Leben ei-

nes Millionenvolkes – humpelte behende durch die glänzende Menge, die sich vor ihm verneigte. Eine eisige Luft schien
zu wehen, wo er vorbeiging. Es war, als sei eine böse, gefährliche, einsame und grausame Gottheit herniedergestiegen
in den ordinären Trubel genußsüchtiger, feiger und erbärm-
licher Sterblicher. Einige Sekunden lang war die ganze Gesellschaft wie gelähmt von Entsetzen. Die Tanzenden erstarrten
mitten in ihrer anmutigen Pose, und ihr scheuer Blick hing,
zugleich demütig und haßvoll, an dem gefürchteten Zwerg.
Der versuchte durch ein charmantes Lächeln, welches seinen
mageren, scharfen Mund bis zu den Ohren hinaufzerrte, die
schauerliche Wirkung, die von ihm ausging, ein wenig zu mil-
dern; er gab sich Mühe, zu bezaubern, zu versöhnen und seine tiefliegenden, schlauen Augen freundlich blicken zu lassen. Seinen Klumpfuß graziös hinter sich her ziehend, eilte
er gewandt durch den Festsaal und zeigte dieser Gesellschaft
von zweitausend Sklaven, Mitläufern, Betrügern, Betrogenen
und Narren sein falsch-bedeutendes Raubvogelprofil. An den
Gruppen von Millionären, Botschaftern, Regimentskomman-
danten und Filmstars huschte er, tückisch lächelnd, vorüber.
Es war der Intendant Hendrik Höfgen, Staatsrat und Senator,
bei welchem er stehenblieb.

Noch eine Sensation! Intendant Höfgen gehörte zu den
deklarierten Favoriten des Ministerpräsidenten und Fliegergenerals, der seine Berufung an die Spitze der Staatstheater
durchgesetzt hatte gegen den Willen des Propagandaministers! Dieser war, nach einem langen und heftigen Kampf,
dazu gezwungen worden, seinen eigenen Protégé, den Dichter Cäsar von Muck, zu opfern und auf Reisen zu schicken.
Nun aber ehrte er demonstrativ das Geschöpf seines Feindes
durch seine Begrüßung und durch sein Gespräch. Wollte der
schlaue Meister der Propaganda auf solche Weise vor der internationalen Elitegesellschaft bekunden, daß es Unstimmigkei-

ten und Ränke zwischen den Spitzen des deutschen Regimes gar nicht gebe und daß die Eifersucht zwischen ihm, dem Reklamechef, und dem Fliegergeneral ins häßliche Gebiet der Greuelmärchen gehöre? Oder war Hendrik Höfgen – eine der meistbesprochenen Figuren der Hauptstadt – seinerseits so unermeßlich schlau, daß er es fertigbrachte, zum Propagandaminister ebenso intime Beziehungen zu unterhalten wie zum Fliegergeneral-Ministerpräsidenten? Spielte er den einen Machthaber gegen den anderen aus, ließ sich von den beiden großen Konkurrenten protegieren? Seiner legendären Geschicklichkeit wäre es zuzutrauen …

Das war ja alles ungeheuer interessant! Pierre Larue ließ den Exkönig von Bulgarien einfach stehen und trippelte durch den Saal – von seiner Neugierde dahingeweht, wie eine Feder vom Winde –, um dieses sensationelle Rencontre aus der nächsten Nähe mit anzuschauen. Cäsar von Mucks stählerne Augen kniffen sich mißtrauisch zusammen, die Millionärin aus Köln stöhnte wollüstig vor lauter Angeregtheit und Freude an der erhabenen Situation; während Frau Bella Höfgen, die Mutter des großen Mannes, allen, die in ihrer Nähe standen, gnädig und gleichsam ermunternd zulächelte, als wollte sie ihnen bedeuten: Mein Hendrik ist groß, und ich bin seine distinguierte Mutter. Trotzdem braucht ihr nun nicht gleich in die Knie zu sinken. Er und ich, wir sind auch nur von Fleisch und Blut, wenngleich sonst ausgezeichnet vor den übrigen Menschen.

«Wie geht es Ihnen, mein lieber Höfgen?» fragte der Propagandaminister anmutig lächelnd den Intendanten.

Auch der Intendant lächelte, aber nicht gleich bis zu den Ohren hinauf, sondern mit einer Vornehmheit, die fast schmerzlich wirkte. «Ich danke Ihnen, Herr Minister!» Er sprach leise, etwas singenden Tones, dabei äußerst akzentuiert. Der Minister hatte seine Hand noch immer nicht losgelassen. «Darf ich mich nach dem Befinden Ihrer Frau Gemahlin erkundigen», sagte der Intendant, und nun mußte sein hoher Gesprächspartner endlich ein ernstes Gesicht machen. «Sie ist heute abend ein wenig unpäßlich.» Dabei ließ er die Hand des Senators und Staatsrats los. Dieser sagte wehmütig: «Wie leid mir das tut.»

Natürlich wußte er – was allen hier im Saal bekannt war –, daß die Frau des Propagandaministers völlig verzehrt und innerlich verwüstet war, von Eifersucht auf die Gattin des Ministerpräsidenten. Da der Diktator selber unverehelicht blieb, war das angetraute Weib des Reklamechefs die erste Dame im Reiche gewesen, und sie hatte diese ihre gottgewollte Funktion mit Anstand und Würde erfüllt, ihr Todfeind konnte es nicht bestreiten. Dann aber kam diese Lotte Lindenthal daher, eine mittlere Schauspielerin – jung war sie auch nicht mehr –, und ließ sich heiraten von dem prachtliebenden Dikken. Die Frau des Propagandaministers litt unbeschreiblich. Man machte ihr den Rang der ersten Dame streitig! Eine andere drängte sich vor! Mit einer Komödiantin ward ein Kult getrieben, als ob die Königin Luise auferstanden wäre! Immer wenn es eine Veranstaltung zu Lottes Ehren gab, ärgerte sich Frau Reklamechef so ungeheuer, daß sie Migräne bekam. Auch heute abend war sie im Bett geblieben.

«Gewiß hätte sich Ihre Frau Gemahlin hier sehr gut unterhalten.» Höfgen machte immer noch die feierliche Miene. In seinen Worten war von Ironie keine Spur zu finden. «Zu schade, daß der Führer absagen mußte. Auch der englische und der französische Botschafter sind verhindert.»

Mit diesen Feststellungen, die er in sanftestem Tone vorbrachte, verriet Höfgen seinen eigentlichen Freund und Gönner – den Ministerpräsidenten, dem er all seinen Glanz zu danken hatte – an den eifersüchtigen Propagandaminister: diesen aber hielt er sich für alle Fälle in der Reserve.

Der gewandte Klumpfuß fragte vertraulich, nicht ohne Hohn: «Und wie ist hier die Stimmung?»

Der Intendant der Staatstheater sagte zurückhaltend: «Man scheint sich zu amüsieren.»

Die beiden Würdenträger führten ihre Unterhaltung leise; denn um sie drängten sich Neugierige, auch mehrere Photographen waren herbeigekommen. Die Kanonenfabrikantin flüsterte eben Pierre Larue zu, der in Verzückung die bleichen Knochenhändchen über der Brust gegeneinander rieb: «Unser Intendant und der Minister – sind sie nicht ein herrliches Paar? Beide so bedeutend! Beide so schön!» Sie drängte ihren üppigen, geschmückten Leib nahe an das gebrechliche Körperchen des Kleinen. Der zarte gallische Liebhaber des germanischen Heroismus, der strammen Jünglinge, des Führergedankens und der hohen Adelsnamen fürchtete sich vor der atmenden Nähe so viel weiblichen Fleisches. Er versuchte, sich ein wenig zurückzuziehen, während er zirpte: «Exquisit! Ganz charmant! Unvergleichlich!» Die Rheinländerin beteuerte: «Unser Höfgen – das ist ein ganzer Mann, sage ich Ihnen! Ein Genie, so etwas gibt es weder in Paris noch in Hollywood! Und so urdeutsch, so gerade, einfach und ehrlich! Ich habe ihn ja schon gekannt, als er noch so klein gewesen ist.»

Mit der vorgestreckten Hand deutete sie an, wie klein Hendrik gewesen war, als sie, die Millionärin, seine Mutter auf den Kölner Wohltätigkeitsveranstaltungen konsequent geschnitten hatte.

«Ein herrlicher Junge!» sagte sie noch, und bekam so sinnliche Augen, daß Larue panisch die Flucht ergriff.

Man hätte Hendrik Höfgen für einen Mann von etwa fünfzig Jahren gehalten; er war aber erst neununddreißig – ungeheuer jung für seinen hohen Posten. Seine fahle Miene mit der Hornbrille zeigte jene steinerne Ruhe, zu der sich sehr nervöse und sehr eitle Menschen zwingen können, wenn sie sich von vielen Leuten beobachtet wissen. Sein kahler Schädel hatte edle Form. Im aufgeschwemmten, grau-weißen Gesicht fiel der überanstrengte, empfindliche und leidende Zug auf, der von den hochgezogenen blonden Brauen zu den vertieften Schläfen lief; außerdem die markante Bildung des starken Kinns, das er auf stolze Art hochgereckt trug, so daß die vornehm schöne Linie zwischen Ohr und Kinn kühn und herrisch betont ward. Auf seinen breiten und blassen Lippen lag ein erfrorenes, vieldeutiges, zugleich höhnisches und um Mitleid werbendes Lächeln. Hinter den großen, spiegelnden Brillengläsern wurden seine Augen nur zuweilen sichtbar und wirksam: dann erkannte man, nicht ohne Schrecken, daß sie, bei aller Weichheit, eiskalt, bei aller Melancholie sehr grausam waren. Diese grün-grau schillernden Augen ließen an Edelsteine denken, die kostbar sind, aber Unglück bringen; gleichzeitig an die gierigen Augen eines bösen und gefährlichen Fisches. – Alle Damen und die meisten Herren fanden, daß Hendrik Höfgen nicht nur ein bedeutender und höchst geschickter, sondern auch ein bemerkenswert schöner Mann sei. Seine zusammengenommene, vor lauter bewußter und berechneter Anmut fast steife Haltung und sein kostbarer Frack ließen es übersehen, daß er entschieden zu fett war, vor allem in der Hüftengegend und am Hinterteil.

«Ich muß Ihnen übrigens zu Ihrem Hamlet gratulieren, mein Lieber», sprach der Propagandaminister. «Eine famose Leistung. Die deutsche Bühne kann stolz auf Sie sein.»

Höfgen neigte ein wenig das Haupt, indem er das schöne Kinn etwas nach unten drückte: oberhalb des hohen, blendenden Kragens entstanden zahlreiche Falten am Hals. «Wer vor dem Hamlet versagt, verdient den Namen eines Schauspielers nicht.» Seine Stimme klagte vor Bescheidenheit. Der Minister konnte eben noch konstatieren: «Sie haben die Tragödie ganz gefühlt» – da ging ein ungeheurer Aufruhr durch den Saal.

Der Fliegergeneral und seine Gattin, die gewesene Aktrice Lotte Lindenthal, waren durch die große Mitteltüre eingetreten: brausendes Beifallsklatschen und dröhnender Zuruf begrüßten sie. Durch ein Spalier von Menschen, aus dem Jubel stieg, schritt das erlauchte Paar. Kein Kaiser hatte jemals schöneren Einzug gehalten. Der Enthusiasmus schien ungeheuer: Jeder von den zweitausend auserlesen feinen Menschen wollte sich, den anderen und dem Ministerpräsidenten durch möglichst lautes Geschrei und Händeklatschen beweisen, einen wie glühenden Anteil er am 43. Geburtstag des hohen Herrn im besonderen und am nationalen Staate im allgemeinen nahm. Man brüllte: «Hoch!», «Heil!» und: «Wir gratulieren!» Man warf Blumen, die von Frau Lotte mit würdevoller Grazie empfangen wurden. Die Kapelle spielte großen Tusch. Der Propagandaminister bekam ein haßverzerrtes Gesicht; aber darauf achtete niemand, außer vielleicht Hendrik Höfgen. Dieser stand unbeweglich: er erwartete seinen Gönner in zusammengenommener, anmutig steifer Haltung.

Man hatte Wetten darüber abgeschlossen, in welcher Phantasieuniform der Dicke heute abend erscheinen würde. Es war eine asketische Koketterie von ihm, nun die Gesellschaft durch den allerschlichtesten Aufzug zu verblüffen. Die flaschengrüne Litewka, die er trug, wirkte fast wie eine streng geschnittene Hausjacke. Auf seiner Brust blitzte nur ein ganz kleiner silberner Ordensstern. In den grauen Hosen wirkten seine Beine – die er sonst gerne unter langen Mänteln verbarg – besonders umfangreich: es waren Säulen, auf denen er sich langsam dahinbewegte. Die kolossalische Größe und Breite seiner monströsen Figur waren geeignet, Schrecken und Ehrfurcht um sich zu verbreiten – zumal kein Anlaß bestand, irgend etwas an ihm komisch zu finden: dem Kühnsten verging das Lachen, wenn er erwog, wie viel Blut schon auf den Wink des Speck- und Fleisch-Riesen geflossen war und wie unermeßlich viel Blut vielleicht noch strömen würde zu seinen Ehren. Auf dem kurzen, wulstigen Hals erschien sein massives Haupt wie übergossen von dem roten Safte: das Haupt eines Cäsars, von dem man die Haut abgezogen hat. An diesem Gesicht war nichts Menschliches mehr: es war aus rohem, ungeformtem Fleische, ein Klotz.

Der Ministerpräsident schob seinen Bauch, dessen enorme Wölbung in die der Brust überging, majestätisch durch die strahlende Versammlung. Der Ministerpräsident grinste.

Sein Weib Lotte grinste nicht, sondern verschenkte Lächeln, eine Königin Luise in jedem Zoll. Auch ihre Robe, deren Kostbarkeit den Gesprächsstoff der Damen gebildet hatte, war einfach bei allem Pomp: glatt fließend, aus einem schimmernden Silbergewebe, endend in einer königlich langen Schleppe. Das Brillantendiadem aber in der ährenblonden Frisur, die Perlen und Smaragde auf dem Busen übertrafen an Gewicht und Strahlenglanz alles, was es sonst noch zu bewundern gab in dieser üppigen Runde. Das riesenhafte Geschmeide der Provinzschauspielerin repräsentierte Millionenwerte: sie verdankte es der Galanterie eines Gatten, der gerne die Prunksucht und Korrumpiertheit republikanischer Minister und Bürgermeister in öffentlicher Rede geißelte, und der Treue einiger wohlsituierter und bevorzugter Untertanen: Frau Lotte verstand es, Aufmerksamkeiten von solchem Gewicht mit jener anspruchslosen Heiterkeit hinzunehmen, die ihr den Ruf der naiven und mütterlichen, verehrungswürdigen Frau einbrachte. Sie galt als uneigennützig, unantastbar rein. Sie war zur Idealgestalt geworden unter den deutschen Frauen. Sie hatte große, runde, etwas hervortretende Kuhaugen von einem feuchtstrahlenden Blau; schönes blondes Haar und einen schneeweißen Busen. Übrigens war auch sie schon ein wenig zu dick – man speiste gut und reichlich im Präsidentenpalais. Man erzählte sich bewundernd von ihr, daß sie sich gelegentlich bei ihrem Gatten für Juden aus der guten Gesellschaft einsetze – die Juden kamen trotzdem ins Konzentrationslager. Man nannte sie den guten Engel des Ministerpräsidenten; indessen war der Fürchterliche nicht milder geworden, seitdem sie ihn beriet. Eine ihrer berühmtesten Rollen war die Lady Milford in Schillers «Kabale und Liebe» gewesen: jene Mätresse eines Gewaltigen, die den Glanz ihres Geschmeides und die Nähe ihres Fürsten nicht mehr erträgt, da sie erfahren hat, womit man Edelsteine bezahlt. Als sie zum letzten Mal im Staatstheater auftrat, spielte sie die Minna von Barnhelm: so deklamierte sie, ehe sie in den Palast des Fliegergenerals übersiedelte, noch einmal die Sätze eines Dichters, den ihr Gemahl und seine Spießgesellen hetzen und verfolgen lassen würden, lebte er heute und hier. In ihrer Gegenwart wurden die schauerlichen Geheimnisse des totalen Staates besprochen: sie lächelte mütterlich. Morgens, wenn sie ihrem Gatten neckisch über die Schulter lugte, sah sie Todesurteile vor ihm auf dem Renaissanceschreibtisch – und er unterzeichnete sie; abends zeigte sie den weißen Busen und die ährenblonde Kunstfrisur in Opernpremieren oder an den geschmückten Tafeln der Bevorzugten, die ihres Umgangs gewürdigt wurden. Sie war unberührbar, unangreifbar; denn sie war ahnungslos und sentimental. Sie glaubte sich umgeben von der «Liebe ihres Volkes», weil zweitausend Ehrgeizige, Käufliche und Snobs Lärm machten zu ihren Ehren. Sie schritt durch den Glanz und verschenkte Lächeln – mehr verschenkte sie nie. Sie glaubte allen Ernstes, daß Gott ihr wohlwollte, weil er ihr so viel Geschmeide hatte zukommen lassen. Mangel an Phantasie und an Intelligenz bewahrte sie davor, an eine Zukunft zu denken, die mit dieser schönen Gegenwart vielleicht wenig Ähnlichkeit haben würde. Wie sie dahinschritt, erhobenen Hauptes, übergossen vom Licht und von der allgemeinen Bewunderung, gab es keinen Zweifel in ihrem Herzen an der Haltbarkeit solchen Zaubers. Niemals – so meinte sie zuversichtlich – niemals würde abfallen von ihr dieser Glanz; niemals würden die Gemarterten sich rächen, niemals würde die Finsternis nach ihr greifen.

Immer noch wurde Tusch gespielt, ebenso laut wie ausführlich; immer noch dauerte das huldigende Geschrei. Inzwischen waren Lotte und ihr Dicker beim Propagandaminister und bei Höfgen angekommen. Die drei Herren hoben flüchtig die Arme, die Grußzeremonie lässig andeutend. Dann neigte Hendrik sich mit einem ernsten und innigen Lächeln über die Hand der großen Dame, die er so oft auf der Bühne hatte umarmen dürfen. – Hier standen sie, dargeboten der brennenden Neugier einer gewählten Öffentlichkeit: vier Mächtige in diesem Lande, vier Gewalthaber, vier Komödianten – der Reklamechef, der Spezialist für Todesurteile und Bombenflugzeuge, die geheiratete Sentimentale und der fahle Intrigant. Die gewählte Öffentlichkeit beobachtete, wie der Dicke dem Herrn Intendanten auf die Schulter schlug, daß es krachte, und sich mit einem grunzenden Lachen erkundigte: «Na, wie geht's, Mephisto?»

Vom ästhetischen Gesichtspunkt aus war die Situation für Höfgen vorteilhaft: neben dem gar zu ausladenden Ehepaar wirkte er schlank, und neben dem agilen, aber krüppelhaften Reklamezwerg hochgewachsen und stattlich. Übrigens bildete auch sein Gesicht, so fahl und fatal es sein mochte, einen immerhin erfreulichen Gegensatz zu den drei Gesichtern, die es umgaben: mit den empfindlichen Schläfen und dem kräftig geprägten Kinn erschien es doch als das Antlitz eines Menschen, der gelebt und gelitten hat; das Gesicht seines fleischigen Protektors aber war eine verquollene Maske; das der Sentimentalen eine törichte Larve und das des Propagandisten eine verzerrte Fratze.

Die Sentimentale sagte mit seelenvollem Blick zum Intendanten, für den sie eine geheime – jedoch nicht gar zu geheime – Zuneigung im Busen trug: «Ich habe Ihnen noch gar nicht gesagt, Hendrik, wie wunderschön ich Ihren Hamlet finde.» Er drückte ihr schweigend die Hand, wobei er einen Schritt näher an sie herantrat und ebenso innig zu blicken versuchte, wie es ihr von der Natur gegeben war. Der Versuch mußte mißglücken: seine fischigen Juwelenaugen gaben so viel sanfte Wärme nicht her. Deshalb machte er ein ernstes, beinah etwas ärgerliches, offizielles Gesicht und murmelte: «Ich muß ein paar Worte sprechen.» Dann erhob er die Stimme.

Sie hatte einen leuchtenden, raffiniert geschulten Metallton und war bis in die entferntesten Winkel des großen Saales hörbar und wirksam, als sie ausrief: «Herr Ministerpräsident! Hoheiten, Exzellenzen, meine Damen und Herren! Wir sind stolz – ja, wir sind stolz und froh, daß wir dieses Fest heute in diesem Hause mit Ihnen, Herr Ministerpräsident, und mit Ihrer wundervollen Gattin begehen dürfen …»

Mit dem ersten seiner Worte war das bewegte Gespräch der Zweitausend-Personen-Gesellschaft verstummt. In vollkommener Stille, in devoter Regungslosigkeit lauschte man der langen, pathetischen und platten Glückwunschrede, die der Intendant, Senator und Staatsrat für seinen Ministerpräsidenten hielt. Alle Augen waren auf Hendrik Höfgen gerichtet. Alle bewunderten ihn. Er gehörte zur Macht. Er war ihres Schimmers teilhaftig – solange der Schimmer hielt. Von ihren Repräsentanten war er einer der Feinsten und Gewandtesten. Seine Stimme brachte, anläßlich des 43. Geburtstages seines Herrn, die überraschendsten Jubeltöne hervor. Er hielt das Kinn hochgereckt, die Augen schimmerten, seine sparsamen und kühnen Gesten hatten den schönsten Schwung. Er vermied es aufs sorgsamste, ein wahres Wort zu sagen. Der skalpierte Cäsar, der Reklamechef und die Kuhäugige schienen darüber zu wachen, daß nur Lügen, nichts als Lügen von seinen Lippen kämen: eine geheime Verabredung verlangte es so, in diesem Saale wie im ganzen Land.

Während er sich dem Ende seiner Ansprache mit bravourös gesteigertem Tempo näherte, flüsterte eine hübsche, kindlich aussehende kleine Dame – die Gattin eines bekannten Filmregisseurs –, die im Hintergrund des Raumes ein bescheidenes Plätzchen hatte, tonlos ihrer Nachbarin zu: «Wenn er fertig ist, muß ich hingehen und ihm die Hand schütteln. Ist es nicht phantastisch? Ich kenne ihn doch noch von früher – ja, wir sind in Hamburg zusammen engagiert gewesen. Das waren ulkige Zeiten! Und was hat der Mensch seitdem für eine Karriere gemacht!!»

Anm. d. Hg.: Zu «Lotte Lindenthal», Gattin des Ministerpräsidenten (Göring), s. a. «An die Staatsschauspielerin Emmy Sonnemann-Göring», S. 195; zu Gustaf Gründgens alias Höfgen und den hier beschriebenen Ball s. a. «Zahnärzte und Künstler», S. 192

Vergittertes Fenster

Vous fûtes un poète, un soldat, le seul Roi
De ce siècle où les rois se font si peu de choses …
Verlaine, «À Louis II de Bavières»

«Es ist der König!» sagten die Diener, und sie erschraken alle bis ins Innerste.

Einige drängten sich im Korridor des ersten Stockwerkes an den Fenstern; andere waren hinunter gelaufen, in die Halle oder auf den Kiesplatz vor dem Schloß.

Jeder von ihnen wußte, was geschehen war, und es gab unter ihnen keinen, der diesem Augenblick nicht mit einer Spannung, in die sich Grauen mischte, entgegen geharrt hätte.

Ihr Herr und König, Ludwig II. von Bayern, hielt Einzug in seiner schönen Besitzung, Schloß Berg am Starnberger See. Ach – aber er kam nicht an, wie es einem freien Herrscher geziemt. Ärzte und Wärter begleiteten ihn. Herren vom Münchener Hof folgten dem melancholischen, macabren Transport, der bewacht wurde von berittener Polizei:

Die Diener wußten: Man hatte ihren Fürsten, auf Schloß Hohenschwangau drüben, gefangen genommen als einen Irrsinnigen, fast wie einen Verbrecher. Die Doktoren in München hatten, im Einverständnis mit der Familie Wittelsbach und mit den Ministern, über ihn das schreckliche Urteil gefällt: Der König war krank – dahin lautete der ärztliche Spruch –, geisteskrank, und wahrscheinlich unheilbar: wie sein Bruder, Prinz Otto, der seit Jahren, von der Welt getrennt, irgendwo ein halb tierisches Dasein fristete. Die Krankheit, zu der die Gelehrten und die Würdenträger Seine Majestät nun verurteilten, wie man einen Übeltäter zu strenger Strafe verdammt, war genannt: Paranoia. Keiner der Diener verstand das beängstigend fremdartige Wort; aber alle erschauerten sie vor seinem bösen Klang.

War es möglich, daß ein König, der doch von Gottes Gnaden und eigentlich unantastbar ist, Paranoia bekam, wie ein Bettler den Aussatz oder wie ein Kind Keuchhusten? – Ludwig II. sollte nicht mehr regieren dürfen, weil er mit der Paranoia geschlagen war wie mit einer Pest. «Es muß wohl in der Familie liegen», sagten die älteren und klügeren unter den Lakaien, mit düsterer Anspielung auf den unglücklichen Prinzen Otto. Aber skeptisch waren auch sie, was das Verhalten der Familie Wittelsbach, der Ärzte und der Minister in dieser wirren und schauerlichen Affäre betraf. Die Diener auf Schloß Berg vermuteten alle, daß ihr Herr und König auf Grund übler Machenschaften entmündigt, abgesetzt und als verrückt erklärt worden war. Prinz Luitpold, der Onkel des Königs, wollte Regent von Bayern werden: darauf lief alles hinaus. Deshalb sollte der Herrscher von Gottes Gnaden nun verschwinden in einem Zimmer, das eigentlich schon fast ein Kerker war. Weil Prinz Luitpold lüstern war nach der Krone, – so argwöhnten die Lakaien – hatte die Wissenschaft, repräsentiert durch den Obermedizinalrat Doktor von Gudden und durch einige seiner Kollegen, das teuflische Wort «Paranoia» erfunden und dem König angehängt: Über diesen Punkt waren alle Diener in Schloß Berg – biedere Männer vom Lande – im Grunde sich einig. Aber sie wagten ihre Meinung und ihre Verdächte nicht mehr offen auszusprechen. Die *Macht*, der Staat hatten sich für den Prinzen Luitpold und den Doktor von Gudden entschieden – *gegen* den König. Dieser war geliefert, preisgegeben, geopfert –: wer durfte sagen, ob er als König überhaupt noch zu bezeichnen war, nachdem die Macht ihn auf so eklatante Weise hatte fallen lassen? Widerstand war nutzlos: das begriffen die Lakaien sehr wohl; denn sie waren es gewohnt, im Dunstkreis der Macht zu atmen, und wußten, daß ein Aufbegehren gegen sie praktisch kaum je in Frage kam. Heimlich sympathisierten sie mit den Leuten von Hohenschwangau, den Männern von den Bergen und der braven Gendarmerie des Ortes, die eine richtige kleine Revolution veranstaltet hatten, als die Herren aus München – die Ärzte, die Minister und die Hofbeamten – eingetroffen waren, um den König abzuholen und einzusperren. Wie wacker war das von den Leuten in Hohenschwangau gewesen! –: so empfanden ausnahmslos alle Diener. Aber andererseits: Was hatte es genutzt, welche Konsequenz hatte die tollkühne kleine Aktion der Hirten, Knechte und Bauern gehabt? Freilich, zunächst einmal war es gelungen, die Herren aus München zu erschrecken und heimzuschicken mit Sensen, Flinten und bedrohlichem Lärm; aber sie waren wiedergekommen, und sie legitimierten sich als die Macht – alle Größe der Macht stand unsichtbar hinter ihnen –, und sie zwangen den König von Gottes Gnaden, vor dem sie sich noch gestern bis zur Erde verneigt hatten, in eine Kutsche zu steigen und von Schloß Hohenschwangau nach Schloß Berg, am Starnberger See, in der Nähe Münchens, zu fahren, wo er verwahrt und eingesperrt werden sollte, wie ein reißendes Tier.

Zahlreiche Vorsichtsmaßregeln hatten die Münchener Herren – Prinz Luitpold, Doktor von Gudden und die Minister – in Schloß Berg treffen lassen, damit der abgesetzte König dort nur ja recht gut aufgehoben sei und weder ausbrechen noch sich ein Leid antun könne. Man hatte, zum Beispiel, den Dienern dringlich eingeschärft, sie dürften Ludwig niemals allein mit einem Eßbesteck – mit einem Messer im Zimmer lassen. Es waren auch Handwerker gekommen und hatten die Fenster im Schlafzimmer Seiner Majestät vergittert:

vor jedem Fenster hatten sie fünf oder sechs dicke Eisenstangen, ziemlich dicht nebeneinander, angebracht. Dies bedeutete und bewies, daß es in der Tat plötzlich aus und zu Ende war mit der Herrlichkeit Ludwigs II., der in so vielen schönen Schlössern frei und prächtig gehaust hatte. Durch so erniedrigende Vorsichtsmaßnahmen wurde sein Gottesgnadentum ihm grausam aberkannt von der Macht. Hinter vergitterten Fenstern, wie ein Raubmörder, würde der gestürzte Monarch den Rest seiner Tage verbringen müssen ...

All diese unbarmherzigen Demonstrationen der Wissenschaft und des Staates gegen den armen und schönen Herrn beeindruckten natürlich stark die Lakaien. Trotzdem wollten sie es nicht glauben, daß König Ludwig ein Wahnsinniger und daß sein Haupt geschlagen sei mit der fürchterlichen Krankheit, Paranoia geheißen. Gerade die hielten dies für gänzlich ausgeschlossen, die dem Herrn persönlich gedient hatten und also um seine krassen Wunderlichkeiten, seine wilden Schrullen und Launen Bescheid wußten: Die großartig-unberechenbare, zu Exzessen geneigte Art des Monarchen, an der die Minister so erbitterten Anstoß nahmen, imponierte den Bauernsöhnen. Fast alle, die so den König kannten, liebten ihn auch. Aber nun schwiegen sie, aus lakaienhaftem Respekt vor der Macht, und muckten nicht, als die Handwerker im Schloß Berg sogar die Türklinken in den Gemächern Seiner Majestät entfernten:

«Es ist der König!» flüsterten die Lakaien mit blassen Lippen, und sie beobachteten, vom Portal oder von den Fenstern des ersten Stockwerkes aus, die Anfahrt des Wagens.

Es regnete dicht und gleichmäßig, schon seit Tagen. Alle Lakaien sagten, einen so nassen und kalten Juni, wie diesen des Jahres 1886, habe man noch niemals erlebt. Der Regen hüllte die Landschaft ein wie ein graues Tuch. Man konnte das gegenüberliegende Ufer des schmalen Sees nicht sehen.

Novelle 1937

Der Regen rauschte auf dem Dach des Schlosses und in den Baumwipfeln des Parkes.

«Es ist der König!»

Aus einem zweiten Wagen, der weiter hinten im Park gehalten hatte, kam ein Mann in Zivil – ein Arzt wahrscheinlich oder ein Wärter – und öffnete von außen mit einem Drücker die Kutsche, in der Ludwig II. saß. Die Lakaien besprachen sich – halb empört und halb von der grausamen Umsicht des Staates ehrfürchtig erschauernd – über dieses neue Detail. Man hatte von der Kutschentüre die Klinke entfernt, wie von der Türe zu des Königs Schlafzimmer:

Noch ein Herr war herbeigeeilt, um Seiner Majestät aus dem Wagen zu helfen; einige der Lakaien erkannten ihn, es war der Medizinalrat von Gudden. Aber Ludwig lehnte jede Stütze ab. Die Diener beobachteten es, nicht ohne Genugtuung, wie ihr Fürst – den Oberkörper schon aus dcm Wagen geneigt – eine hochmütig abwehrende Gebärde gegen den Medizinalrat machte und, ohne den hingehaltenen Arm zu berühren, mit elastischen, großen, fast vergnügten Bewegungen – so, als wäre er froh, aus diesem engen Loch, diesem rollenden Käfig befreit zu sein – die Kutsche verließ. Er trat zwei oder drei lange Schritte vom Wagenschlag weg; blieb dann aber stehen, unbeweglich, wie zur Bildsäule erstarrt: eine hoch ragende, beinah riesenhafte, breite, tragisch dunkle Figur, im Faltenwurf seines tief herabwallenden schwarzen Regencapes, den breitrandigen schwarzen Hut in die Stirne gezogen.

Der Schatten der Hutkrempe bedeckte die obere Hälfte seines Gesichtes wie eine Maske. Der etwas verwilderte Bart und der weiche, gedunsene Mund blieben sichtbar. Die Winkel des Mundes waren mit einem Ausdruck von Gram und Ekel herabgezogen.

Der Medizinalrat verharrte, in devoter, aber auch erstaunter, abwartender, zur Eile mahnender Haltung – den Kopf entblößt, die hohe, kahle Gelehrtenstirn dem unablässig rauschenden Regen preisgegeben – neben Seiner Majestät. Ludwig zögerte noch mehrere Sekunden – ihm schien es ein böses Vergnügen zu sein, die Glatze und das wenige dünne Haar des Doktors recht gründlich naß werden zu lassen –; setzte sich dann in Bewegung; ging, ohne sich noch einmal umzudrehen, mit gewaltigen Schritten auf das Schloß zu – Gudden konnte kaum folgen –; eilte, an den sich beugenden Lakaien vorbei, durchs Portal, durch die Halle, die Treppe hinauf, bis zu seinem Zimmer. Es folgten in hastigem Trabe die Wärter, Ärzte und jene Hofbeamten, die eigentlich Wächter und Spione waren: die melancholische Suite der gestürzten, entmündigten Majestät.

Das Erste, was Ludwig oben in seinem Zimmer feststellte, war: «Man hat die Fenster vergittert.» Dabei zuckte er auf eine unendlich hochmütige Art die Achseln, und sein Blick, immer noch beschattet vom breiten Hutrand, ward erschreckend finster. Doktor von Gudden verneigte sich leicht: «Ein Zufall, Majestät ... Aus rein dekorativen Gründen ...» sagte er, völlig sinnlos – und eben in dieser Sinnlosigkeit seiner Worte lag etwas für den König Beleidigendes und Herabsetzendes: so als ob dieser überhaupt nicht mehr zu unterscheiden im Stande wäre, was Sinn und Unsinn ist in einer Rede.

Der Medizinalrat versuchte zu lächeln – ein Unternehmen, das kläglich mißglücken mußte, angesichts der jähen, großartig-zornigen Gebärde, mit der Ludwig das Haupt weit nach hinten, in den Nacken warf. Dabei schlossen sich die Augen des Königs – der immer noch in seiner sonderbar romantischen Wanderer-Tracht, in wallendem Mantel und breitrandigem Hut verblieb –, und seine beiden Hände verkrampften sich zu Fäusten. Der Ausdruck des Schmerzes und des Widerwillens auf dem großen, weißen Antlitz, dessen jammervolle Fläche er zürnend dem bemalten Plafond hinhielt, war ungeheuer.

Gudden beobachtete ihn, erschreckt, aber auch lauernd; ärztlich besorgt, aber auch mit Befriedigung, ja, nicht ohne einen gewissen Triumph. ‹Wenn sein bayrisches Volk und die europäische Öffentlichkeit ihn jetzt sehen könnten, da er den Gesichtsausdruck eines Rasenden hat›, dachte der Arzt, ‹dann würde niemand mehr daran zweifeln, daß meine Diagnose richtig – und daß der König unheilbar ist.›

Es war, als erriete Ludwig die Gedanken des Doktors. Überraschend änderte er die Positur und das Mienenspiel. Wahrscheinlich war es eben in diesem Augenblick, daß er beschloß, sich von jetzt ab in Guddens Gegenwart unbedingt zusammenzunehmen – sich nicht mehr gehen zu lassen vor Gudden, bis zum Ende nicht mehr.

«Es macht ja nichts», bemerkte er leichthin, mit einer leisen, etwas rauhen, aber beinahe wohlgelaunten Stimme. «Gitter vor dem Fenster», sagte er noch und zuckte wieder die Achseln. «Warum denn nicht … Eine Abwechslung, gar nicht unamüsant …»

In seinem Blick war eine kleine, tückische Flamme. Dieses böse, hinterlistige Aufleuchten gab es in seinen Augen nun beinah immer, wenn er Gudden anschaute. Der Medizinalrat indessen schien es nie zu bemerken

Ludwig machte ein paar Schritte, die beschwingt und fast tänzelnd waren, was merkwürdig anmutete: Man hätte dem fetten Riesenleib, diesem schwammigen Fleischkoloß so viel grazile Behendigkeit kaum zugetraut. – «Wie lange soll diese – Kur denn dauern?» fragte er, während er durchs Zimmer eilte, flüchtig über die Schulter. Dabei warf er endlich, mit der schwungvollen Geste eines Schauspielers, Hut und Mantel ab. Der dunkle Zivilanzug, den er trug, war nicht ganz sauber; er zeigte Flecken, die von Wein oder Liqueur herrühren mochten, und die Spuren von Zigarettenasche.

«Das hängt ganz davon ab», versetzte Doktor von Gudden gemessen, «ob Majestät geruhen werden, den Ratschlägen der Ärzte zu folgen. – Ein Jahr lang mindestens», schloß er mit einer gewissen Strenge, «werden wir den Gesundheitszustand Ihrer Majestät zu beobachten haben.»

«Ein Jahr lang mindestens!» wiederholte mit einem fast lautlosen Kichern der König. Übrigens fing er nun damit an, sich auf eine animierte Art die Hände zu reiben – so als lauschte er köstlichen Anekdoten –, während er seinen hastigen Spaziergang durchs Zimmer fortsetzte. Der Ausdruck seines flächigen, fahlen, verwüsteten Gesichtes ward schelmisch, als er, vertraulich nahe an Gudden herantretend, mit besonders rauher und gedämpfter Stimme hervorbrachte: «Gewissen Herren in München wäre es sicherlich lieber, wenn aus dem einen Jahr viele Jährlein werden könnten – recht viele Jährlein, unzählige Jährlein ... Bei meinem Bruder Otto hat man es ja so einzurichten gewußt ... Meinem Onkel Luitpold», sagte er neckisch und immer noch auf diese lustige Art sich die Hände reibend, «möchte es wohl gefallen, wenn man den angestammten König, den Herrscher von Gottes Gnaden lebenslänglich in einem Zimmer mit vergitterten Fenstern verschwinden ließe ...» Er zeigte, amüsiert grinsend, das nackte, rosig-grau gefärbte Zahnfleisch. In seinem Munde gab es fast keine Zähne mehr, nur noch gelbliche Stummeln.

Der Doktor schwieg und richtete, unter seinen buschigen Augenbrauen, einen tadelnden, etwas gekränkten Blick auf seinen wohlgelaunten Patienten. Der aber war noch nicht zu Ende mit den anzüglichen Schelmereien: «Oder – wer weiß? –» sprach er kichernd – in einem Tone, als käme er nun zu der unübertrefflich witzigen Pointe seiner humorvollen Kombinationen – «wer weiß es denn? Vielleicht denkt man gar nicht daran, mich so lange in einem Zimmer mit vergitterten Fenstern am Leben zu lassen? Vielleicht bin ich den Münchener Herren selbst noch hier zu gefährlich? Es sollen ja gewisse Tränklein existieren, mit denen man sogenannte Krankheiten wie die meine ein wenig abkürzt; das Ende geschwind und unauffällig herbeigeführt. Gewisse Tränklein und Mixturen – oh, ich habe schon manches von ihnen gehört, sie spielen ihre Rolle in der Historie, Katharina von Medici, zum Beispiel, soll in ihrer Zubereitung und Verwendung excelliert haben. Sicher kennen auch meine lieben Minister und die Herren vom Münchener Hof diese geheimen Rezepte … Hat man Sie, mein lieber Doktor von Gudden, nicht beauftragt, mir ein Tränklein solcher Art recht bald in die Suppe zu schütten?» erkundigte sich Ludwig bei seinem Arzt, ganz ohne drohenden Ernst, vielmehr mit einer munteren Neugierde.

Hierauf mußte der Obermedizinalrat denn doch etwas antworten. Sehr würdevoll sprach er: «Auf eine solche Frage einzugehen, Majestät, verbietet mir meine Ehre.» Dabei legte er die rechte Hand aufs Herz und preßte das Kinn mit dem rundgeschnittenen Vollbart gegen den hohen, steifen, blendend weißen Hemdkragen.

Der König machte eine kleine Handbewegung, die etwa ausdrücken sollte: Was lohnt es sich, weiter davon zu sprechen? – Dann fragte er noch – ein wenig müde plötzlich, und während er sich in einem Sessel niederließ: «Und worin bestehen die Vorschriften – ich meine natürlich: die Ratschläge meine Ärzte?»

«Vor allem empfehlen wir Eurer Majestät – Ruhe!» versetzte Gudden mit erhobenem Zeigefinger. «Ruhe, Ruhe und noch einmal Ruhe! Keinerlei Aufregungen! Körperliche Bewegung! Regelmäßige Tageseinteilung! – Mögen Eure Majestät doch Vertrauen zu uns fassen!» bat der Medizinalrat, plötzlich mit einer warmen, innig vibrierenden Stimme. «Die Aufgabe und der schöne Ehrgeiz der Wissenschaft ist es, zu helfen, nicht zu zerstören!» versicherte er beinah flehend.

Ludwig, matt im Sessel ruhend, nickte kurz und gelangweilt. Sein Blick ging an Gudden vorbei, starr zur Wand. Nach einer Pause sagte er: «Würden Sie, mein sehr lieber Herr Medizinalrat, die Freundlichkeit haben, mich ein wenig allein zu lassen? Ich bin müde.» Dabei gähnte er, ohne sich die Hand vor den Mund zu halten: der unschönen Zahnstummeln, die sichtbar wurden, schien er sich nicht zu schämen.

Gudden zögerte ein paar Sekunden lang; neigte dann devot den Oberkörper und bewegte sich – nach höfischer Sitte rückwärts gehend – auf die Türe zu. «Ich bleibe zur Verfügung Eurer Majestät und werde mir erlauben, mich in geraumer Zeit nach Dero Wohlbefinden zu erkundigen», sagte er noch. Behutsam öffnete er die Türe, und er ließ sie lautlos hinter sich zugleiten.

Der König, unter hochgezogenen Brauen, starrte ihm nach. «Die Wissenschaft!» sprach er ziemlich laut vor sich hin, und sein schlaffer Mund verzerrte sich vor Haß und Ekel. Dann, noch einmal, mit einem bitter höhnischen Lachen – als spräche er den Namen eines alten, bösen, zugleich ridikülen und gefährlichen Feindes aus –: «Die Wissenschaft!»

Er erhob sich mühsam und ein wenig keuchend. Jetzt war sein Gang schwerfällig und langsam; er taumelte etwas, als er das Fenster erreicht hatte. Wie jemand, der in Gefahr ist, hinzustürzen, nach einem Halt, einer Stütze greift, langte er nach dem Fenstergitter. Seine großen, weißen Hände krampften sich um die Eisenstäbe. Er ließ die Stirne gegen das Gitter sinken, und er schauderte bei der Berührung mit der kalten Feuchtigkeit des Metalls.

Es regnete unaufhörlich. Die rinnenden Tropfen benetzten das Eisengitter, wie Tränen ein Gesicht überschwemmen.

Der neblig verhüllte Park rauschte im Regen.

In Oberbayern gibt es viel schlechtes Wetter. Ludwig kannte diese langen Regentage, die Monotonie der regnerischen Wochen. In Hohenschwangau, in Herrenchiemsee, am Starnberger See: jetzt schien es ihm, an allen diesen Orten hatte es beinah immer geregnet. Noch niemals aber war das Geräusch des vom Himmel fallenden Wassers so quälend für ihn gewesen, wie jetzt und hier. Das Rauschen, Plätschern und Rieseln in den Baumwipfeln, auf dem Kiesplatz, in den Pfützen der Parkwege, in den Regenrinnen: nun empfand er es als eine Folter, die kaum erträglich war.

‹Wenn es doch aufhören wollte zu regnen!› wehklagte er, und sein weißes, gedunsenes Gesicht, mit dem verwilderten Bart und den klagend aufgerissenen Augen, bewegte sich hinter den Gitterstäben, wie das Gesicht eines Tieres hinter den Stäben des Käfigs. ‹Ah, cette pluie! Cette pluie, toujours … C'est atroce, c'est horrible …›

Der Ausdruck eines ungeheuren Schmerzes war wie der tiefschwarze Schatten einer vorüberziehenden Wolke auf sein Gesicht gestürzt und verwüstete seine Züge.

Was er in den letzten Tagen und Stunden hatte erleben müssen, war zu viel und zu schlimm. Da man ihn nun alleine ließ – alleine in diesem Zimmer mit den vergitterten Fenstern –, fand er sich in einem Zustand, wie der Sträfling, den man unbarmherzig gepeitscht und gefoltert hat und der in der Einsamkeit seiner Zelle zurückbleibt, mit seinem Körper, der überall schmerzt: er weiß nicht, wohin seine Glieder tun, alle Glieder sind wie ein einziges Brennen; er weiß nicht, ob er liegen, stehen oder sitzen – ob er schreien, fluchen oder beten soll.

Ludwig öffnete ein wenig die weichen, bläulichen Lippen. Erst sog er nur mit einem leisen pfeifenden Geräusch die Luft ein – die feuchte, kühle Luft des regnerischen Tages –;

aus dem Pfeifen wurde ein Röcheln, dann ein tiefes, brummendes Stöhnen.

Der gefangene König stand am Fenster und stöhnte. Seine Hände glitten die Gitterstäbe entlang – immer wieder diese nassen Eisenstangen hinauf und hinunter.

Dann erschrak er. Plötzlich meinte er zu spüren, daß er beobachtet wurde. Er drehte sich hastig um; fand das Zimmer leer. Als er die Türe aufreißen wollte, um festzustellen, ob jemand sich hinter ihr versteckt gehalten, bemerkte er, daß sie verschlossen war; nicht einmal eine Klinke gab es, um an ihr zu rütteln. Vielleicht war in der Türe, oder seitlich von ihr, in der Wand, eine geheime Luke angebracht, durch die Doktor Gudden, oder ein anderer Arzt, oder ein Diener, jede Bewegung, die der König machte, verfolgen konnte. Ludwig war ganz fest überzeugt vom Vorhandensein einer solchen Luke, und er beschloß:

‹Ich will Würde zeigen. Man beobachtet mich. Den Spähern an der Türe werde ich das Schauspiel nicht bieten, das sie sich von mir erhoffen. Von nun ab wird nicht mehr gestöhnt, und ich presse die Stirne nicht mehr gegen dieses Eisengitter. – Alles kommt darauf an, daß ich Ordnung in meine Gedanken bringe. Die Lügner und die Rebellen wagen zu behaupten und zu verbreiten, ich sei geisteskrank – Ich, der König, le Roy luimême! Welch dreiste Ungeheuerlichkeit! Ich widerlege sie schlagend, indem ich mich – den fürchterlichen und unglaublichen Umständen zum Trotz, in denen ich mich befinde – als ein ruhiger und gefaßter Mann betrage.›

Unter so guten und vernünftigen Vorsätzen ließ der König sich in einem Sessel nieder, der nicht weit vom Fenster stand.

Aber die Gedanken in seinem Kopfe wollten nicht beieinander bleiben; sie verwirrten sich, wurden verdrängt von Bildern, Vorstellungen, Assoziationen, die gar nicht zur Sache gehörten und nur stören konnten. Zum Beispiel kam Ludwig, Minuten lang, nicht los von Wortverbindungen wie diesen: ‹Sie wollen mir den schwarzen Purpur von den Schultern reißen! Mir, dem Herrscher – Mir, dem siebenfach gesalbten Fürsten von Mitternacht! Es wird ihnen niemals glücken. Ich bin der Schwanenritter, und ich bin der Schwan. Der schwarze Schwan bin ich, und erhebe mich mit ungeheuren Flügelschlägen über sie – über das Pack, über die Intriganten, über die Wissenschaft! – Den schwarzen Purpur wollen sie mir von den Schultern reißen, mir, dem siebenfach gesalbten …› Und die gleichen Sätze begannen in seinem armen Haupte wieder von vorn.

Ludwig merkte selber, daß er so nicht weiterkam.

Wenn dieser Regen doch einen Augenblick aufhören wollte zu rauschen! Cette pluie! Cette pluie horrible!

‹Ich muß mich beruhigen! Muß ganz ruhig sein! Meine Hände dürfen nicht mehr zittern, meine Gedanken müssen in Ordnung kommen. – Beruhige dich, hoher Herr!› beschwor Ludwig sich selber, mit Devotion und Inständigkeit.

Er zog mechanisch seinen kleinen Taschenkamm und begann, sich das Haar zu frisieren. Sein Haar war dunkel und ziemlich dicht geblieben: letzter Rest seiner Jugendschönheit, seines berühmten, unwiderstehlichen Reizes. Freilich, auch dies Gelock war so verführerisch nicht mehr wie einst und früher. Es hatte eingebüßt an Glanz und Weichheit, und es wich weiter von der Stirne zurück als damals, da Ludwig noch der vielgeliebte, höchst bezaubernde junge Herr gewesen war. Immerhin: es war eine chevelure, die sich wohl noch konnte sehen lassen und deren ein Fürst sich nicht zu schämen brauchte. Ludwig pflegte sie denn auch mit zärtlicher Sorgfalt und verbrachte täglich Stunden mit dem Leibcoiffeur Hoppe – einem seiner vertrautesten Freunde und politischen Berater –, der ihm das Haupt frisierte, massierte, salbte und parfümierte.

‹Du mußt ruhig und schlau sein!› Der König redete sich gut zu, während er den kleinen Kamm durchs Gelock gleiten ließ. ‹Du mußt deine Gedanken sammeln; mußt deiner Neigung zu einer gewissen leichten Zerstreutheit durchaus Herr zu werden wissen –: deiner ungeheuer großen Position, deinem enormen Ruhm und fabelhaften Ansehen in der Welt bist du dies schuldig.› – «Je suis le Roy!» rief er laut. «Ach, wenn es doch endlich aufhören wollte zu regnen!»

Er erschrak vor dem Klang der eigenen Stimme; blickte scheu um sich und flüsterte: «Warum bin ich allein? Warum ist keiner bei mir?»

‹Dies ist die Stunde›, dachte er, ‹da ich meinen großen Freund am dringlichsten brauchte; da ich meines innig geliebten Meisters wahrhaft bedarf. Aber wo ist er? Wo kann Wagner sein? Wohin ist Richard verschwunden?› fragte er sich gequält – und dann fiel ihm ein. ‹Freilich, er hat in feierlicher Stunde zu Venedig den Geist aufgegeben. Ich schrie auf, als ich davon Kenntnis bekam; hüllte mich in schwarzes Trauergewand, bestreute mein Haupt mit Asche und weinte viele viele Nächte lang, auch tagsüber vergoß ich Tränen. – Das war vorauszusehen›, sann er gekränkt, ‹so mußte es kommen: Zu der Stunde, da ich wirklich angewiesen bin auf meinen großen Freund, ist er nicht zur Stelle. Er macht sich auf und davon. Er hat seinen triumphalen Tod gehabt – den Tod des Siegers, den festlichen Tod – und überläßt mich meinem langsamen, schmählichen Ende.› Mit heftigerer, fast zorniger Gebärde frisierte Ludwig sich den Rest seiner Jugendschönheit, das gewellte Haar.

‹Mein höchst geliebter Freund ist immer rasend egoistisch gewesen. Natürlich wußte er es so einzurichten, daß er schon – kalt, entfernt, unerreichbar – bei den Unsterblichen weilt, während ich hier unten, vom Ministerpack und von den Charlatanen der Wissenschaft, gehetzt werde wie ein edles Wild. Statt mir, seinem Freund und König, freundschaftlich nahe zu bleiben, sorgte er sich nur um die effektvolle Inscenierung des eigenen Todes. Das muß jeder ihm lassen: Er wußte seinem Sterben die schönste Dekoration, den wirkungsvollsten Hintergrund zu geben. Venezia, Canale Grande; schwarze Gondel; Cosimas reichlich fließende Tränen. Die Witwe des großen Mannes – umsichtig bei aller Verzweiflung – versendet Hunderte von Depeschen: an Kaiser und Könige, an Opernintendanten und Bankiers, an Journalisten, Botschafter und Tenöre: Richard Wagner ist tot … Das geht wie ein Jammerlaut durch Europa. Keinen anderen aber trifft es wie mich. Ich stürze hin, von einem Keulenschlag aufs Haupt getroffen.

Sähe mein einzig geliebter Meister mich in der unerfreulichen Lage, die jetzt eben die meine ist – vielleicht sieht er mich –: würde er nur halb so viel weinen, wie ich damals schluchzen mußte, als die Drahtpost aus Venedig kam? Ach, ich fürchte, seine Augen wären beinah ganz trocken geblieben. Er hatte keine Zeit, sich dem großen, heiligen Gefühl des Schmerzes hinzugeben – mit der Regie des eigenen Ruhmes beschäftigt, wie er es meistens gewesen ist. Manchmal fürchte ich: er paßte und gehörte in unsere schlechte, späte – viel zu späte –, den großen, heiligen Impulsen schaurig entfremdete Epoche. Mit den Schikanen, Intrigen und üblen Machenschaften, die sie mit sich bringt und vor denen ich mich entsetze, wußte er sich durchaus abzufinden. Als er alt und mit allen Wassern gewaschen war, brachte er es fertig, sich selbst mit so infernalischen Mächten wie der Wissenschaft, der Presse und dem Hause Hohenzollern zu verständigen –: der verfluchten preußischen Hohenzollern-Familie, die sich anmaßt, mehr zu sein als Ich, der gesalbte König, und mein echtes Königreich ihrem falschen Kaiserreich einzuverleiben –, und mit der Wissenschaft, dieser eklen Pest des Jahrhunderts, die mir jetzt den Lebensatem abwürgen will. Ja, um seines Ruhmes willen vertrug er sich mit meinen Widersachern; versöhnte sich mit dieser fürchterlichen modernen Zeit, an der ich zu Grunde gehe …

Ach, ich hätte in ein anderes, schöneres Jahrhundert – in ein Grand Siècle hätte ich geboren werden sollen! Mein Meister aber schloß, auf seine durchtriebene Art, Frieden mit dem Pöbel und verriet unseren Bund. Als ich ihm das letzte Mal in Bayreuth begegnete – wie lang, wie lang ist das her? – wimmelte es um ihn herum von Journalisten und Professoren, und man erwartete die Ankunft des sogenannten Kaisers aus Berlin: der kam herbeigereist, um sich den ‹Parsifal› – *meinen* ‹Parsifal› anzuhören! Ach, welche Entweihung meines Weihespiels für internationale Touristen! – Der Meister und ich, wir kannten – wir erkannten uns kaum noch, während dieser schaurigen Bayreuther Tage. Wir saßen uns gegenüber und starrten uns fassungslos an. Ich reiste ab, ohne ‹Parsifal› gesehen zu haben. So einsam wie damals war ich noch nie gewesen, oder bin ich doch heute erst wieder. Eine schwarze Welle von Schmerz überflutete etwas in mir und spülte etwas hinweg, was ungeheuer groß und ungeheuer süß in mir gewesen war. Verloren, weh mir, verloren! Damals liebte ich meinen Meister nicht mehr.›

Über diesen Gedanken – ‹Damals liebte ich meinen Meister nicht mehr!› – erschrak Ludwig so heftig, daß er es nicht mehr aushielt in seinem Sessel, sondern aufspringen mußte. Er eilte wieder durchs Zimmer und – vergessend, daß er wahrscheinlich durch eine Luke beobachtet wurde – hämmerte er sich mit beiden Fäusten verzweifelt gegen die Stirn.

«Damals liebte ich meinen Meister nicht mehr!» stöhnte er laut, und dann arbeiteten die Gedanken weiter in seinem gequälten Haupt. ‹Wie furchtbar ist es, was ich mir da eingestehe! Ich hatte nur *eine* Liebe im Leben, und der treu zu bleiben, war ich nicht stark genug. Wagnern habe ich verbannt aus meinem Herzen: deshalb ist es dort so leer geworden, und diese Leere tut weh. Aber ist es nicht auch seine Schuld gewesen, daß ich ihn verbannen mußte? Als ein Hilfesuchender, als ein Bettler ist er zu mir gekommen: ich habe ihn überschüttet mit meiner Großmut. Seinetwegen habe ich mirs bieten lassen, daß das Volk in meiner eigenen Hauptstadt mich verhöhnte. Man sang unverschämte Lieder, auf ihn und auf mich. Wie haben sie ihn doch genannt, damals in München – welchen Spitznamen hatten sie doch für ihn? Lolus … ganz richtig: Lolus …»

Der König, in all seinem Schmerz, kicherte hysterisch in der Erinnerung an diese Abgeschmacktheit, die zu einer Zeit, da Richard Wagner bei ihm in allerhöchsten Gnaden stand, auf den Münchener Gassen populär gewesen war. Lolus: dies gehässige und dumme Scherzwort, mit dem man zugleich den König und seinen ehrgeizigen Favoriten treffen wollte, spielte frech auf eine historische Scandalaffäre der Familie Wittelsbach an: nämlich auf das berühmte Verhältnis des Königs Ludwig I. mit der spanischen Tänzerin Lola Montez. Der bayrische Monarch hatte die fremde Schöne zur «Gräfin von Landsfeld» arrivieren lassen und um ihretwillen auf den Thron verzichtet. Verblichene Sensationen, verjährter Klatsch: von den Stammtischen und den Journalisten, von den Weibern und den Gassenbuben ward die aventure des Großvaters aufgewärmt, als der Enkel auf so provokante Art den exzentrischen Musikschreiber und Schuldenmacher, diesen tief verdächtigen Wagner protegierte.

«Lolus»: jetzt, so viele Jahre später – Wagner war tot und Ludwig II. fand sich in einem Zimmer mit vergitterten Fenstern – wurde der König von einem bösen und etwas närrischen kleinen Lachen geschüttelt, weil der törichte und gemeine Spottname ihm wieder eingefallen war.

‹Wie viele Beleidigungen habe ich hinnehmen müssen, um Wagners willen›: dies war sein bitterer und gereizter Gedanke. ‹Die Witzblätter wagten es, mich zu verhöhnen; ‹im Hoftheater hat man mich ausgezischt, als ich meine Loge betrat, und dies Zischen galt *ihm*, meiner Freundschaft, meiner Treue zu ihm. Er aber, zum Danke, hat mich verraten. Hat mich verraten an Cosima, an Bayreuth, an seinen Ruhm; hat mich seinem monströsen, frevelhaften Ehrgeiz geopfert. So Unsägliches hat er mir angetan – und ich war nicht nur der, der ihn am meisten geliebt hat – am meisten von allen, ich weiß es! –: Ich war auch sein König!› – «Je suis le Roy!» schrie der Gefangene; reckte sich und sank wieder in sich zusammen.

Sein Gesicht mit den großen, bleich gedunsenen Wangen, dem schlaffen Mund wurde starr von Hochmut, während er weitersann: ‹Natürlich mußte ich mich ganz von ihm zurückziehen und seinen Namen aus meinem Herzen verbannen, da er mich so fürchterlich verraten hatte. Sollte ich hinter ihm herlaufen wie eine unglücklich Liebende? Je suis le Roy, der gesalbte Nachfolger bin ich der schönen großen Herren von Versailles. Sehr viel Macht ward mir anvertraut von Gott dem Allmächtigen. Und wenn auch die Familie Hohenzollern versucht hat, mir einen Teil meiner Herrlichkeit zu entreißen, ich bin immer noch der Gewaltigsten einer auf Erden, dem erhabenen Louis XIV in Aussehen, Charakter und Position auffallend ähnlich. Ich verzichte nicht auf meinen angestammten Thron und Herrschersitz, einer Lola oder eines Lolus wegen – solche Schwachheit erwarte man doch ja nicht von mir! Vielleicht habe ich etwas dieser Art früher manchmal erwogen; aber sehr schnell bin ich über solche Anfechtungen hinweg gekommen … Mir blieb anderes zu tun, als Wagnern, dem großen Selbstsüchtigen und Ungetreuen, nachzutrauern und nachzulaufen. Mir war es aufgetragen, der Welt die Herrlichkeit meines Königtums zu zeigen und zu beweisen; der eigenen Größe mußte ich das unvergängliche Denkmal setzen. Schlösser mußte ich bauen, und Marmortreppen anlegen lassen in Parks, und Grotten anlegen lassen, durch die ich in einer rosig-silbrigen Dämmerung, bengalisch angeleuchtet, spazieren fahren konnte im Nachen – *alleine* mich ergötzen im geschmückten Boot.

‹Denn natürlich war ich immer alleine›, dachte, stolz und kummervoll, König Ludwig. ‹Für den Fürsten von Mitternacht gibt es keine Gemeinschaft. Wenn er Freunde sucht, dann ist er wohl genötigt, von seiner eisigen Höhe für eine kleine Weile herabzusteigen … Manchmal suchte ich Freunde. Nicht immer war der Platz neben mir leer, im Nachen oder der goldenen Karosse oder im Bett, unter dem breiten samtenen Baldachin. Zuweilen war ein Liebling in meiner Nähe, irgendein Junger, mit schönen Haaren und mit schönen Augen. Aber die mußte ich alle verlieren – ich hatte wohl auch nicht den Willen, sie festzuhalten … Einer von ihnen … ja, unter all diesen Einer wäre vielleicht würdig gewesen, bei mir zu bleiben. Es gefiel mir, seinen Bewegungen zuzuschauen, wenn er auf der Bühne agierte oder wenn er zu mir, in meine Einsamkeit, trat: Joseph Kainz … an den erinnere ich mich noch sehr genau. Er hatte eine Stimme aus Metall und einen ungeheuer leuchtenden Blick. Große Kraft und großer Reiz waren ihm eigen. Als ich ihn zum ersten Mal sah, war er Romeo. Als ich ihn aber angerührt hatte mit meiner Liebe – so wie Magier Gegenstände mit ihrem Stabe anrühren und verwandeln –: da wurde er Hamlet. Da er durch die Begegnung mit meinem überströmenden Gefühl reif und ganz er selbst geworden war, bedurfte er meiner nicht mehr: Er ging auf und davon, wie die anderen – wie die anderen alle.

Ich mußte sie alle verlieren. Ich wollte keinen von ihnen halten. Allein im Theater und im Opernhaus; allein an der Tafel und im Schlafgemach. Die Berührung mit Menschen beschmutzt. Menschen sind Pöbel. Der Fürst von Mitternacht zieht die Einsamkeit vor –: aber wie furchtbar hat er unter ihr gelitten!

… Manchmal besuchte oder empfing ich meine fürstliche Verwandte, meine wahre Braut – mir anverlobt! mir bestimmt! –: wenngleich man sagt, daß sie die Gattin des Kaisers von Österreich ist –: Elisabeth, die Einzige, die Meinesgleichen; meine Schwester in der Würde, meine Schwester im Schmerz. Aber sie verweilte bei mir immer nur ziemlich kurz. Elisabeths Leben war unruhig und beladen mit Schwermut, wie meines. Meine Hohe Schwester pflegte viel unterwegs zu sein, zuweilen schickte sie mir Botschaften von einem nördlichen Meer – gereimte Botschaften in recht schönen Versen –, und bezeichnete sich selbst als die Möwe, mich aber als den Adler in meinem Horst. Plötzlich aber erschien sie zu einer knappen Visite. Mit ihren trostlosen Lippen berührte sie meine trostlose Stirn. Wir verneigten uns tief voreinander, ehrerbietig der eine vor des anderen Würde und Traurigkeit. Nach dem Stirnkuß und der Verneigung – den edlen Riten unserer unerfüllbaren, heiligen Liebe – blieb uns nicht mehr viel zu tun. Sie raffte ihr üppig besticktes Kleid; ich raffte den Purpurmantel, und wir schieden. Klagend riefen wir uns noch zu: Übers Jahr, meine Schwester – übers Jahr, mein Bruder, sehen wir uns wieder!

Der Fürst von Mitternacht war der Einsamkeit geweiht wie eine Nonne dem Dienst des Herrn.

Anblick und Geruch der Menschen beleidigten mich. Schon das Tageslicht tat meinen Augen meistens weh. Ich zog die Nacht vor. Meine Liebe gehörte der dunkelsten Stunde, der Stunde Minuit, wenn die Menschen schweigen, die Brunnen und die Bäume aber ihre Sprache finden. Mein Meister, der zu Venedig verstorben ist, hat die Nacht besungen wie keiner – aber nur, um sie schließlich doch noch an den Tag zu verraten, an den grellen Tag nämlich seiner Ruhmeslaufbahn, seiner irdisch-vergänglichen Karriere.

Ich verrate die Nacht nicht. Ich liebe sie mehr und mehr, immer inniger, mit permanent wachsender Zärtlichkeit – so daß der Tag mir schon zum beinah unerträglichen Ärgernis geworden ist.

Wer mich nur am Tage gekannt hat, weiß nichts von mir. Erst wenn Minuit, meine geliebte Stunde, läutete, wuchsen mir Flügel. – Ich wurde der schwarze Schwan, breitete mächtige Schwingen und erhob mich über mein Land. Tränen ließ ich fallen auf mein armes Land – arm, weil es von sterblichen, unwissenden, häßlichen Menschen bewohnt wird, – und dann senkte ich mich auf das Wasser eines meiner schönen Seen. Das Lied der Wellen klingt gar tröstlich für einen schwarzen, weinenden Königsschwan. Ich liebe das Wasser wie ich die Nacht liebe. Die Wellen machen die gleiche Musik wie die Nacht: Rheingold-Musik, Tristan-Musik …›

«Aber nicht dieser Regen!» schrie der König, dem mit Entsetzen zum Bewußtsein kam, daß seine Gedanken abseitige und wirre Pfade gingen: daran gab er nun dem monotonen, zugleich einlullenden und enervierenden Geräusch des Regens die Schuld.

‹Da haben wir es: Ich kann meine Gedanken nicht ordnen›, empfand er verzweifelt, und starrte auf das nasse, schwarze Eisengitter vor dem geöffneten Fenster. ‹Die Ärzte haben wohl recht, wenn sie behaupten, ich sei wirr im Kopfe. Aber welcher Sterbliche hält das aus, was ich während der letzten vierundzwanzig Stunden auszuhalten hatte – wenn ich mich denn nur der letzten vierundzwanzig Stunden erinnern will? Diese fürchterliche Nacht in Hohenschwangau; die infernalische Kutschenfahrt ... Und immer dieser Regen! Cette pluie insupportable! ... Außerdem habe ich seit einiger Zeit wohl auch etwas zu reichlich Schlafmittel genommen ... An den Schläfen und im Hinterkopf tut es mir weh, und ganz besonders stark schmerzt die Stirne ... Mein armer Kopf ist verwüstet von Medikamenten, die vielleicht giftig gewesen sind ... Den Ärzten – und denen, die meine Ärzte bestechen – wäre es sehr wohl zuzutrauen, daß sie den gesalbten König mit gräßlich präparierten Schlafmitteln hübsch allmählich um die Ecke bringen ...

Ich muß meine Gedanken ordnen.

Da ich über meine Zukunft zu entscheiden habe, ist es unbedingt notwendig, daß ich über meine Vergangenheit genau Bescheid weiß; daß ich klar und verständig alles begreife, was geschehen ist.

Aber ist es nicht eine Absurdität, das Wort «Zukunft» zu denken? Als ob es etwas, was diesen Namen verdient, überhaupt noch geben könnte für mich – der ich am Ende, am Ende, am Ende bin. C'est la fin. Voilà la fin d'un Roy. Voilà la fin.

Meine Zukunft – der Tod.

Meine Hoffnung – der Friede.

Ach, ahnte jemand, wie mein Herz nach ihm lechzt! Wagner hätte es vielleicht verstanden. Elisabeth begriffe es wohl; aber sie ist ja so viel unterwegs – wo weilt sie gerade jetzt?

So begreife Du mich, mein Gott – da ich mich von den Menschen verlassen finde! So nimm Du Dir die Mühe, in mein ratloses Herz zu schauen! Siehe, ich bin gierig danach, ausgelöscht zu werden! Höre mich, Herr, ich schreie nach der Vernichtung!

Zerrüttet von so viel Abenteuern, tausendfach enttäuscht, müde zum Niedersinken, bin ich angelangt an jener Stelle, wo es ganz und gar nicht mehr weiter geht. Ich erwarte nur noch den Gnadenstoß – Gott mein Herr, geruhe, mich nicht lange mehr warten zu lassen! Mögest Du auch bedenken, mein Allmächtiger Gott, daß ich nicht der Erste-Beste bin, keineswegs zur Canaille gehöre – je suis le Roy, und bin es nicht gewöhnt, zu betteln, sondern zu befehlen.

Ach, was rede ich da, Herr Du mein Gott! Du weißt es ja, ich habe zu viel Schlafmittel geschluckt, und eine lange Kutschenfahrt hat mich übermüdet: verzeihe bitte meine Verwirrtheit. Ich bin gar kein König. Von allen Elenden dieser Erde ist keiner so elend wie ich. Ich habe alles falsch gemacht. Mein ganzes Leben ist ein einziger Irrtum gewesen. Ich bereue jeden Tag, den ich gelebt habe. Hörst Du mich, Gott mein Herr? Bitte, höre mich! *Ich bereue!*

Mein Fleisch war schwach, und ich habe abscheuliche Sünden begangen. Ich habe geliebt, wie man nicht lieben darf: Dies vor allem bereue ich. Immer wieder habe ich alles daran gesetzt, die verbotenen Triebe im Zaum zu halten, die bösen Lüste zu zügeln. Ich habe mir selber Befehle gegeben: «Enthalte dich der sündigen, höchst unnatürlichen Liebe!» habe ich mir täglich zugerufen, und habe diese Mahnungen an mich selbst sogar schriftlich niedergelegt, um ihnen noch mehr Gewicht zu verleihen. Nichts nützte: Ich verging mich aufs neue – Ich, der König, frevelte wider das königliche Gesetz – das auch Dein Gesetz ist, Herr Du mein Gott! Aber du weißt ja, Gewaltiger, wie stark Satan ist in unserem armen Fleische – welches Staub war und zu Staub zerfallen wird.

Ich bereue, Herr. Gar keinen anderen Gedanken kann und will ich mehr fassen, außer dem einen: Daß ich bereue.

Wenn es irgendetwas gibt, was ich zu meiner Entschuldigung anführen darf, so ist es: daß ich sehr gelitten habe. Du hast mich ja immer beobachtet, Herr, und hast mich nie aus dem Auge gelassen: Du sahst es – ich bin tief hinunter in den Abgrund des Leides gefahren.

Jetzt aber nimm mich zu Dir, Gott der Gnade, und erlöse mich von dem Übel. Denn es ist das Leben selber, das ich als das Übel erkenne; das Da-Sein selber, das Atmen-Müssen, das Sündigen-Müssen. Befreie mich von der gar zu großen Qual. Meine Hoffnung – der Tod.

Du bist ja davon unterrichtet, Allwissender: Während der letzten Nacht in Hohenschwangau – ehe die Schurken von Ärzten und von Ministern mich als ihren Gefangenen mit sich nahmen –: da wollte ich meinen Tod erzwingen – aber was erzwingt man gegen Deinen Willen, Allgegenwärtiger? Ich bat den sonst sehr zuverlässigen Coiffeur Hoppe darum, er möge mir ein bißchen Zyankali servieren; aber der Haar-künstler behauptete, es sei kein Zyankali im Hause. Ein schö-nes Königsschloß, muß ich schon sagen! Voll von Schätzen und Kostbarkeiten bis zum Dach, und nicht vorrätig ist die kleine Dosis von Gift, die vonnöten wäre, um dem gesalbten Hausherren den Frieden zu verschaffen – den Frieden, nach dem er lechzt.

Ich befahl auch meinem Diener, dem braven Weber, mir die Schlüssel zum Turm zu bringen: Meine Absicht war, mich vom hohen Turme in die Schlucht zu stürzen, das wäre ein geschwinder und relativ schmerzloser Tod gewesen. Der Schlüssel war nicht zu finden. Das ungetreue und unordent-liche Personal hatte den Schlüssel verloren.

Dann forderte ich auch noch – um nichts unversucht zu lassen – die Leibwache auf, mich niederzuschießen. Der dum-me Soldat nahm stramme Haltung an und rührte sich nicht.

Alle meine Versuche hast Du scheitern lassen, unbegreif-licher Gott! Nun aber scheint es mir geraten, daß Du mich, Allbarmherziger, nicht noch länger quälest. Nimm meine geschundene Seele zu Dir!›

Der König hatte die Hände zum Gebet gefaltet. Er war im Begriffe, vom Sessel gleitend, in die Kniee zu sinken, um knieend seinen Tod von Gott dem Herrn zu erflehen. Aber ehe noch seine Kniee den Boden berührt hatten, siegte in seinem gemarterten Haupt wieder die andere Empfindung: ‹Du mußt dich zusammennehmen, denn du bist der König. Der Nachfolger und legitime Erbe bist du des Sonnenkönigs, des schönen großen Herren von Versailles. Deine Schlösser im Bayernland sind mindestens ebenso prachtvoll wie die Paläste deines erhabenen französischen Vorgängers. Ein großer Fürst kniet nicht nieder, um von Gott den Tod zu erflehen – es paßt sich für ihn einfach nicht, und er darf sich dergleichen keinesfalls gestatten. Übrigens ist gar nicht der Tod meine einzige Zukunft und Hoffnung. Im Gegenteil, ich habe ganz andere Zukunftsmöglichkeiten und sehr anders geartete Hoffnungen. Gleich – in ein paar Minuten schon – werde ich mich mit diesen auseinandersetzen und klaren Geistes beschäftigen. Nur muß ich erst ein wenig Ordnung in meine Gedanken bringen und mich recht deutlich erinnern: warum, wieso, unter was für Umständen ich in diese abgeschmackte Lage, in diese unpassende und – wenn man will – sogar lächerliche Gefangenschaft geraten bin.›

Ludwigs Haltung hatte sich gestrafft; er war wieder zum Fenster getreten. ‹Sieh da, ein Gitter!› dachte er trotzig. ‹Warum kein Gitter?› Mich stört es nicht. Vielleicht hat man es wirklich nur aus dekorativen Gründen hier angebracht – manchmal redet sogar ein Medizinalrat die Wahrheit. – Ein nasses Gitter, vom Regen naß – seit einiger Zeit regnet es ziemlich stark. Bitte, soll es doch regnen. In einem Lodenmantel kann man trotzdem spazieren gehen. Ich habe sogar ausgesprochen Lust, in einem Lodenmantel zu prominieren. Am See gibt es hübsche Pfade. Doktor von Gudden – Repräsentant der Wissenschaft – könnte mich begleiten … eine charmante Vorstellung: Mit dem Medizinalrat, allein, am Wasser …

Der Vulkan

[Dritter Teil, erstes Kapitel]

Hollywood war eine Enttäuschung –: Tilla Tibori mußte es sich eingestehen. Zu Anfang hatte sie es köstlich gefunden –: wegen der schönen Landschaft, des amüsanten Verkehrs, besonders aber wegen der höchst angenehmen Schecks, die pünktlich zu jedem Weekend eintrafen. Einen Teil der Summe mußte sie an ihren Agenten abtreten; doch blieb immer noch mehr, als sie Lust hatte auszugeben. Zum ersten Mal in ihrem Leben legte Frau Tibori etwas zurück. Sechshundert Dollars in der Woche ist ein hübsches Geld; schon aus diesem Umstand glaubte Tilla schließen zu dürfen: der große Ruhm war ihr sicher. Hierfür sprachen noch andere Symptome. In New York hatten die Reporter sie am Schiff begrüßt, auch in Hollywood waren sie gleich zahlreich zur Stelle gewesen. Die Zeitungen von Los Angeles brachten ihr Portrait auf der ersten Seite. Tilla empfand, beinah fröstelnd vor Glück: So fängt es an … Aber damit hatte es auch fast schon aufgehört.

Denn nun kam die Zeit des Wartens. In Hollywood wartete man: es schien die allgemeine Beschäftigung. Das Manuskript des Films, in dem sie mitwirken sollte, mußte geändert werden, dies dauerte schrecklich lange. Die Schecks trafen ein; sonst aber ereignete sich durchaus nichts. Die Herren vom «Writer Department» – einfallsreiche Schriftsteller aus Budapest oder Brooklyn: ihrerseits hochbezahlt – erfanden neue Witze und dramatische Pointen für die Wiener Gesellschafts-Komödie. Darüber vergingen Monate. Tilla war bald nervös. Der amüsante Verkehr wurde langweilig; die strahlende Landschaft mit ihren Palmen und Autostraßen verlor

Roman 1939

allen Reiz; sogar die Schecks, so hochwillkommen sie waren, bereiteten nicht mehr die gleiche, fast wilde Freude, wie in der ersten, hoffnungsvollen Zeit. – Immerhin: zu eigentlicher Enttäuschung gab es noch keinen Anlaß. In der Rolle, die ihr zugedacht war, konnte Tilla alle ihre Reize spielen lassen. Kein Zweifel: der große Triumph stand bevor. Wäre das Manuskript nur erst fertig!

Endlich war es so weit; die Aufnahmen konnten beginnen. Das Leben wurde interessanter und spannungsreicher. Die Reporter ließen sich wieder melden, auch Kavaliere waren plötzlich da; abends, nach der Arbeit im Studio, fuhr Tilla, bunt geschmückt, in die eleganten Dancings mit den spanischen Namen; am nächsten Morgen stand in der Zeitung zu lesen, mit wem sie gespeist und geflirtet hatte. Etwas überraschend, auch schmerzlich war, daß ihre Gage plötzlich gesenkt wurde, während sie noch in der Wiener Gesellschaftskomödie agierte. Ihr erster Vertrag, der für sechs Monate bindend gewesen war, lief gerade ab; er sollte verlängert werden, aber nur noch vierhundert Dollars die Woche wurden genehmigt. Tilla erklärte sich einverstanden; sie dachte: ‹Nach dem fulminanten Erfolg, der mich erwartet, kann ich neue Ansprüche stellen!› Die Kenner versicherten ihr: «Du bist eine Spezialität; für alle mondänen Filme wird man dich brauchen. Wenn du ein großes Abendkleid trägst, siehst du nicht aus wie ein Mannequin, sondern wie eine Fürstin. Außerdem kannst du wirklich eine feine Konversation sprechen. – Tilla, wir beneiden dich alle um deine wundervolle Karriere!»

So viel Freundlichkeit war verdächtig. Tilla blieb mißtrauisch; musterte sich lange im Spiegel. Ohne Frage: für eine Frau Mitte Vierzig sah sie fabelhaft aus. Immer noch war sie die auffallend attraktive Erscheinung, hochelegant in ihrem leichten, dunkelroten, mit schwarzem Schleier etwas phantastisch drapierten Kostüm; la belle Juive, noch immer, bei de-

ren Anblick Herren animiert mit der Zunge schnalzen. Freilich gab es gewisse Schärfen in ihrem schönen Gesicht. Der
dunkelrot gefärbte, große, stark geschwungene Mund wurde
an den Winkeln von zwei müden kleinen Falten gesenkt; die
Haut schien ein wenig angegriffen, matt und flaumig geworden, und die Beweglichkeit der etwas zu großen Nüstern
hatte einen nervösen Charakter – den Charakter eines un-
ruhigen, nach erregenden Gerüchen gierigen Schnupperns
bekommen.

Sie photographierte sich gut. In einigen Szenen sah sie
blendend aus, sowohl in großer Toilette als auch im Negligé.
Trotzdem beschloß der Regisseur, jene Bilder aus dem Film
zu schneiden, die sie im zärtlichen Tête-à-tête mit einem
Leutnant zeigten. Während Tilla auf die zweihundert Dollars
wöchentlich ohne Widerstand verzichtet hatte – um ihre Lie-
bes-Szenen kämpfte sie wie eine Löwin. Es nützte nichts; man
gab ihr zu verstehen: sie war einfach zu alt. Als der Film zum
ersten Mal in Hollywood vorgeführt wurde, bekam das blonde
Mädchen, welche die süße kleine Näherin spielte, den meisten Applaus. Tilla durfte sich zwar mehrfach zeigen – Orchideen im Arm, Federputz in den Haaren; so erlesen zurecht
gemacht wie noch nie –; doch wurde ihr entschieden weniger zugeklatscht. Die Kritiker lobten respektvoll ihr würdig-
elegantes Auftreten; die Sensation des Abends aber war die
kleine Blonde. «Ein neuer Stern am Himmel Hollywoods!»
verkündeten die Blätter in fetten Lettern. Gemeint war stets
die süße Näherin. Von Frau Tibori war kaum die Rede.

Trotzdem versprach man ihr eine neue Rolle. Nur mußte
das Manuskript noch umgearbeitet werden; diesmal handelte
es sich um einen Stoff aus der Französischen Revolution. Tilla wartete. Die Herren aus Budapest und Brooklyn in ihren
komfortablen Bungalows waren emsig, doch fand, was sie zu
Stande brachten, nicht den Beifall der entscheidenden In-

stanzen. Es war einerseits zu unanständig, andererseits längst nicht spannend genug. Die Schriftsteller mußten noch einmal von vorne anfangen. Monate vergingen. Tilla zog aus dem großen Hotel am Hollywood-Boulevard in ein Boarding House nach Beverly Hills. Sie nahm englische Stunden, lernte fechten, ließ sich massieren, fuhr nach Santa Monica zum Schwimmen; sie lunchte mit Bekannten in ungarischen, schwedischen, deutschen, jüdischen, französischen, russischen Restaurants. Sie langweilte sich unsäglich. Sie legte Geld zurück – die Wochenschecks trafen ein. Die große Film-Gesellschaft schien sich kaum noch für sie zu interessieren; trotzdem kamen die Schecks. Sie war beinah verwundert, als ihr Vertrag ein zweites und ein drittes Mal verlängert wurde. Der Stoff aus der Französischen Revolution – zu unanständig und nicht spannend genug – war längst bei Seite gelegt. Man ließ Frau Tibori wissen, wahrscheinlich dürfe sie in einem englischen Familien-Film die elegante Cousine aus Paris darstellen. Tilla freute sich schon auf diese künstlerische Aufgabe; indessen kam es niemals dazu. Man entschied sich für eine echte Französin.

Aus purer Langeweile schlief Tilla mit einem jungen Mann mexikanischer Abkunft, der seinerseits in Hollywood auf das große Glück wartete. Leider aber war er keineswegs der Empfänger von Wochenschecks; hingegen wollte er von Tilla ein Auto. Sie schenkte es ihm. Als er sie aber dann mit eben jener Französin betrog, die ihr die Rolle weggespielt hatte, wurde es ihr zu dumm. «Wer bin ich, daß du mich so behandelst?» schrie sie den Gigolo an. Daraufhin sagte er kalt: «Eine erfolglose alte Person.» Sie weinte lange. Bis zu diesem Grade also war sie schon heruntergekommen! In Berlin und Frankfurt am Main hatten Dutzende ihr zu Füßen gelegen – und hier ward sie so behandelt! Sie haßte Hollywood. Alles war falsch hier – die Palmen, die Sonnenuntergänge, die Früchte:

nichts hatte Wirklichkeit; alles Schwindel, Kulisse. Und erst die Menschen! Eifersüchtige, herzlose Intriganten waren sie samt und sonders; besessen von ihrem Ehrgeiz, ihrer Geldgier und dem unersättlichen Hunger nach Reklame.

Tilla vergaß, daß auch sie nur zu gerne etwas mehr Reklame gehabt hätte. Leider blieb sie aus. Kein Reporter mehr ließ sich blicken – während das Haus jener süßen Blonden, die das Nähmädchen gespielt hatte, umlagert war. Niemand kümmerte sich um die Tibori. Schließlich empfing sie die Schecks, die wie aus Versehen jedes Weekend eintrafen, nur noch als beleidigende Almosen.

Sie nahm nicht Anteil an den besseren, höheren Dingen, die es auch in Hollywood gab; an den politischen, geistigen Bemühungen vieler ihrer amerikanischen oder europäischen Kollegen. Sie sehnte sich nach Europa. Es fehlte nicht viel und sie hätte sich sogar nach dem Kommerzienrat gesehnt, der vor allem ihre Stimme liebte und dem «am Rest» nicht viel gelegen war. Keinesfalls hätte sie von ihm je Beleidigungen zu hören bekommen, wie von diesem mexikanischen Hochstapler. Häufiger noch dachte sie an Frau von Kammer –: ‹die einzige Freundin, die ich gehabt habe.› Die Nachricht von Tillys Tod bewegte sie tief und ehrlich, obwohl das junge Mädchen sich ihr gegenüber stets so zurückhaltend betragen hatte. ‹Mein Patenkind! Ach, so mußte es enden! Ich bringe kein Glück – wahrscheinlich ist es schon verderblich, nach mir zu heißen.› Sie schrieb lange, wehmutsvolle Briefe an Marie-Louise. «Ich bin so alleine – so einsam …», war der Refrain. «Gott sei Dank, daß ich wenigstens etwas Geld zurücklege. Vielleicht machen wir mal zusammen einen Hutladen auf, oder etwas Ähnliches.»

Mehr und mehr verliebte sie sich in diese Vorstellung. Hatte sie keinen Ehrgeiz als Schauspielerin mehr? – Ach nein: wenn sie so alt war, daß man ihr die kleinste Liebes-Szene nicht mehr gönnte –: wozu sich dann weiter plagen? – Das lange Warten hatte sie müde gemacht. Ihr Selbstvertrauen war zerstört. Sie fühlte sich diesem Hollywood nicht mehr gewachsen. Hollywood war grausam, es warf sie weg wie ein dekoratives, aber abgetragenes Kleidungsstück, für das niemand mehr Verwendung hat. Schließlich war sie beinahe froh, als sich eines Tages erwies: ihr Vertrag wurde nicht verlängert.

So hatte die Qual ein Ende – die Pein des Wartens, die Folter des enttäuschten Ehrgeizes. Sie durfte zurück, heim, nach Zürich –: seltsam, sie dachte an Zürich wie an die Heimat. Auf dem Bahnsteig würde sie Marie-Louise erwarten – die gute Marie-Louise! Ob sie eine alte Frau geworden war? Sie fielen sich in die Arme, und abends gingen sie auf den Rummelplatz, wie zwei Schulmädchen, um den Finnischen Riesen zu sehen, den größten Menschen der Erde … Wie zwei Schulmädchen … Inzwischen aber war das Leben vergangen. ‹Wie habe ich es verbracht?› – Tilla hatte reichlich Zeit, darüber nachzudenken, auf der langen Fahrt durch den amerikanischen Kontinent, von Küste zu Küste. Keine Reporter fielen ihr lästig; keine Verehrer schickten Telegramme. Sie saß in ihrem privaten Abteil – das hatte sie sich doch noch geleistet – und sann. ‹Ich bin beinah Fünfzig. Meine Haare wären weiß, wenn ich sie nicht färbte. Wie habe ich mein Leben verbracht? Ein Leben ist doch eine große Sache – eine kostbare, eine seltsame Sache …›

Abel machte die Überfahrt von Southampton nach New York auf einem großen englischen Dampfer, in der Tourist-Class. Er genoß die Reise; er liebte das Meer; liebte es zu allen Tageszeiten und zu jeder Stunde der Nacht; er war gebannt von seiner Ruhe und von seiner Veränderlichkeit; tausendmal neu entzückt von den tausendmal wechselnden Farben: ineinander spielend, oder einander jäh ablösend, Perlgrau und Schwarz, giftiges Flaschengrün, rosig überhauchtes Weiß, drohendes Schiefergrau, und die unendlichen, unbeschreiblichen, immer wieder überraschenden Nuancen des Blau. Der Anblick des Meeres war sehr tröstlich für diesen Menschen auf der Überfahrt. Ob es still atmete oder sich heftig erzürnte: das Meer hatte die Kraft, das Herz und die Gedanken abzulenken, zu befreien von den kleinen Sorgen und dem großen Kummer. Solcher Befreiung, solchen Trostes war Benjamin bedürftig, und er war dankbar für ihn.

Mit den übrigen Passagieren unterhielt er sich kaum. Er blieb einsam, auf seinem Liegestuhl, am kleinen Tisch während der opulenten Mahlzeiten, bei den Spaziergängen, – immer um jenes ziemlich kurze Stück des Promenade-Decks herum, das den Tourist-Class-Bewohnern zur Verfügung stand. Die Mitreisenden respektierten sein Bedürfnis nach gedankenvoller Ruhe. Ein einsiedlerischer Professor: das kennt man. Zwar hatte niemand in der Tourist-Class jemals seinen Namen gehört; bedeutend gefurchte Stirn und grüblerischer Blick des schweigsamen Deutschen indessen ließen vermuten, daß es sich hier um einen Herrn von imposantem Wissen handelte. Man ließ ihn bei seinen Büchern. Nur manchmal trat ein keckes junges Mädchen oder eine schwatzhafte alte Dame heran, die, mit Kreuzwort-Rätseln beschäftigt, in Erfahrung zu bringen hoffte, welcher Strom in Asien mit G beginnt, und welcher deutsche Dramatiker der klassischen Epoche seinen Namen mit einem «Sch» am Anfang buchstabiert.

Benjamin langweilte sich nie. Seine Tage waren mit Sorgfalt eingeteilt, immer gab es eine Beschäftigung. Zwischen den Stunden, die für den Deck-Spaziergang oder einfach für die träumerische Betrachtung des Meeres reserviert waren, lagen die anderen, die dem Studium der englischen Sprache und der Lektüre gehörten. Abel hatte beschlossen, täglich mindestens fünfundzwanzig englische Vokabeln zu lernen: Leider war seine Aussprache schrecklich, und da er fast gar nicht sprach, hatte er kaum Gelegenheit, sie zu verbessern. Er las die Geschichte der Vereinigten Staaten und einen Roman von Dickens in der Original-Sprache mit gewissenhafter Benutzung eines Lexikons. Zur Erholung blätterte er dann in der «Welt als Wille und Vorstellung», in Tolstois «Krieg und Frieden», den Tagebüchern Hebbels, Mörikes Gedichten und anderen schönen Dingen, die er in seinem Handkoffer mit sich führte.

Es waren gute Tage –: die besten seit Jahren, wie ihm schien. Er genoß sie, Stunde für Stunde. Wäre nur die Aussicht auf die Ankunft nicht gewesen! Die verdarb beinah alles, ruinierte das stille Glück – wenn man den Fehler beging, an sie zu denken. Die achtmal-vierundzwanzig Stunden konnten nicht ewig dauern. Anfangs schien ihr Ende kaum abzusehen – so wie dem Kinde Ferien unendlich scheinen, die gerade beginnen. Schließlich aber mußte der Morgen kommen, da die Freiheits-Statue – majestätisch und hilfsbereit; hochmütig und milde zugleich – den muskulösen Arm und das geschmückte Haupt den Passagieren der Third-, Tourist- und Cabin-Class entgegen reckte. «Auch auf dich haben wir nicht gewartet!» spricht die Freiheits-Statue: irgendein Emigrant und armer Kerl hatte einmal behauptet, diese entmutigenden Worte könne man der großen Dame, Lady Liberty, von der Stirne ablesen. Daran mußte Abel sich nun erinnern. «Auch auf dich haben wir nicht gewartet …» Ach, sicherlich, es würde Unannehmlichkeiten bei der Ankunft geben; vielleicht ließ man ihn überhaupt nicht an Land – obwohl doch sein Visum in Ordnung war und sein Paß noch für eine Weile Gültigkeit hatte –; vielleicht wurde er gleich zurückgeschickt, deportiert, oder mußte mindestens für mehrere Tage auf jene gräßliche Insel, Ellis Island genannt, wo man verdächtige Fremde wie Zuchthäusler traktierte –: davon hatte Abel viel des Schlimmen gehört.

In Wirklichkeit verlief dann alles sehr harmlos. Abel hatte die Nacht vor Aufregung nicht schlafen können. Das Schiff lag seit Mitternacht in Quarantäne, vor New York. Um fünf Uhr morgens war Benjamin auf dem Deck. Aus dem blau schwimmenden Dunst des frühen Sommertages trat, zart und deutlich, die zackige Linie der Wolkenkratzer – wie eine phantastische Kulisse zwischen den verschleierten Himmel und das sanft schimmernde Meer gestellt. ‹Das ist es also›, dachte der deutsche Professor, ergriffen und etwas ängstlich. ‹Das ist also New York ...›

Er hatte noch reichlich Zeit, sich mit Grübeleien abzugeben, die übrigens mehr um die Vergangenheit als um die Zukunft kreisten; denn er war ein vorwiegend historisch orientierter Mensch. Er dachte an Bonn, an Annette Lehmann und an die selige Mutter in Worms; an Amsterdam, das «Huize Mozart», an Stinchen, den «Brummer» und Herrn Wollfritz; er dachte an irgendeine Straßenecke oder ein Caféhaus in Wien, an eine hübsche Perspektive durch den Londoner Hyde Park, an das Jüdische Comité in der skandinavischen Stadt und an den heruntergekommenen Berliner Schupo-Mann, der die goldene Uhr hatte stehlen wollen. ‹Das alles ist lange her›, sann der Historiker. ‹Es ist schon Geschichte; Teil und Abschnitt meiner Lebensgeschichte, ein Kapitel aus meiner Biographie. – Und was fängt nun an? – Man muß Spaß verstehen, wenn man leben will›, dachte er noch – und wußte nicht genau, warum es ihm, gerade jetzt, einfiel. ‹Man muß sehr viel Spaß verstehen. Humor muß man haben, sense of humour, keep smiling ...›

Er stand im Rauch-Salon der Tourist-Class, zwischen deutschen Auswanderern, französischen Geschäftsleuten und englischen Vergnügungsreisenden, die alle darauf warteten, den amerikanischen Beamten ihre Pässe zeigen zu dürfen. Die Beamten trugen Brillen, hatten frische, rosige Gesichter zu grauem Haar und versuchten ihren gutmütigen Mienen einen gravitätisch-strengen Ausdruck zu geben. Die deutschen Auswanderer fürchteten sich vor ihnen; sie setzten sich ihnen gegenüber an den kleinen Tisch, zitternd, in mühsam gefaßter Haltung, wie der schlecht vorbereitete Schüler, für den das Examen beginnt.

Auch Benjamin war nervös, als an ihn endlich die Reihe kam. Aber der Beamte – der gerade vorher eine allein reisende junge Dame ins peinlich lange Kreuzverhör genommen hatte – behandelte ihn zuvorkommend, beinah herzlich. Er sagte: «Alles in Ordnung, Professor!» – und entließ ihn mit der Bemerkung: «Gut für Sie, daß Sie hergekommen sind! Hier hat man mehr Achtung für einen gebildeten Mann als in Ihrem Lande!» – Benjamin wurde ein wenig rot: der Schüler war, zu seiner eigenen Überraschung, gelobt worden. –

… Er fühlte sich der Stadt New York nicht gewachsen. Alles war ihm fremd und etwas grauenhaft. Er empfand, unter Schaudern: Die Wolkenkratzer fallen mir auf den Kopf – gleich werden sie mich begraben. – Vor allem vermißte er Bäume in dieser Steinwüste. Er schmachtete nach etwas Grünem wie der Durstige nach einem Schluck Wasser. Man konnte Stunden lang durch diese Straßen gehen, ohne ein Stückchen Wiese, ein frisches Gesträuch oder einen Brunnen zu finden. Die Hitze war drückend, die schwere Luft schien mit Feuchtigkeit vollgesogen, man war den ganzen Tag in Schweiß gebadet, nachts hörte der Asphalt nicht auf zu glühen. Der Central Park, wo Benjamin ab und zu promenierte, gewährte keine Erholung. Die Wege dort waren staubig und überfüllt; auch das Grün der Bäume schien unfrisch. – Am wohlsten fühlte er sich noch im Hotel – 39. Straße, East, zwischen Lexington und Park Avenue –, das Bekannte ihm empfohlen hatten. Sein kleines Zimmer ging auf den Hof und war ziemlich dunkel. Immerhin gab es Ruhe dort, und es war vergleichsweise kühl. Übrigens gefiel ihm auch die kleine Bar des Hotels; er plauderte gern mit dem Mixer, Monsieur Gaston. Abgesehen von diesem charmanten und welterfahrenen Gesellen, hatte er in New York keine Freunde. Die Empfehlungsschreiben blieben wieder unbenutzt; Abel tröstete sich mit der Überlegung: Es ist nicht die Saison, um Besuche zu machen; die meisten Leute sind wohl auf dem Land ... Er war fast so einsam wie während der ersten trostlosen Monate in Amsterdam. An Stinchen schrieb er: «Ich sehne mich nach Dir, gutes Kind! Die Amerikanerinnen sehen hochmütig abweisend aus; übrigens kann ich nicht mit ihnen sprechen. Du solltest bei mir sein, liebes Stinchen. Wenn ich etwas Geld habe, lasse ich Dich kommen ...» –

Alles war ihm beschwerlich. Das Essen – in Cafeterias oder «Drug Stores», auf hohen Barstühlen oder im Stehen hastig eingenommen – schmeckte ihm nicht. (‹Bohnen zum Fisch, Bananen mit Mayonnaise, Apfelkuchen mit Käse, Eiswasser zum Kaffee und Kaffee zur Suppe –: wer hält denn das aus!› dachte er grimmig.) Die süßlich scharfen Zigaretten verursachten ihm Hustenreiz; der Whisky machte ihn krank; die Jazz-Musik, die überall aus den Radioapparaten lärmte, ging ihm auf die Nerven; er fürchtete sich vor allem, sogar vor den Zeitungen mit ihren ewig sensationellen, immer schreienden Überschriften, und ganz besonders vor den dicken Sonntagsnummern, an denen man schleppte wie an einer Last. Er fühlte sich so elend, daß er Tage lang das Bett hütete: ‹Es muß eine Grippe sein, Halsschmerzen habe ich auch, wahrscheinlich etwas Fieber, sicher kommt es von dem feuchten Klima.› Er ließ sich, um die Höhe seiner Temperatur festzustellen, ein Thermometer aus dem Drug Store kommen; aber selbst das medizinische Instrument erwies sich als bösartig-fremd.

Es funkelte tückisch-munter; die Zahlen schienen zunächst unleserlich, als er sie dann schließlich doch herausbekam, entsetzte er sich über ihre Höhe: 103, 104 – was sollte denn das bedeuten? Mußten denn hier alle europäischen Maße überboten werden? –

Er hatte drei Wochen für New York zur Verfügung gehabt, ehe er nach dem Mittelwesten abreisen mußte, um seine Tätigkeit an der kleinen Universität zu beginnen. Drei Wochen – eine lange Zeit, und sie war langsam vergangen. Nun aber waren es nur noch etliche Tage, die blieben. Sorgenvoll und pedantisch sagte sich der Professor: ‹Ich habe noch zu wenig von der Stadt gesehen. Ich muß etwas unternehmen.›

Man hatte ihm, in Europa, die Aussicht gerühmt, die von einem der höchsten Gebäude New Yorks, dem Rockefeller Center, zu genießen war. ‹Das ließe sich probieren!› beschloß Benjamin. ‹Aus der Vogelperspektive wirkt alles besser; die Fahrt zum hohen Dach kostet nur 40 Cents, ich riskiere es, ich wage mich in den Lift.›

Als der Aufzug ihn in rasender Geschwindigkeit nach oben trug, bereute er schon bitterlich sein Unternehmen. Ihm wurde übel, in den Ohren sauste es fürchterlich, er fühlte sich nah einer Ohnmacht. ‹Der menschliche Organismus ist für solche Abenteuer, für Geschwindigkeits-Exzesse dieser Art nicht geschaffen›, konnte er gerade noch denken. ‹So viel darf einem nicht zugemutet werden. Die Zivilisation schlägt ins Barbarische um …› Da hielt der Elevator mit einem Ruck. – Von der Aussicht hatte Benjamin so gut wie nichts: teils, weil er den Himmelfahrtsschock noch nicht überwunden hatte; teils, weil der steile Blick in die Tiefe ihn neuerdings schwindlig machte.

Auch abends, in der «Musical Show» am Broadway, die er aus purem Pflichtgefühl besuchte, fühlte er sich nicht gut. Er verstand die Witze nicht, über die alle so herzlich lachten; die

Girls langweilten ihn, die gellende Musik tat seinen Ohren weh, die Sentimentalität der Liebesszenen war ihm peinlich, und nur einmal, gegen Schluß der Komödie, mußte er etwas kichern: eine respektlose Bemerkung über den deutschen «Führer» war vorgekommen. Er saß im Parkett, zwischen den gutgelaunten Menschen – ein einsamer Fremder, wie immer; ein Außenseiter, wie eh und je –, und sein kleines Gelächter war von solcher Art, daß es nicht so bald wieder aufhören wollte. Es schüttelte ihn, es verzerrte die Züge, tat weh; es war nicht harmlos, nicht froh; ein nervöser Lachkrampf – die Nachbarn schauten ihn verwundert an. Was ist das für ein sonderbarer Mann – von gedrungenem Körperbau, mit hoher Stirne, grüblerischen Augen –, der dort alleine sitzt und kichert, wie ein hysterischer Backfisch?

Es war kein gutes Gelächter gewesen; aber es hatte seine Stimmung doch verbessert. Warum sollte er jetzt gleich nach Hause gehen? Man könnte noch ein bißchen am Times Square schlendern ... Zum ersten Mal gefiel ihm das wirbelnde Spiel der kreisenden, tanzenden, sich auflösenden und eilig neu formierenden Lichtreklamen. ‹Eine Schönheit – auch dies!› empfand der Professor aus Bonn. ‹Eine neue Schönheit, vielleicht. Man muß sich gewöhnen; muß sich empfänglich machen für neue Werte und Reize, da man die alten verliert ... Man muß Spaß verstehen, viel Spaß ...›

Er trank in einer überfüllten Bar zwei Whiskys. Ein Besoffener legte ihm den Arm um die Schulter; er ließ es sich, etwas ängstlich, gefallen. Der Besoffene sagte: «You have such a nice face, Doc! Such a funny continental face! I like you. Have a drink with me. What do you drink? – Tell me!» insistierte er, schon beinah zornig – weil Benjamin nur gequält lächelte ..., «what do you drink? After all – you must drink *something*!» – Benjamin mußte einen dritten Whiskey schlucken. Es war reichlich für ihn. Immerhin gab es ihm den Mut, eines jener Tanzlokale zu betreten, die sich so verlockend als «Parisian Dancing» plakatierten. Schon seit Längerem war er neugierig, zu erfahren, was diese Etablissements im ersten Stock, die so einladend und etwas verdächtig wirkten, zu bieten hatten.

Der Tanzplatz war durch eine niedrige Barriere vom Lokal, in dem die Tische standen, abgetrennt. Es gab nur wenige Gäste; die meisten Mädchen schienen unbeschäftigt. Als Abel eintrat, drängten sie sich an die Barriere, wie Tiere im Zoologischen Garten sich ans Gitter drängen, wenn jemand mit Futter sich naht. War es ihnen verboten, das eingezäunte Tanz-Bassin zu verlassen? Waren sie eingekerkert auf dieser engen Fläche schmutzigen Parketts? – Dem Professor wurde unheimlich zu Mute. «Tanz mit mir!» bettelten die Mädchen. Sie hatten merkwürdig flache, klirrende Stimmen, wie Automaten; sie hoben die Arme, schüttelten die gespreizten Hände, die bunten Gesichter, das gelockte Haar; auch die weichen Körper in den armen, bunten Flitterkleidern schüttelten sie.

Die Minuten, die man tanzend verbrachte, wurden gezählt; jede Tanz-Minute kostete zwei Cents. Wenn das Orchester zu spielen aufhörte, mußte man zahlen. Übrigens gaben sich die Mädchen redliche Mühe, scheuten keine Anstrengung und keinen Trick, um den Tanz für ihre Kavaliere amüsant und lohnend zu gestalten.

Benjamin setzte sich an einen Tisch und bestellte Kaffee. Er beobachtete einen alten, hageren Mann, der ein hübsches brünettes Mädchen führte; sie waren das einzige Paar auf der Fläche. Der Mann hatte ein heuchlerisches Pfaffengesicht –: ‹so spielen Schmierenschauspieler den Tartuffe›, dachte Benjamin. Die Augen verschwanden hinter den spiegelnden Gläsern eines großen Zwickers. Das Mädchen sah todmüde und ungewöhnlich gelangweilt aus. Zwischen den rasierten Augenbrauen stand ein kleiner Zug von Ekel, während die gefärbten Lippen das mechanische Lächeln hielten. Übrigens war sie reizend; der schmale Körper, verführerisch unter der enganliegenden schwarzen Seide des Kleidchens – und auf dem schmalen Hals, das Gesichtchen blütenhaft zart –: ‹wahrscheinlich hat sie exotisches Blut›, dachte Benjamin. ‹Von einer Südseeinsel könnte sie sein, sie gefällt mir.›

Er ärgerte sich, weil der heuchlerische Alte eine so unanständige Art zu tanzen hatte. Das war ja scheußlich, wie er sich benahm; als Tanz könnte man diese unzüchtig schiebenden, wackelnden Bewegungen kaum noch bezeichnen; es war die nackte und groteske Obszönität –: welch ein schamloser Alter! Benjamin war gebannt und angewidert von solchem Schauspiel.

Eine starke Blonde hatte sich neben ihm niedergelassen: er bemerkte es erst, als er von ihr am Ärmel gezupft ward. Es stellte sich heraus, daß sie Deutsche war – Rheinländerin –, er mußte Bier für sie kommen lassen, sie hob das Glas, sagte: «Pröstchen» und scheute nicht davor zurück, ihn «Onkelchen» zu nennen. «Ich heiße Anni», erklärte sie siegesgewiß, «die lustige Anni aus Köln!» Sie hatte keine Augenbrauen, schönes blondes Haar, einen zu großen Busen und ein blödes Lachen. Benjamin fragte sie, ob sie das exotische Mädchen kenne, die vorhin mit dem obszönen Alten getanzt hatte. Die frohe Anni lächelte säuerlich. «Och – das ist also dein Typus, Onkelchen», machte sie, halb neckisch halb verdrossen. Sie holte das Mädchen heran, die Kleine war aus Los Angeles, Benjamin schaute sie an. Aus der Nähe betrachtet, war die Farbe des Gesichtes und der schön geformten Arme etwas gelblich; in den langen, schimmernden Augen aber, die sowohl schwermütig als auch listig blickten, gab es goldene Lichter. Der Professor empfand: ‹In die könnte ich mich verlieben.› Er hatte drei Whiskys gehabt. Sie sagte: «Meine Mutter ist aus Honolulu. Kennst du die Lieder von Honululu? Schöne Lieder. Meine Mutter hat mir gezeigt, wie man tanzen muß, damit es den Männern Spaß macht. Ich kann es gut, der Alte hat mir einen Dollar extra geschenkt, ich gehe morgen ins Kino, Gary Cooper, der gefällt mir am besten, wenn ich mit dem einmal tanzen dürfte …»

Man plauderte eine Viertelstunde. Die gemütvolle Anni mußte noch einmal Bier haben; die exotische Kleine trank Tee. Sie sagte zu Benjamin, er habe ein interessantes Gesicht. «Die Stirn – so gescheit –, und Augen wie einer, der sehr lieben kann.» – «Das können sie alle!» rief übermütig die Vollbusige vom Rhein, und trällerte: «Die Männer sind alle Verbrecher!» Es war eine lustige Stimmung. Die Bräunlich-Schlanke aber schaute auf die Uhr. «Wir sind jetzt siebzehn Minuten beisammen», stellte sie, sanft und ernsthaft, fest. «Das kostet schon ziemlich viel. Wenn wir uns zu den Gästen setzen, müssen wir nämlich ebenso viel dafür verlangen, wie wenn wir mit ihnen tanzen: Das hast du wohl gar nicht gewußt? Jede Minute wird gezählt und berechnet …» Sie lächelte müde; hatte auch wieder den gequälten Zug zwischen den Brauen. «Ich dachte, es ist fair, wenn ich dirs sage.»

Die lustige Anni aus Köln machte böse Zeichen mit den Augen, runzelte die Stirne, schüttelte den Kopf. Aber der Professor war schon aufgestanden. «Ja, dann muß ich also bezahlen …» Er fühlte sich plötzlich sehr niedergeschlagen. ‹Warum bin ich enttäuscht?› dachte er, schon zum Gehen gewendet. ‹Was habe ich mir erwartet? Die einzige Überraschung dürfte doch sein, daß der kleine Spaß nicht teurer war. Natürlich kostet es ein paar Cents, wenn man die Zeit der fleißigen Tänzerinnen in Anspruch nimmt … Wer erwartet Gratis-Unterhaltung von armen Huren?›

Er sah, durch eine dicke Wolke von Zigarettenrauch, noch einmal das zarte, müde Gesicht der Kleinen aus Honolulu –: eine empfindliche, schon etwas gelblich welke Blüte über dem anmutig schmalen Hals. Sie lächelte ihm zu – oder galten dieser Blick, dieses Winken schon nicht mehr ihm, sondern dem neuen Kavalier, der sich nahte? Er hatte den Hut schief auf dem Kopf, eine dicke Zigarre im Mund, und ging breitbeinig, schwankenden Schrittes. Er war schwer betrunken. Während der neue Kavalier sich mit einer Bewegung, die fast schön war durch ihre schamlose Gier, über die Kleine neigte, verließ Professor Abel das Etablissement.

Dieses war sein Flirt am Times Square, New York City.

... Am Tag vor seiner Abreise geschah es Benjamin, daß er in einem Friseur-Laden Tränen vergoß. Der Mann in der weißen Schürze, der ihn rasierte, war taktvoll genug, es zu übersehen; trotzdem blieb der kleine Zwischenfall peinlich genug.

Benjamin ließ sich gerne vom Coiffeur behandeln. Es machte ihm Vergnügen, faul und wohlig ausgestreckt im verstellbaren Sessel zu liegen, während man ihm das Gesicht mit heißen und kalten Tüchern, mit allerlei Crèmes und Duftessenzen erfrischte. Aus dem Radio sprach eine sonore, forsch bewegte und gleichsam ermunternde Stimme. Der Professor mit der eingeseiften Miene hörte nicht hin; wahrscheinlich handelte es sich um Fußballspiel.

Aber was für Töne ließen sich nun vernehmen? Der Professor hob jäh den Kopf –: es war gefährlich, denn er hatte das blanke Messer des Barbiers am Hals. Beethovens «Mondscheinsonate»: Benjamin erkannte sie gleich, obwohl die erlauchte Melodie halb zugedeckt und verdorben war durch Jazz-Rhythmen, die ihr im Aether Konkurrenz machten. Indessen verstand es jemand, den Apparat so zu stellen, daß die ordinäre Tanzmusik verstummte und nur noch das Herrliche klang: das Herrliche füllte den Frisier-Salon mit wunderbarer, magisch starker Gegenwart. Welche Gnade! – ach, welche Erschütterung für den Professor aus Bonn.

Er erschauert, tausend Erinnerungen kommen mit den vertrauten Tönen: seine Heimat – oder doch alles, was er an ihr geliebt hat – ist plötzlich da. Annette Lehmann die Ungetreue, und die traulich-musischen kleinen Feste in Marienburg –: alles stellt sich ein, beim gerührten Aufhorchen. Ein Heimweh ohnegleichen bewegt Benjamins Herz, während er im schräg gestellten Sessel ruht und lauscht. Ein Gefühl der Einsamkeit, so stark vorher niemals empfunden; Verlassenheit ohne Grenzen –: ihm ist zu Mute wie dem Kinde, das im Wald verloren ging, es ist dunkel, aus dem Schatten drohen Ungeheuer, und da kommt plötzlich die Melodie, mit welcher die Mutter ruft –: aber aus was für Fernen! Tröstlich und quälend zugleich schweben sie herbei, die holden Klänge der Heimat … Wie empfängt man sie? Nicht mit trockenen Augen. Man läßt die Tränen fließen – mag der Barbier sie sehen oder nicht; man kann sie nicht halten; auch tut es wohl, sie auf den Wangen zu spüren, und den Salzgeschmack auf den Lippen.

Benjamin mußte schluchzen, weil die Mondscheinsonate ihn im Barber Shop überraschte –: so weit war es mit ihm gekommen. Der Coiffeur – ein gutmütiger Mann; nicht mehr jung – bemerkte: «You like music, Sir? I am fond of music myself.» Damit weckte er seinen seltsamen Kunden aus der gefährlichen Träumerei. Benjamin kam zu sich, wischte sich die Augen und murmelte etwas über das heiße Tuch, das zu Tränen reize.

Er schämte sich seiner Unbeherrschtheit und dachte – den prickelnden Geruch von Kampfer-Wasser in der Nase –: ‹Alter Narr, der ich bin! Sentimentaler, deutscher alter Narr! Gestern abend habe ich mir aus der konventionellen Begegnung mit einer armseligen kleinen Frauensperson das melancholische Abenteuer zurecht gemacht – und jetzt flenne ich wie ein Baby wegen der alten Sonate, die übrigens nicht

einmal mein Lieblingsstück von Beethoven ist. So was gehört sich nicht, es ist peinlich ... Während der ganzen letzten Wochen habe ich versagt: ein totaler Versager bin ich
gewesen. An New York liegt es nicht, New York ist großartig,
es liegt an mir, ich bin keineswegs großartig, ein sentimentaler Professor, vielleicht auch schon etwas verkalkt, und
hoffnungslos europäisch. Sollte ich nicht froh darüber sein,
daß in diesem Lande etwas Neues für mich beginnt? Statt
Amerika kennen zu lernen, lieben zu lernen, sitze ich hier,
und vergieße dumme Tränen über alte deutsche Romantik – als ob ich nicht wüßte, wohin diese Romantik führt,
welcher Art ihre Konsequenzen sind, wenn sie sich politisch
manifestiert! Bin ich nicht ein Opfer dieser Konsequenzen?
Und lasse mich trotzdem erschüttern von dem alten, mor-
biden, abgenutzten Zauber! Eine Schande! Eine Blamage!
Eine Peinlichkeit!

Irgendwo, im Mittelwesten dieses Landes, wartet etwas auf
mich –: eine Aufgabe; etwas Wichtiges, etwas Schönes! Es gibt
junge Leute, die von mir etwas lernen wollen. Vielleicht sind
sie recht naiv, etwas unwissend; aber aufgeschlossen, frisch,
vertrauensvoll ...

Man gibt mir hier eine Chance – man gibt uns hier eine
Chance. Die muß ich nutzen, für die muß ich dankbar sein.
Das Land, das mich aufnimmt, mich leben und arbeiten läßt,
hat ein Recht, Ansprüche an mich zu stellen. Gewisse Dinge darf es sich verbitten – zum Beispiel, dieses weinerliche
Heimweh-Pathos. Ein vernünftiger Grad von Optimismus ist
angebracht; ein Wille zur Zukunft, der nicht überschwenglich aber solid zu sein hat, wird zur Pflicht.

Kopf hoch, alter Benjamin! Pull yourself together, old fel-
low! Die Tränen sind längst getrocknet. Draußen machen
die Autobusse, die Zeitungsverkäufer, die Trambahnen ihren
forschen Lärm. Geh hinaus! Sei dabei! Spiele nicht den Ein-

samen, Feinen! Es ist eine fragwürdige Ehre, fein und einsam zu sein: abgesehen davon, daß es nicht für vorteilhaft
gilt. – Die Depression sei definitiv überwunden. Das Leben in
Amerika fange an.›

Speed

Wir hatten viel Spaß zusammen, Speed und ich.

Deshalb mochte ich mich nicht von ihm trennen. Es hat keinen Sinn, mich selbst zu betrügen mit heuchlerischem Gerede über Mitleid und Großzügigkeit oder so was. Die Wahrheit ist, daß ich ihn nicht fortschickte, weil ich ihn gern um mich hatte.

Er war völlig im Recht, als er sagte, daß ich noch keinen wie ihn getroffen hätte. Tatsächlich war er etwas vollkommen Neues – ein mir ganz unbekannter Menschenschlag, mit all seinen Launen, seiner glatten und wilden Eleganz, seiner ungestümen Lebenskraft, seiner ungezügelten Phantasie, seinem boshaften Witz, seiner Grausamkeit, seiner unberechenbaren und kaum zu fassenden Ignoranz.

Am Anfang versuchte ich noch, ihn zu erziehen und ihn zu «retten». Ich war schon immer an Pädagogik interessiert und hatte ursprünglich auch Lehrer werden wollen. Später, als ich heiratete, hoffte ich auf einen Sohn. Speed war natürlich nicht unbedingt so, wie ich mir meinen Sohn vorstellte. Trotzdem, hier war er – und da *alles* sich verrückt entwickelt hatte – in meinem Privatleben und in der Welt sowieso –: warum sollte ich nicht auch einen leicht Verrückten als Sohn akzeptieren, zumindestens für einige Zeit?

Sein absoluter Mangel an Bildung war etwas, das niemals aufhörte, mich zu erschrecken und auch zu kränken. Er wußte nicht, von welchem Land Paris die Hauptstadt war, und hätte ich ihm erzählt, William Shakespeare sei ein amerikanischer Industrieller, so hätte er mir sicher geglaubt. Er meinte, ich wolle scherzen, als ich in irgendeinem Zusammenhang erwähnte, daß gewisse Teile seines Landes einmal einer fremden Macht gehört hätten. – «Weißt du wirklich nicht,

Erzählung 1940

wer George Washington war?» fragte ich ihn völlig perplex. «Niemals vom Unabhängigkeitskrieg gehört?» – Er hatte ein listiges Funkeln in den Augen, als er mit einer seltsam tiefen, gedehnten Stimme sagte: «Sicher, ich weiß schon …: *Besteuerung ohne Mitbestimmung*… Das war's, worüber sich diese alten Knacker in Boston so aufregten …» Es war sehr merkwürdig, daß er sich gerade an diesen einen Satz erinnerte, der für sich genommen sinnlos war, wie an eine Zauberformel.

Ich mußte bald erfahren, daß es vollkommen hoffnungslos war, ihm etwas von fremden Ländern oder früheren Zeiten erzählen zu wollen. Es interessierte ihn einfach nicht. «Hör schon auf!» sagte er barsch. «Es juckt mich nicht, was vor Hunderten von Jahren passiert ist. Wir haben selbst Ärger genug, heutzutage.»

Er gähnte und schnitt Gesichter, wenn ich ihn aufforderte, in eine Zeitschrift zu schauen oder einen Zeitungsartikel zu lesen. Gedrucktes langweilte ihn nicht nur, sondern ekelte ihn geradezu. Das einzige, was er las, waren die Comic-Serien, die er eifrig in den Abend-Blättern studierte. Er kreischte vor Lachen und versuchte oft, mich an seiner überschwenglichen Freude teilhaben zu lassen: «Das ist wirklich gut – schau es dir an!»

Er wollte mir immerzu die Dinge erklären, von denen er begeistert war: es lag etwas Rührendes in seinem unermüdlichen Eifer. Ich fürchte, daß ich auf meine Art ein ebenso hoffnungsloser Schüler war wie Speed seinerseits. Ich hatte nicht das gleiche Vergnügen an den Gangster-Filmen oder Western; die Baseball-Spiele langweilten mich, und über Comics konnte ich kaum lachen. Trotzdem schätzte ich Speeds ständiges Drängen, an seinen Vergnügungen teilzunehmen. Ich glaube immer noch, daß er mich als Freund angesehen haben muß, in einem verborgenen Winkel seines Herzens.

Er trottete hinter mir her wie ein Hund: den Grund habe

ich nie ganz verstanden. Denn er wußte mit Sicherheit, daß ich keine Reichtümer besaß – obgleich er sich wohl auch nicht vorstellen konnte, wie arm ich wirklich war ... Er hielt es für selbstverständlich, daß ich Geld genug hätte, um ihm gelegentlich einen halben Dollar zu schenken, und niemals bat er um mehr.

Ich bezahlte für ihn Essen und Trinken und nahm ihn mit ins Kino. Das bedeutete ihm offensichtlich etwas. Auch daß er auf meinem Sofa schlafen konnte, wenn er für die Nacht keinen anderen Platz fand – was ziemlich oft vorkam, zwei oder drei Mal in der Woche. Denn sein früherer Zimmernachbar war noch immer wütend auf ihn, und die Wohnung seiner Schwester Lucy bot gerade Platz für einen einzigen Gast: «Deshalb will ihr Freund natürlich nicht, daß ich da herumhänge, wenn er selbst am Abend frei hat», erklärte Speed.

Manchmal verschwand er für ein oder zwei Tage – entweder, weil er etwas zu «erledigen» hatte mit seiner Schwester oder ihrem Freund oder weil irgendwelche lustigen und abenteuerlichen Ereignisse seine ganze Zeit beanspruchten. Außergewöhnliches erlebte er, seinen dramatischen Berichten zufolge, oft. Junge Frauen in prächtigen Pelzmänteln nahmen ihn in riesigen, eleganten Autos mit und bewirteten ihn in ihren teuren Wohnungen. Manchmal rief er mich um vier oder fünf Uhr morgens an und beharrte mit der törichten Hartnäckigkeit des Betrunkenen darauf, daß es Mittag sei und die Sonne scheine. Am nächsten Tag wirkte er amüsiert und geschmeichelt, wenn ich ihn über seinen Irrtum aufklärte: «Ich muß völlig blau gewesen sein!» Er grinste kindisch zufrieden.

Er kam immer zurück zu mir: Ich weiß nicht *warum* – aber er kam immer wieder. Vielleicht war es das gewisse Minimum an Sicherheit – etwas wie ein Heim, das ich ihm bot. Vielleicht war es dieses kleine bißchen Behaglichkeit und Frieden, was er schätzte oder sogar brauchte, trotz all seiner Freiheitsliebe. Er war unglaublich arm – so extrem und absolut, wie es unvereinbar schien mit jeder noch menschlich zu nennenden Lebensweise. Er war wirklich arm wie die Tiere des Waldes. Glücklicherweise machte er sich seine elende Lage niemals bewußt – obwohl er sie gespürt haben mag, manchmal, in einer kurzen und erschreckenden Ahnung.

Immer wieder faszinierte und verwirrte er mich, und er rührte mich oft durch seine natürliche Freundlichkeit, die sanfte Heiterkeit seines Lächelns. Ein andermal war er eine richtige Nervensäge, dann stieß er mich durch unmäßig grobes Verhalten ab. Ich geriet nicht selten in arge Verlegenheit, wenn er den «starken Mann» spielte, in einem Restaurant oder in einer Bar, oder wenn er sich produzierte, um ein Mädchen am Nebentisch zu beeindrucken. Aber dann versöhnte und bezauberte er mich aufs Neue mit einem Lächeln oder einem Wort – einem Wort vielleicht, das seine Schwester Lucy betraf ...

Ich war immer noch begierig, sie kennenzulernen. Er nutzte meine Schwäche und Neugier ganz offenkundig aus und setzte seine unsichtbare Schwester als Lockvogel ein. Er präsentierte mir ihr Foto – dasselbe, das er mir schon früher gezeigt hatte –, und grinste reichlich sentimental, als er sagte: «Behalt es als Andenken, Clarence! Es ist alles, was ich habe ... Ohne das Bild werde ich mich wohl ziemlich einsam fühlen ...»

Manchmal konnte er so ganz beiläufig vorschlagen: «Komm, wir schauen bei Lucy vorbei. Sie arbeitet noch in derselben Kneipe.» – Aber dort war keine Lucy ...

Was für ein Leben führte sie? Wie stand es um diese sagenhaften Freunde, die eine so beherrschende Rolle in Speeds Gesprächen spielten? Er sprach von ihnen wie von einer überaus mächtigen und gefürchteten Geheimorganisation. Einmal bat er mich, einen Brief aufzugeben, den er geschrieben hatte, während er auf mich wartete. «Aber vergiß es nicht!» ermahnte er mich. «Er ist an Lucys Freund, und er macht mir die Hölle heiß, wenn er ihn nicht bekommt. Er ist ein gefährlicher Gangster – mit dem legst du dich besser nicht an ...» Zuerst hielt ich das für einen Scherz, aber mir verging das Lachen, als ich merkte, daß Speed es unheimlich ernst meinte.

Mochte Lucy wohl ebenso starke Parfums, wie Anna sie liebte? Hatte sie auch dieselbe kindische Schwäche für grelle Farben? War sie fähig, ihren Mann zu betrügen, auf diese gnadenlose Art wie Anna, die mich verlassen hatte, mich ganz allein gelassen hatte in diesem riesigen, fremden Land? .... Ich war tatsächlich mehr und mehr geneigt, Lucy und Anna in meinem verwirrten Kopf gleichzusetzen. Beide verschmolzen allmählich zu einer einzigen erstaunlichen und verführerischen Person –: Anna, die ich verloren hatte, und Lucy, die ich überhaupt nicht kannte ... Ich lebte in einem ständigen Dunstkreis von Lügen und Wahnphantasien, völlig berauscht von der billigen Romantik der Unterwelt. Meine Lage wurde natürlich noch alarmierender, als ich begann, dieses teuflische Zeug zu rauchen.

Zuerst weigerte ich mich standhaft, es zu probieren, und ich wurde sogar ziemlich ärgerlich, als mir Speed anvertraute, was für eine besondere Sorte «Tabak» es war, die seine Freundin, das Barmädchen, verkaufte. «*Marihuana*», sagte ich, «das ist doch ein Rauschgift, wenn ich mich nicht irre. Das ist gegen das Gesetz ...» – aber Speed reagierte nur mit einem Achselzucken: «Ist mir doch egal. Ich hab's schon als Kind geraucht, unten im Süden – und alle anderen Kinder auch. Es macht einfach Spaß –: du fühlst dich ganz leicht dabei ... Du solltest es mal versuchen, Clarence!»

Aber noch wollte ich es nicht.

Ich hatte Mr. Prokoff danach gefragt – «aus rein wissenschaftlichem Interesse». Er runzelte die Stirn und wiegte bedenklich den Kopf: «Marihuana?» sagte er und machte ein säuerliches Gesicht dabei, als ob er einen bitteren Geschmack im Mund hätte. «Hände weg, Mr. Kroll! Es ‹stinkt›.» Ich war natürlich sehr besorgt. «Es ist also wirklich gegen das Gesetz?» fragte ich. – «Sicher ist es das», beteuerte er, düster nickend. «Lassen Sie sich nicht in solche dreckigen Drogengeschichten verwickeln, Mr. Kroll! Ein Gentleman wie Sie …» – «Natürlich nicht», beeilte ich mich, ihm zu versichern. «Ich wollte nur wissen, was es damit auf sich hat …»

Ich kann nicht sagen, daß er nach diesem Gespräch reservierter oder weniger freundlich geworden wäre. Aber manchmal hatte ich den Eindruck, als ob mich sein sorgenvoller Blick wie eine stumme und doch beredte Warnung durchbohrte.

Zur selben Zeit zeigte Mrs. Prokoff überraschende Zeichen von neuer Sympathie und Aufmerksamkeit. Sie klopfte plötzlich an meine Türe und fragte mit gurrender, leiser Stimme, ob ich irgendwelche Wünsche hätte: ein Sandwich – schlug sie vor, beinahe freundlich –, oder eine Tasse Tee … «Eine Tasse Tee!» wiederholte Speed mit einem idiotischen Kichern. Meistens war Speed zufällig bei mir, wenn Mrs. Prokoff hereinschaute, um mit flötender Stimme ihre liebenswürdigen Angebote zu unterbreiten. «Immer munter», bemerkte sie, wenn sich Speed vor Lachen krümmte. «Glückliche Jugend! Immer ausgelassen …»

Er kreischte geradezu vor Freude, als Mrs. Prokoff schließlich verschwand – überschwenglich belustigt durch ihr komisches Verhalten und ihre Tee-Einladungen im Besonderen. Denn in Speeds Kreisen war aus irgendeinem geheimnisvollen Grund Tee die gebräuchliche Bezeichnung für Marihuana. – «Gib mir ein paar Kröten», sagte er zu mir, «ich will *Tee* besorgen.» – Und ich gab ihm das Geld, obwohl ich es mir eigentlich nicht leisten konnte.

Ich gab viel mehr aus, während all dieser Zeit, als ich mir erlauben konnte. Ich wurde ziemlich unbekümmert – nicht nur, was meine Finanzen betraf. Auch wirklich wichtige Dinge nahm ich auf die leichte Schulter. Etwas in mir war zerbrochen – empfindungslos geworden und abgetötet, als ich durch eine lapidare Benachrichtigung von Anna unterrichtet wurde, daß sie wieder geheiratet hatte und daß ihr zweiter Ehemann ein hoher Funktionär der Nazipartei sei.

Es war diese abstoßende Neuigkeit, die mir den entscheidenden Schlag gab. Ich erhielt ihn gerade ein paar Tage nach meiner Unterhaltung mit Mr. Prokoff über Marihuana. Und als Speed wieder drängte: «Du solltest es probieren, Clarence! Nur *einen* kleinen Zug …», gab ich schließlich seinen Überredungskünsten nach.

Am Anfang fand ich es ziemlich schwierig, die aromatischen Zigaretten mit der richtigen Technik zu rauchen. Ich schluckte den Rauch falsch: er kitzelte in meinem Hals, ich mußte husten, mir wurde schwindlig. Speed, der inzwischen bereits fünf oder sechs geraucht hatte, war außer sich vor Vergnügen, als er meine unbeholfenen Versuche beobachtete. «Du bist eine komische Nummer!» neckte er mich und erstickte dabei fast vor Lachen. Und dann wiederholte er immer wieder, völlig verzückt, diese sinnlosen und kindischen Worte: «Was für eine komische kleine Nummer bist du doch! Was für eine komische Nummer …»

Schließlich zeigte er mir, wie man es macht. Ich mußte den Rauch tief einatmen! Ungefähr so! – Und ich sollte dabei die Lippen spitzen –: so etwa; es war ausgesprochen einfach …

Er jedenfalls war ein Meister in der Kunst des Rauchens. Sein Gesichtsausdruck wurde ganz ernst, ja feierlich, wenn er an seiner Zigarette saugte wie ein Kind an seinem Schnuller.

Er sah sehr verderbt aus, und doch auch so kindlich – ein pausbäckiges, verkommenes Kindergesicht.

Ich versuchte mein Bestes, es ihm nachzumachen, und nach einer gewissen Zeit wurde ich recht erfolgreich dabei. Nach der zweiten Zigarette fühlte ich mich leicht betrunken, und nach der dritten war ich ganz schön berauscht.

Was für eine merkwürdige Erfahrung! – beunruhigend und bezaubernd! Alle Dinge, mich eingeschlossen, verloren an Gewicht, wurden unwirklich; die Wände, die Stühle, meine Hände, meine Füße, das Bett, der Fußboden, die Zimmerdecke – alle Gegenstände und Gedanken, die Luft, die Probleme; die ganze Welt schien sich aufzulösen in einem Silbernebel – entrückt, verklärt, unbeschreiblich liebenswert, schön. Die Gesetze der Schwerkraft waren aufgehoben.

Ich war ein Vogel, ein Engel, ein Flugzeug, ein springendes Pferd, ein Tänzer. Ich war vollkommen glücklich. Andere Vögel, andere Engel sangen mit mir – ein hinreißender Chor. Sie kicherten, sie kitzelten mich und sie zwitscherten.

«Das tut dir endlich einmal gut», sangen die Engelsstimmen. Und der Chor wiederholte: «Was für eine komische kleine Nummer du bist …»

Ich weinte vor Freude. Es war der Himmel.

Es war die Hölle. Ich litt.

Das Wunder verkam zum Laster; das Laster begann zur Gewohnheit zu werden. Es gab übrigens gewisse Bemerkungen, die Speed auf eine beiläufige und doch unheilvolle Weise fallen ließ, eindeutig geeignet, meine Befürchtungen zu verstärken. Er informierte mich darüber, daß der «Tee» sich verteuert habe: «Das Mädchen ist verhaftet worden – Du weißt, wen ich meine: die uns immer das Zeug verkauft hat …» Mein Herz setzte aus. «Verhaftet?» fragte ich. «Warum?» – «Wie soll ich das wissen?» Er schien an der ganzen Sache kaum interessiert. «Ich nehme an, sie haben sie einfach verhaftet, weil sie herausgefunden haben, daß sie Geschäfte gemacht hat mit Tee und solchem Zeug. – Gut, jeder von uns muß schließlich sein Glück versuchen ...» bemerkte er mit heroischer Gleichgültigkeit, und dann fuhr er fort, mir auf plötzlich sehr distanzierte und abschreckende Weise alles über die Foltern und erniedrigenden Strafen zu erzählen, die die New Yorker Polizei auf Lager hätte für die, die sich Drogen besorgten und in den Drogen-Handel verwickelt wären. Es gäbe gräßliche alte Verliese – nach Speeds Schilderung – auf einer verlassenen Insel, speziell für Rauschgiftsüchtige. Er kam auf grausige Einzelheiten zu sprechen und beschrieb das Ungeziefer und die hungrigen Ratten, von denen es in diesem schauderhaften Gebäude nur so wimmelte. «Dort werden sie uns festhalten, für drei Jahre oder so», schloß er mit bitterem Humor und verlangte dann erneut «ein paar Kröten», weil er nach Harlem gehen wolle. Er hätte dort einen neuen Geschäftsfreund: «Ist auch so ein dreckiger alter Ganove», erklärte er in einem vergnügten Ton, als sei diese Aussage vorzüglich geeignet, mich zu beruhigen und meine Sorgen zu zerstreuen.

Wie oft nahm ich mir vor, diesen teuflischen «Tee» nicht mehr anzurühren. Aber meine guten Vorsätze erwiesen sich als beklagenswert schwach. Ich war nicht stark genug zu widerstehen, wenn Speed vorschlug: «Nehmen wir eine Tasse Tee ...»

Es war der exotische Duft, dieser aromatische Geruch – mild und doch durchdringend –, was ich an Marihuana am liebsten mochte. Es war der einzige Geruch, der sogar die übelriechenden Ausdünstungen von Mr. Prokoffs Haus übertönen konnte. Wenn Speed mit einer neuen Lieferung «Tee» erschien – wenn wir beisammensaßen und rauchten, kicherten, schwatzten –, dann verschwand die öde Behaglichkeit des kleinbürgerlichen Heims. An ihre Stelle trat, wie von Geisterhand herbeigezaubert, eine berückende Aussicht – eine Trauminsel, voller Geschrei und Gesang und würzigen Düften; bewohnt von drolligen Riesen und schelmischen Zwergen; es wimmelte von allen möglichen spaßigen, verführerischen Wesen.

«Ich bin ein Papagei», krähte Speed. «Schau! – mein wunderbar buntes Gefieder ...»

Ich selbst verkündete, daß ich ein riesiger Fisch sei – genauer gesagt ein gigantischer Wal –, und ihn verschlingen würde wegen seiner vielen Sünden.

«Und diese große, glitzernde Schlange dort!» jauchzte Speed, «das ist Lucy! ... Siehst du nicht ihre Augen und das kleine Goldkettchen um ihren Hals?»

«Ich hatte noch nicht die Ehre, dem königlichen Untier vorgestellt zu werden», kicherte ich.

Speed schüttelte sich vor Lachen ... «Du solltest sie kennenlernen, Clarence ... Im Ernst! Du solltest es wirklich.»

Das einzige Mitglied seiner Familie, das ich kennenlernte, war sein Cousin.

Wie deutlich erinnere ich den Augenblick, als er mein Zimmer betrat ... Komischerweise habe ich ein wesentlich genaueres Bild von Jims Erscheinung als von Speeds – obwohl ich Speed mag und Jim unsympathisch finde. Und doch, wenn ich versuche, mir die Einzelheiten von Speeds Zügen vorzustellen, bleiben alle Formen unscharf und verschwommen – vage und zugleich übertrieben leuchtend – beinahe blendend; in andauernder Veränderung, sich auflösend, geheimnisvoll bewegt wie die Oberfläche eines trüben kleinen Sees, aufgewühlt von einer ständigen Brise ...

Mit Jim ist es anders. Er ist breit, stiernackig und bullig – aus einem reizlosen und kompakten Material gemacht. Er ist groß, eindeutig größer als Speed –, aber ziemlich gebeugt, mit einem aufgedunsenen Gesicht. Er hat in meinen Augen ein häßliches Gesicht – und, noch schlimmer, es liegt etwas abstoßend Unehrliches in seinem stumpfsinnigen Ausdruck. Diese überbetonte Simplizität – diese Unschuld-vom-Lande-Attitüde – unbeholfen und selbstzufrieden –; diese linkisch tastenden Gesten – das ganze Auftreten machte mich irgendwie nervös, und gleichzeitig erschreckte es mich ein wenig.

«Das ist Jim», erklärte Speed, und sein Lächeln war halb entschuldigend, halb beschwichtigend – genau die Art von Lächeln, mit dem Damen der Gesellschaft einen Verwandten aus der Provinz einem ihrer reizenden Freunde vorstellen. – «Er ist mein Vetter – soeben aus Carolina gekommen. Ist zum ersten Mal in einer wirklich großen Stadt wie New York. Fühlt sich verloren hier, denke ich – oder nicht, Jim? – Besser wir kümmern uns um ihn, für'n Weilchen.» Mit einem aufmunternden kleinen Lachen schlug er Jim auf die mächtigen Schultern.

Wie zungenfertig und gewandt wirkte Speed im Vergleich zu diesem ungehobelten Cousin! – «Wir werden dich nicht allein lassen», versprach er Jim, dessen Antwort ein idiotisches Grinsen war. – «Clarence ist ein prima Kerl», fuhr Speed fort, und nun erhielt ich einen herzlichen Klaps auf die Schulter. «Er ist übrigens mein bester Freund: der beste, den ich jemals hatte. Er wird uns mit in eine Show nehmen, wenn du eine sehen willst.»

«Klar doch, immer», bellte der Cousin. Seine Stimme war noch entsetzlicher als sein Gesicht –: eine dumpfe Stimme, rauh und dröhnend: völlig unmenschlich, wie die Stimmen dieser «Sprechenden Hunde», die man manchmal im Zirkus sehen kann.

Dann verkündete er, daß er sich am ganzen Körper dreckig fühle – «wie ein altes Schwein». Als er fort war, um sein Gesicht in meinem Bad unters Wasser zu halten, informierte mich Speed heimlich und schnell darüber, daß sein Cousin ein bißchen «beschränkt» sei, aber sonst wirklich kein übler Kerl. Er warnte mich nachdrücklich davor, in Jims Gegenwart etwas von unseren «Tee-Partys» zu erwähnen. … Jim hatte natürlich niemals irgendeine Droge angefaßt: «Er weiß gar nicht, was das ist …»

Nach dem Abendessen nahm ich die beiden Jungs mit in eine Show, und Jim taute auf, als die Stripperinnen das Publikum mit ihren freizügigen Gesten und ihrem gefrorenen Lächeln animierten. «Toll – wirklich» grinste er. Aber sogar sein Lachen klang unheilvoll, wie das Donnern eines herannahenden Gewitters.

Speed schien unterdessen sehr unruhig zu werden, und schließlich flüsterte er mir ins Ohr, daß er sich beeilen müsse – sonst würde er eine Verabredung mit seinem Freund in Harlem verpassen. «Gib mir schnell drei Kröten, oder fünf! Du weißt wofür …» Dann warf er einen raschen Blick auf Jim, der unsere Verschwörung nicht bemerken sollte. «Ich werd ihm sagen, daß ich etwas zu erledigen habe», flüsterte er, während sich sein Cousin diebisch über die glitzernde Parade der Nacktheit freute. «Ich treff dich bei dir zu Hause, um Mitternacht.» – Und er schlich sich aus dem dunklen, schwülen Raum.

Jim, vollständig gefesselt von der Show, hatte sein Gehen kaum bemerkt, und als ich ihm zehn oder fünfzehn Minuten später sagte, ich sei müde und müsse ins Bett, blickte er mich nur mit wäßrigen Augen an und lachte glucksend, wobei sein breiter Daumen auf die strahlende Darbietung weiblichen Fleisches wies. «Alle nackt», kicherte er schwachsinnig. «Ganz ohne Kleider … Magst du sie nicht, Clarence?» –

Es war gut, für eine Weile allein zu sein. Zum ersten Mal, seit ich in Mr. Prokoffs Haus gekommen war, machte mir die Einsamkeit meines Zimmers nichts aus. Erst als Mitternacht vorüber war, begann ich, leicht nervös zu werden. Was mochte mit Speed passiert sein? – Ein Uhr – zwei – halb drei – und kein Speed. – Nicht, daß ich wirklich beunruhigt gewesen wäre. Ich kannte immerhin sein seltsames Verhalten schon. Vielleicht hatte er sich mit einem Kumpel betrunken oder seine Schwester getroffen. An Lucy dachte ich auch, als ich schließlich zu Bett ging. Würde ich sie jemals sehen? ...

Es war spät am folgenden Nachmittag, als Speed endlich auftauchte. Er sah bleich und ernst aus, und ausnehmend hübsch.

Seine Gesichtsfarbe hatte einen Perlmuttschimmer, um seine hellen, schmalen Augen lagen Farbringe. Er lächelte gequält und war ganz niedergeschlagen, als er mich um ein Glas Milch bat.

Seine Geschichte war rührend, obgleich ein wenig konfus. Es hatte eine Razzia in Harlem gegeben, dort, wo er normalerweise den «Tee» kaufte. Er hatte zu fliehen versucht, vergeblich. Sie faßten ihn, als er gerade den berüchtigten Stoff schlucken wollte. Die peinlich genaue Überprüfung auf der Polizeistation dauerte mehr als fünf Stunden. Es war höllisch, wie die ganzen Bullen und Kommissare auf ihn einschrieen, ihn unbarmherzig ohrfeigten und mit allen möglichen heimtückischen Fragen marterten. War er ein Drogensüchtiger? Wer hatte ihn geschickt, den Stoff zu kaufen? Hatte er gewohnheitsmäßigen Umgang mit Kokain und auch Morphium? War er Mitglied einer Geheimorganisation? Wer hatte ihm das Geld gegeben, das sie bei ihm gefunden hatten? – Sie versprachen ihm Zigaretten und Schnaps, sogar Marihuana, wenn er nur den Namen des Großen Unbekannten nannte – seinen geheimnisvollen Auftraggeber. – «Und das bist *du*, Clarence!» Er wies in einem plötzlichen Lachausbruch auf mich. «*Du* bist der Geheimnisvolle!»

Dann wurde er wieder ernst, fast feierlich. «Aber ich würde

es ihnen nicht sagen», versicherte er mit treuherziger Entschlossenheit. «Ich würde dich da nie reinreißen, Clarence –, ehrlich, das würde ich niemals. Du bist mein Freund, und ich will nicht, daß du in diesem Dreck landest. Das wäre ziemlich schlimm für einen Ausländer – sagte mir Lucy. Es würde *sehr* schlimm ausgehen, sagt Lucy …»

Ich mochte diesen drohenden Ton überhaupt nicht, mit dem er seine letzte Bemerkung hervorhob. Es klang wohl reichlich irritiert, als ich zu ihm sagte, daß ich nicht ganz verstanden hätte, wovon er eigentlich spreche; denn ich hätte doch im Grunde nichts mit der ganzen Sache zu tun und niemals Stoff gekauft. – «Es ist schlimm genug, daß du ihn überhaupt *geraucht* hast», entgegnete er mit einem schiefen Grinsen, und dann fuhr er fort, mir zu erzählen, daß seine tüchtige Schwester ihn gegen eine Kaution frei gekauft habe – genauer gesagt, daß sie ihren Freund dazu gebracht habe, das zu erledigen. Speed war entlassen worden auf sein Ehrenwort hin, daß er sich am kommenden Morgen einem Sondergericht stellen würde.

Ich gab ihm mein schönstes Hemd, eine Krawatte und ein paar Socken, damit er bei dieser wichtigen Angelegenheit anständig aussähe. «Mach dir keine Sorgen», sagte ich hilflos. «Alles wird in Ordnung gehen.» – Er lächelte bloß, matt und traurig: «Klar doch, Clarence! Ich hoffe es …» – Er war voller Selbstmitleid und ehrenwerter Absichten. In dieser Nacht würde er früh ins Bett gehen, in der Wohnung seiner Schwester. Sie würde ihn zum Gericht begleiten, wo sein Fall für acht Uhr angesetzt war. Und am Mittag, wenn alles vorbei war, würden wir ein entzückendes Mittagessen einnehmen, alle zusammen – Lucy, Jim, er und ich.

Er wollte gerade gehen, als Jim erschien – finster und mürrisch. Wo Speed gewesen sei, die ganze Zeit? – fragte er verärgert. «Mich alleine zu lassen in dieser besch… Stadt!» – Seine dumpfe, jammernde Stimme klang unmenschlicher denn je. – «Er ist hilflos wie ein Baby – nicht wahr?» stellte Speed mit einer Art zärtlicher Befriedigung fest; dann stürzte er sich in eine absurde Geschichte über «irgendeinen widerlichen Kerl», der ihm einen Job versprochen hätte und ihn dann die ganze Nacht aus reiner Bosheit hätte warten lassen –: «Du weißt ja, wie sie sind, die Dreckskerle …»

Bevor sie gingen, Arm in Arm, fragte mich Speed, mit eigenartig boshaftem Grinsen: «Man sollte es kaum glauben, daß wir Vettern sind – he? Schauen uns nicht ähnlich, Jim und ich. Denkst du, er gereicht mir zur Ehre, Clarence?»

Er lachte lang und herzhaft, dann erklärte er seinem Cousin: «Vor ein paar Wochen hat er nicht verstanden, was ich meinte, als ich ihn dasselbe über Lucy fragte. Er ist eben ein Fremder, wie du siehst, und es gibt eine Menge Wörter, die er nicht versteht. Ich habe ihm einiges beigebracht, aber es gibt vieles, wovon er noch nie gehört hat. Was ist er doch für eine komische kleine Nummer! Er tut mir richtig gut …»

Ich erwartete nicht, ihn vor dem nächsten Mittag wiederzusehen, wenn er von der Gerichtsverhandlung zurück sein mußte. Aber es war halb drei am Morgen, und ich lag im Tiefschlaf, als mich der grelle Ton der Türklingel weckte. Ich fühlte etwas wie einen scharfen Schmerz im Magen, und mein Herz setzte für einen Schlag aus. Ich *wußte* natürlich, daß es Speed war, der klingelte, lauter und lauter – und ich fühlte, daß etwas Furchtbares geschehen würde. Doch ich rührte mich nicht – so, als könnte ich das herannahende Unglück bannen, indem ich mich nicht bewegte, mich versteckte, mich ruhig verhielt.

Schließlich hörte ich, wie die Haustüre aufflog – und das Heulen des Sturms von draußen … Was für eine Nacht! – eisig kalt, unheilvoll und stürmisch, mit starkem Schneefall. Ich hatte schon einige Stunden, bevor ich zu Bett gegangen war, bemerkt, daß ekelhaftes Wetter herrschte. Aber ich erkannte erst jetzt, wie miserabel es wirklich war, als ich in meinem Morgenmantel nach unten eilte, um herauszufinden, was los war.

Die Haustüre stand weit offen. Der tobende Sturm wehte haufenweise Schnee in den Hausflur. Die Straße schien in eine Eis-Wildnis verwandelt – eine Polarlandschaft, erstarrt und zugleich prunkvoll verschönert durch diese gewaltigen Massen von bleichem, flockigem Stoff. Gegen diesen verblüffenden Hintergrund aus wehendem Weiß hoben sich die beiden schwarzen Silhouetten von Speed und Jim ab, die sich in verzweifelter Zärtlichkeit aneinanderklammerten: beide torkelnd gegen die Wand gelehnt – beide kurz vor dem Umfallen. Einige Schritte von ihnen entfernt, mitten im Hausflur, stand Mr. Prokoff, in einem abgetragenen Pyjama aus Brokatstoff – dem merkwürdigsten Pyjama, den ich je gesehen habe –; die Arme zu einer theatralischen Geste überschwenglicher Verzweiflung ausgebreitet, schimpfte, fluchte, klagte er: «Ach, mein Teppich, meine Vorhänge, mein Haus! Alles kaputt, versaut! – Mein anständiges Haus – *verwüstet* von diesen dreckigen Schuften! Unerhört, hierherzukommen – mitten in der Nacht, in diesem skandalösen Zustand! Eine *Unverschämtheit*! ... Ach, alles voller Schnee! ... Meine Teppiche! Der gepflegte Parkettboden! – Was wird Anita sagen! ...» Er sah höchst mitleiderregend aus, wie er so da stand, einem monströsen Vogel gleich, der wild den Kopf bewegte und mit seinen langen flügelhaften Armen flatterte.

Ich flehte ihn an, sich zu beruhigen und sein Zimmer aufzusuchen. Aber er klagte weiter und schüttelte seine kraftlosen Fäuste. Erst als ich die Türe schloß, begann er sich schließlich zurückzuziehen. Er sah schrecklich alt aus, wie er langsam davonwankte und panische kleine Gesten gegen die zwei Eindringlinge machte, als ob sie böse Geister wären, die er zu vertreiben suchte.

Beide waren entsetzlich betrunken. Speed – sein Gesicht, hager und unrasiert, dampfte vor Schweiß – sah verdorbener und wilder aus als je zuvor, und was Jim anbetraf, so schien sein Äußeres noch beunruhigender. Sein Gesicht war blutüberströmt und entstellt von einer schauderhaften Wunde, die seine Oberlippe spaltete. Unaufhörlich rann Blut aus einem klaffenden Riß an seinem Hinterkopf. Es färbte seine Schläfe mit schmutzigem Purpur und hinterließ auf seiner Wange breite Streifen. Sein Mantel war von großen Blutflekken verunreinigt, und an seinen schweren Schuhen klebten aufgeweichter Schnee, Blut und Matsch, vermengt zu einem ekelhaften Brei. Als ich ihn an den Schultern rüttelte, spuckte er eine Menge Blut, und ich konnte sehen, daß einer seiner Zähne fehlte.

Hatte er gerade einen Mord begangen? War er selbst gefährlich verletzt? Er könnte sterben – jetzt, in diesem Haus und in diesem Flur – und ich würde verdächtigt werden, ihn getötet zu haben ... Zweifellos suchte ihn die Polizei: sie könnte ihn hier finden ... Was für ein Skandal! Welche Katastrophe!

Ich dachte an alles und an nichts. Ich frage mich, wie ich es fertiggebracht habe, die zwei taumelnden Trunkenbolde in den zweiten Stock hinaufzuschaffen. Ich wollte mein Zimmer erreichen – so verzweifelt, wie ein Schiffbrüchiger nach einem schwimmenden Holzstück greift. Alles würde besser werden – glaubte ich –, das Schlimmste könnte verhindert werden, wenn es mir gelänge, meine zwei grauenhaften Gäste nach oben zu bringen.

Ich erinnere mich nicht, wie mir der entsetzliche Transport gelang; alles, was ich weiß, ist, daß die Szene noch schlimmer wurde, als wir schließlich mein Zimmer erreichten. Speed warf sich auf mein Bett, während Jim stöhnend auf das Sofa niedersank, seine Beine ausstreckte und seinen Oberkörper wie eine leblose, schwere Masse umkippen ließ. Ich bat ihn, seine Wunden zu säubern und seine schmutzigen Schuhe auszuziehen. Aber er schlug nur den Kopf vor und zurück wie ein Verrückter. «Kann mich nicht bewegen … Kann nicht …» stammelte er. «Fühl mich elend … *Kaputt* – so fühle ich mich …» Während ich noch versuchte, seinen schwankenden Kopf auf ein Kissen zu betten – und überlegte, wo ich ein Stück Watte finden könnte, um das aussickernde Blut abzuwischen –, befleckte Speed für seinen Teil mein Bett auf ganz unbeschreibliche Weise. Ich wollte ihm zu Hilfe eilen; aber Jims Faust, feucht und massig, hielt mich zurück, gnadenlos wie eine eiserne Klaue. Er zwang mich niederzuknien, bis mein Ohr in der äußerst unangenehmen Nähe seines Mundes war – dieses stammelnden, mit Blut gefüllten Mundes. Mir wurde ganz übel beim Anblick seiner dicken, plumpen Zunge, die sich, wie ein hilfloses, gräßliches Tier, mühsam in einem klebrigen Fluß von Blut und Speichel bewegte. Ich schauderte bei dem Gedanken, daß dieser entstellte Mund meine Stirn oder Schläfe berühren könnte, während er mir inbrünstig ins Ohr brummte: «Ich bin Speeds Vetter … bin ich, ehrlich … Glaubst du mir nicht, Clarence?» fragte er in einem plötzlichen Ausbruch von Mißtrauen. Dann beharrte er erneut mit einer Art winselnder Emphase: «Speeds Vetter – das bin ich … Speeds Vetter, von zu Hause …» – Zur selben Zeit kam ein anderes Flüstern von meinem besudelten Bett: es war Speed, der kicherte und stammelte: «Hat mir das gutgetan! … Mordsmäßig gut … Einfach das Tollste, was ich je erlebt habe …»

Ich werde es nie vergessen – niemals. In meiner Erinnerung ist alles lebendig, und alles wird bleiben –; die Dialogfetzen der beiden Stimmen – diese wenigen, schwachsinnigen

Wörter, endlos wiederholt mit wahnsinniger Monotonie –; der ekelhafte Geruch, das Stöhnen, die schmerzverzerrten Gesichter der beiden Sünder – und das Blut … Meine Hände, meine Kleider, die Möbel, der Teppich – alles von Blut befleckt; eine klebrige Blutpfütze bedeckte große Teile des Bodens – und wuchs ständig: nahe daran, den gesamten Raum zu überschwemmen.

Ich bin kein Held. Ich fürchtete mich zu Tode vor diesen wilden Burschen, die nun in ihrem eigenen Dreck schnarchten. Ich fand sie nicht lustig. Zweitausend von diesen Typen – stellte ich mir vor – wären in der Lage, eine Stadt zu zerstören: zwei Millionen – könnten einen Kontinent verheeren …

Die beiden, Speed und Jim, hatten eine teuflische Fähigkeit bewiesen, mein Zimmer in ein stinkendes Chaos zu verwandeln.

Ich war ihr Gefangener – gefesselt durch meine Furcht vor diesen zwei jungen Ungeheuern, die aufwachen und ihr Zerstörungswerk fortsetzen könnten. – Wie quälend lang war die Nacht! Sie schien endlos … Ich versuchte, mit einem Lappen und einem Fetzen Papier den Boden zu säubern, das Bett und das Sofa! Die beiden schliefen wie Säcke –: Jim lehnte noch in der Sofaecke – mit offenem Mund, die blutigen Hände über dem Bauch gefaltet, ein seltsam frommes Bild; Speed ruhte friedlich mitten im abscheulichsten Morast.

Nachdem ich die erniedrigende Arbeit beendet hatte, die darin bestand, die augenfälligsten Spuren der vandalischen Raserei zu beseitigen, sank ich – völlig erschöpft – in den Sessel, der in der Nähe des offenen Fensters stand. Es war eiskalt; aber als ich das Fenster schloß, wurde der Gestank unerträglich. So saß ich da, frierend, und starrte in den engen Hinterhof. Schneefall und Sturm hatten aufgehört. Es herrschte vollkommene Stille. Mit traumverlorener Aufmerksamkeit beobachtete ich das geheimnisvolle Spiel der Schatten, das die Höhlen und kleinen Schluchten des zusammensinkenden Schnees mit seinen vielfältigen, wechselnden Färbungen ausfüllte. Allmählich trat der fahle Schimmer der Morgendämmerung an die Stelle der nächtlichen Symphonie aus tiefem Blau, purpurnem Schwarz und melancholischem Grau.

Ich mußte etwas eingenickt sein, trotz der beißenden Kälte und der unbequemen Lage. Das Flüstern, das mich weckte, war das von zwei gerissenen Verschwörern. Sie hockten beieinander, Speed und Jim, auf meinem zerwühlten Bett. Jim hatte sein Gesicht gewaschen. Seine Wunde sah weniger gefährlich aus als noch vor wenigen Stunden. Seine Lippen waren böse geschwollen, und auf seiner Wange zeigte sich eine häßliche Schramme. – Speeds weißes Gesicht schien gehärtet und gestrafft, so, als wäre er älter geworden und erfahrener durch die vielen bösen Taten während dieser schrecklichen Nacht. Seine Stimme klang seltsam dumpf und ausgedörrt – die Stimme eines Lügners, der von seinen eigenen Erfindungen gelangweilt oder sogar angeekelt ist –, als er mir, flüchtig und verschwommen, eine komplizierte und phantastische Geschichte von einer «Spelunke» erzählte, wo sie mit einigen Kerlen Karten gespielt hätten. Sie hätten wirklich Glück gehabt und eine Menge Geld gemacht, es sei ihnen aber prompt geraubt worden, und zwar von derselben Bande, die es zuvor an sie verloren hatte. Es hätte sehr böse ausgesehen –: vier mächtige Kerle hätten sie in einer dunklen Straßenecke angesprungen. Ein schrecklicher Kampf – das sei es wirklich gewesen. «Und die Bullen haben auch mitgemacht dabei», beendete Speed seinen Bericht geheimnisvoll.

«Und *warum* sind wir in diesen Schlamassel geraten?» fragte er mich nach einer theatralischen Pause. «Nur wegen *dir*, Clarence!» – «Bestimmt», beharrte er, als ich mit einer Geste des Erstaunens und des Protestes reagierte, – «Es ist *deine* Schuld, daß ich blau war und mit diesen Schweinehunden aneinandergeraten bin, und überhaupt das ganze Affentheater. Ich konnte nicht schlafen – ehrlich, ich konnte nicht –, weil ich immerzu an dich gedacht habe: Was wird mit dir passieren, wenn ich den Richtern erzähle, für wen ich den Tee gekauft habe? – Und wenn ich es ihnen nicht sage – was wird dann mit *mir* geschehen? Mann, ich *kenne* die Tricks, mit denen sie jeden zum Sprechen bringen. Sie schlagen mich zusammen, Tag und Nacht. Sie werden mich nicht schlafen lassen und mir Fragen stellen, Stunden um Stunden – bis ich den Verstand verliere und zusammenbreche und ihnen am Ende erzählen werde, was sie hören wollen.»

Das klang natürlich furchtbar. Ich wußte nicht, was ich sagen sollte. Aber da Speed gnadenlos schwieg, mußte irgend etwas gesagt werden. So murmelte ich schließlich: «Was wirst du jetzt tun?»

Speed zuckte die Schultern, spitzte seine Lippen, als ob er pfeifen wolle, und erklärte dann, beiläufig und doch bestimmt: «Es gibt nur *eins* zu tun. Ich muß die Stadt verlassen. Das ist alles.»

Die Stadt verlassen? – Ich war ziemlich verblüfft. Würden sie ihn nicht genausogut in einem anderen Staat fangen? Und was war mit der Kaution, die seine Schwester bezahlt hatte?

Er erläuterte – immer auf diese merkwürdig distanzierte, geschäftsmäßige Art –, daß alles berücksichtigt und bestens arrangiert sei. Er hätte beschlossen, nach North Carolina zurückzukehren, mit seinem Vetter Jim. Lucy hätte dieser einzig vernünftigen Lösung zugestimmt. Sie würde kein Geld verlieren – nicht *Lucy*! Ihre ausgezeichneten Verbindungen zu gewissen großen Tieren im Polizeihauptquartier schützten sie gegen jede Gefahr und jeden Verlust. «Wir brauchen nur zu verschwinden, Jim und ich – und alles ist in Ordnung», schloß er und sah dabei gefaßt und bitter aus.

Alles, was er brauchte, waren fünfzig Dollar – für die Busfahrt und verschiedene andere Auslagen. Glücklicherweise hatte ich gerade Geld, weil es Monatsende und die Miete fällig war. Ich sehe noch Speeds Gesicht – blaß und konzentriert –, wie er das Geld zählte. Er hielt zwei Streichhölzer zwischen den Zähnen, die er nervös von einem Mundwinkel zum anderen schob – duftlose, winzige Blüten, verdorrt von der Hitze seiner gierigen Lippen.

Er rief die Busgesellschaft an – der Bus fuhr in ungefähr einer Stunde – und dann seine Schwester Lucy. Der Abschied war erstaunlich kurz und schmerzlos. «Auf Wiedersehn, meine Liebe. Bleib gesund. Ich werd dir schreiben.»

Als er die merkwürdige Unterhaltung beendet hatte, fragte ich ihn unvermittelt – und ich wunderte mich sofort, warum ich es tat –: «Hast du keine Angst vor dem Jüngsten Gericht, Speed?»

Sein Gesicht wurde kalkweiß – wie erleuchtet, für einige atemberaubende Augenblicke, durch den Widerschein einer mächtigen, weißen Flamme. Zugleich lächelte er – ein schmerzliches, verzerrtes Lächeln. Dann sagte er, sehr kurz und ohne mich anzuschauen: «Du weißt nicht, wovon du redest.»

Für eine Weile schwiegen wir alle drei. Schließlich machte Speed eine ungeduldige Bewegung, als wolle er etwas beiseite wischen – einen Schatten oder eine Eingebung, die er störend fand. – «Ich denke, ich sollte meine Sachen packen», sagte er, während er ziellos durch den Raum wanderte.

Aber es gab nichts zu packen.

Inzwischen bürstete Jim geschäftig seine Kleidung. Als er entdeckte, wie schmutzig sein Mantel war, brach er in ein Klagegeschrei aus: «Wie kannst du mich nur in so einem dreckigen Zeug reisen lassen?» – Seine lauten Vorhaltungen schienen Speed auf die Nerven zu gehen. – «Sei still!» schrie

Speed und wirkte dabei plötzlich außerordentlich nervös; dann erklärte er, wieder ruhig, mit verletzender Gleichgültigkeit: «Er wird dir *seinen* Mantel geben, nicht wahr, Clarence?» Als ich zögerte, fuhr er mit erschreckender Liebenswürdigkeit fort: «*Natürlich* wirst du, du kannst dir einen neuen leisten, oder nicht? Du willst doch nicht, daß sich mein Cousin erkältet ...»

Ich nahm meinen Mantel aus dem Schrank. Es war ein schönes, gediegenes Stück, mit Seide gefüttert, sehr bequem und warm. Anna hatte ihn für mich gekauft, in Wien, vor vielen Jahren. – «Hier ist er», sagte ich. Jim betastete das gute Material mit einem zufriedenen Grinsen: «Modisches Zeug – nicht wahr?»

«Ist schon gut», sagte Speed voller Ungeduld.

Schließlich gingen sie. «Adieu», murmelte Speed, hastig und irgendwie verschämt. «Halt die Ohren steif.»

An der Tür blieb er stehen und zögerte einen Moment. Dann drehte er mit einer scheuen und anmutigen Bewegung den Kopf und sagte schnell:

«Sei mir nicht böse, Karl.»

Es war das erste Mal, daß er mich mit meinem richtigen Namen ansprach. Es klang merkwürdig und rührend, wie er ihn aussprach – langsam und vorsichtig, als wäre er etwas Kostbares, das er nicht verletzen wollte.

Draußen schneite es wieder. Ich dachte an Speed, der keinen Mantel hatte. Ich hätte *ihm* den Mantel geben sollen, wenn ich ihn schon verschenken mußte ... Aber Speed braucht wohl keinen Mantel.

Allein. So war ich wieder allein. Allein mit dem Gestank, dem dunklen Zimmer, den vertrauten Erinnerungen ... Ein abgetragener Mantel, blutverschmiert, und der vulgäre Glanz von Miss Lucys Bild – das sind die armseligen Trophäen meines Abenteuers.

Erzählung 1940

Innerlich fühlte ich eine Leere – die mich traurig machte und zugleich erleichterte: Das seltsame Zwischenspiel war vorbei …

So dachte ich.

TEIL II

ARTIKEL, KRITIKEN UND EIN BRIEF

Gottfried Benns Prosa

Das Abseitsstehen Gottfried Benns, seine Verbitterung ist einer der Beweise für die Instinktlosigkeit des großen Publikums, für den Mangel an fruchtbarer Aktivität bei der literarischen Presse. Wenn einem Ruhm gebührte, so diesem. Feststellungen, wie er sie in «Summa Summarum» über seine äußere Karriere, über seine Einnahmen macht, sind beschämend für alle, die Ruhm inszenieren oder ihn genießen.

Sein Band Prosaschriften (bei Gustav Kiepenheuer erschienen) beweist nur aufs neue, was allen, die seine Lyrik kennen, seit langem Tatsache ist: daß hier eine dichterische und intellektuelle Energie von gespanntester Intensität ihren eigensten und unerbittlichsten Ausdruck findet.

Er hat beides: die Leidenschaft der Analyse, des Zersetzens, des Hasses; und das Pathos der Vision, des dichterischen Blickens und Ahnens. Er ist präzise in der Berauschtheit, wissenschaftlich in der Ekstase. «Die Kategorie, in der der Kosmos offenbart wird, ist die Kategorie der Halluzinationen», formuliert er seherisch, aber genau.

Inbrunst und eine Genauigkeit, die zur grausamen Verbissenheit wird, sind charakteristisch für seinen Stil. Mit inbrünstiger Genauigkeit dient er dem Wort. Jedes ist eine Beschwörungsformel. Er nimmt einen Begriff, einen fremden, großtönenden, hält ihn hoch, läßt ihn leuchten – und Vergangenheiten werden lebendig, Mythen atmen, weiß Gott wie fremde Atmosphären wehen uns an. «Worte, Worte – Substantive! Sie brauchen nur die Schwingen zu öffnen, und Jahrtausende entfallen ihrem Flug.» So huldigt er der «schwer erklärbaren Macht des Wortes, das löst und fügt».

Wer sich dem Wort und seinem Mysterium mit solcher Ergriffenheit naht, wird für das Phänomen des Dichterischen, des Künstlertums überhaupt keine frisch-fromm-fröhlich materialistische Erklärung finden. Über künstlerisches Pathos und Schicksal finden sich wundervolle Aussagen und Andeutungen in der Rede für Klabund, der sein Freund war. Diese Andeutungen werden klarer in dem zeitpolitisch radikalen Aufsatz über «Kunst und Staat». Mit größerer Ehrfurcht und mit ahnungsvollerer Einsicht kann das Wesen der Kunst nicht betrachtet, nicht diskutiert werden. Wer vor dem mystischen Phänomen der künstlerischen Produktivität nicht fromm wird, soll über weniger verfängliche Themen seine Meinungen aufschreiben, über dieses Gebiet aber den Mund halten. Am erschütterndsten wird die Aussage dessen sein, der die unerklärbare Erscheinung aus der dunkelsten Intimität seines Ichs, aus eigenstem Erleben kennt: das heißt: erlebt, erlitten, aber nie verstanden hat. Er spricht von der «produktiven Substanz aus dem Dunkel des Irrationalen, substantiell aus Vorzeiten im Menschen liegengeblieben, Mammutmasse und Schöpfer des Gehirns».

Gottfried Benn bedeutet eins der nicht sehr häufigen Beispiele dafür, daß politisch-kultureller Radikalismus nicht mit einer absichtlichen Verengung des geistigen Horizontes identisch sein muß. Oft vereinfacht Radikalismus auch Probleme, die zur Vereinfachung nicht taugen. – Radikaler als diese kann niemand sein, niemand kann leidenschaftlicher hassen, ändern und bessern wollen. Manifeste wie «Dein Körper gehört dir» (gegen den Abtreibungsparagraphen) sind tendenziöses Kunstwerk von prachtvoller Schärfe.

Trotzdem fehlt der Materialismus, der programmgemäß doch dazu gehörte. Die überraschende Behauptung, Kunst sei immer und glattweg als «Propaganda» für gewisse Wirtschafts- und Regierungsformen erklärbar, findet sich nicht bei Benn, der die Kunst das «isolierte Phänomen, individuell, unfruchtbar und monoman» getauft hat.

Der Dichter ist revolutionär, gegen die Mitte. Sein Haß gegen das juste milieu, das Bürgerliche, die «Demokratie» wird zum Krampf, zur Ekstase; der Begriff des «Fortschritts» zum roten Tuch, der Entwicklungsgedanke zur «proletischsten Idee des Abendlandes».

Unstillbar sein Heimweh, sein Durst nach Menschheitsepochen, die tragisch und entfernt von der Idee des Fortschritts waren; daher sein sehnsüchtiges Heraufbeschwören und Anrufen ägyptischer, frühgriechischer Weisheiten und Gestalten. Trostlos sucht er hinter der Maske einer glatten Gegenwart das wahre Antlitz des Lebens, «dunkel und wundenvoll».

Es ist der Schmerz, den er sucht; ihn, den alles Mittlere, alles eudämonistisch Schlaue meidet und flieht. «Schmerz» heißt sein Zuruf. «Faustschlag gegen das Pamphlet des Lebens aus dem ausgefransten Maule hedonistischer Demokratien, Chaos, das die Riesenfelder bürgerlicher Ratio überfegt und tief vernichtet und den Kosmos sich neu zu entfalten zerstörend zwingt – Wort aus den Reichen, wo das Schicksal waltet.»

Wer so ruft, steht vereinsamt. Er läßt seine Stimme klagen, dabei wartet er kaum mehr auf Antwort. Der Rest ist Bitterkeit, Einsamkeit, Haß. – Der Haß eines solcherart Vereinsamten ist positiver, befruchtender, stärker als unsere kompromißbereiten Liebenswürdigkeiten.

Der erste Teil seines Buchs, die «novellistische Prosa», ist der Sehnsuchtsruf, das Aufklagen und Aufsingen; der zweite Teil, die Essays: der Haß gegen die Zeit, die Bitterkeit, die Tendenz gegen sie und über sie hinaus.

Der Zugang zu der lyrisch gesteigerten Prosa ist mir durch gewisse Sprachallüren erschwert, die oft zu sehr an die «expressionistischen» erinnern, an den übertriebenen Jargon der Nachkriegsjahre, dessen krampfhafter Akzent uns so befremdlich geworden ist. Die energievibrierende Sachlichkeit der Essays – etwa der Aufsätze über das «moderne Ich», über

«Staat und Kunst» – klingt unserem Ohr pathetischer, erschüttert uns unmittelbarer als der Wortreichtum der phantastischen Erzählungen.

Er wirkt oft am stärksten, wenn er schnoddrig wird: «Wie soll man da leben?» heißt es einmal. Die Antwort von schauerlicher Trockenheit lautet: «Man soll ja auch nicht.» Dies zynische Achselzucken birgt mehr Verzweiflung und mehr Erkenntnis als ein pessimistisches Lehrsystem.

Aus demselben Munde tönt das Gedicht von sanftester und bereitester Todesnähe, wo aus der Bitterkeit das tiefere Gefühl blüht: die Trauer, die das tiefste Gefühl ist. «Der Tod steht heute vor mir wie ein Geruch von Myrrhen, wie ein Geruch von Lotosblumen, wenn man am Ufer der Trunkenheit steht.»

Im ersten Teil, der die Abenteuer, Irrfahrten, und Verzweiflungen eines radikal vereinsamten, tragisch isolierten Ichs schildert – «die tiefe, schrankenlose, mythenalte Fremdheit zwischen dem Menschen und der Welt» –, glühen Farben von der mystischen Schmerzenseindringlichkeit des Van Gogh, dessen Geist in dem Prosastück über den Garten von Arles beschworen ist; im zweiten Teil glühen die Erkenntnisse. Die aufgewühlte Exaktheit, die bebend beherrschte Weißglut dieses untersuchenden, fordernden, ersetzenden Stils erinnerte mich an die Prosa Ernst Blochs, dem Benn im Geiste der Utopie und im Zeichen einer hohen Revolution verwandt ist. Daß dieser unversöhnliche Feind der Wissenschaft, der Aufklärung und jeder Art «19. Jahrhundert» im Nebenberuf Arzt sein muß, scheint ein blutiges Paradox. Es ist trotzdem charakteristisch. Wenn er etwas nicht ist, dann «Schöngeist». Sein Umgang und seine Vertrautheit mit des menschlichen Körpers Schmutz und Schwäche feit ihn vor jeder Sentimentalität. Die kleinen und delikaten Gefühle, die uns, die wir uns mehr mit Literatur als mit Tripperspritzen beschäftigt haben, erregen, kommen nicht mehr in seine Nähe. Mit ihm verglichen sehen wir alle ein bißchen wehleidig, ein bißchen verzärtelt aus.

Darum gibt es junge Leute, die ihn mehr als irgendeinen anderen verehren. Ich kenne solche, in Berlin, in Paris. Er ist ihr Vorbild, in ihrer Lyrik, ihrer kritischen oder hymnischen Prosa erkennt man seinen unverkennbaren Tonfall wieder. Er wirkt, er hat Einfluß, wenn auch nur auf Vereinzelte.

Es sollten ihrer mehr werden. Zwischen vielen verschwommenen Gesichtern hat sein Antlitz die vom Schmerz gehärtete Kontur des Auserwählten.

Gottfried Benn oder Die Entwürdigung des Geistes

Im Mai dieses Jahres schrieb ich an den Dichter Gottfried Benn einen Brief. Die Verehrung, die ich für ihn gehabt hatte, machte es mir zum Bedürfnis und gab mir das Recht, ihn um Aufklärung zu bitten, ob Gerüchte, die mir über seine geistig-politische Stellungnahme zu Ohren gekommen waren, den Tatsachen entsprächen. Die Aufklärung, um die ich ihn als Leser, als Bewunderer, fast als Freund privat ersucht hatte, gab er mir in Form eines offenen Briefes, «An die Emigranten», den er im Rundfunk verlas und der in der «Deutschen Allgemeinen Zeitung» publiziert wurde. Der peinlichen Aufgabe, auf diesen Brief Gottfried Benns, der mich durch die Tiefe seines sprachlichen und moralischen Niveaus, durch die Unhaltbarkeit und Verwirrtheit seiner Argumente und durch die Infamie seiner lügenhaften Angriffe gegen im eignen Land Wehrlose entsetzt hatte, meinerseits zu erwidern, war ich enthoben: andere sagten, was zu sagen war, Benn wurde mit Erwiderungen überschüttet. Ich konnte schweigen, und mit meiner Enttäuschung über den einst Hochgeschätzten allein fertig werden.

Dieser Brief, diese Ansprache an uns «Emigranten» bildet das zweite Stück in dem Buch *«Der neue Staat und die Intellektuellen».* Ihm vorangestellt ist eine andre Rundfunkrede, die den Titel des Buches trägt und womöglich noch platter, geistig noch magerer, auch noch bösartiger ist. Beide Arbeiten zusammen nennt der Autor «das Resultat» seiner «fünfzehnjährigen gedanklichen Entwicklung». Ein bescheidnes Resultat, muß man sagen. Es wird nicht üppiger, wenn man den letzten Aufsatz des Buches, den schlimmsten und schlechtesten, «Züchtung», dazuhält. Im übrigen besteht das neue Werk Gottfried Benns, das die Deutsche Verlagsanstalt seinem neuen Publikum vorlegt, aus dem Abdruck älterer, auch in Buchform erst sehr kürzlich erschienener Arbeiten. – Wie fassen wir es zusammen, dieses Resultat einer fünfzehnjährigen Gedankenentwicklung? Es ist gewiß nicht das Bekenntnis zum «Irrationalen», das Verfluchen des «Intellektualismus» – diese Gebärden sind nicht neu, man kann sie kein Resultat nennen, andre haben solche Gedanken vor ihm und mit ihm gehabt, sie sind überhaupt nicht das Privileg derer, die heute durch «Irrationalismus» Bestialitäten entschuldigen wollen –; nein, als Resultat der Gedankenarbeit kann man wohl nur bezeichnen: das hingerissene Bekenntnis zum «totalen Staat», das er mit allen Leitartikeln des vergewaltigten Deutschlands gemeinsam ausstößt; die Erkenntnis, daß das Volk nicht Glück will, auch nicht Arbeit, sondern «Züchtung»; die unsinnige, hohle und demagogische Formel von der «militanten Transzendenz» – nicht «militaristisch», wohlverstanden, sondern «militant», es ist ein so zarter Unterschied, wie Herr von Papen ihn machte, als er sich für die Friedensliebe erklärte, nachdem er den Pazifismus verdammt hatte –; den Hohn auf die Geistesfreiheit, die keinen Platz mehr hat im autoritären Staat, im «Sklavenstaat, um es einmal ganz klar auszudrücken» (ich zitiere); schließlich noch das Kapitulieren vorm Kitsch, Marke Braunes Haus, «nordisch, darüber Schwerter». Was er gelernt hat, seit er der Prophet des Dritten Reiches wurde, ist *nicht* das Wissen darum, daß wir keine reinen Gehirnwesen sind, das wußte er doch wohl schon, als er sich noch von denen in die Akademie protegieren ließ, die er heute mit plumpen Anspielungen beleidigt, und als er noch Heinrich Mann bewunderte statt Hitler, er wußte es damals schon, und wir wußten es mit ihm; was er aber inzwischen gelernt hat von seinem Halbgott, seinem Führer, der den Terror nicht will, sondern der Geist und Macht in der SA miteinander identisch werden läßt, das sind jene Tricks, die darin bestehen, mit dem Gesicht nach Europa gewendet heuchlerisch vom «neuen deutschen Menschen» zu behaupten: «Er wird sich gegen niemanden erheben» – im selben Aufsatz aber drohend zu konstatieren: «Frieden in Europa wird es nicht mehr geben» –, und ihm, dem neuen Deutschen, scheußlicherweise Gehirne mit Eckzähnen, dann geradezu Gehirne mit Hörnern zu wünschen – Monstrositäten, an denen freilich dem Neudeutschen, der doch keinesfalls als Träumer vorzustellen ist, weniger liegen dürfte als an einer tadellosen Luftflotte, wofür Göring zuständig bleibt. Was er gelernt hat – es ist nicht viel anderes als die Tücke, die Unredlichkeit, mit welcher er auf die Frage, ob er «links» oder «rechts» sei, ausweicht mit der Erklärung, er sei keines von beidem, sondern «zentral» – was in diesem Zusammenhang keine Antwort, sondern eine Redensart ist.

Was nutzt es zu polemisieren? Halb pathologisch, halb nur gemein entwürdigt sich ein großes Talent vor unseren

Gottfried Benn oder Die Entwürdigung des Geistes

Augen. Es ruiniert sich auch, während es sich prostituiert. Benn schreibt plötzlich schlecht. Sein Stil wechselt zwischen einem routinierten Pathos, das Wiederholung, pures Selbstzitat ist, und einem hohlen, rasselnden, sogar unbeholfenen Zeitungsklischee. Es gehört Mut, es gehört wohl auch einfach Mangel an Scham dazu, ältere, schöne Arbeiten neben diese neuesten zu stellen, in denen er aus einer Philosophie, die immer gefährlich, aber oft verführerisch war, so nichtswürdige Konsequenzen zieht. Wie peinlich, wie deplaciert nimmt sich der große Aufsatz über «Goethe und die Naturwissenschaften» hier aus, der in einem anderen, so anderen Rahmen bedeutend wirkte. Goethe – und im selben Buch das frevlerische Gefasel von Gehirnen mit Eckzähnen: eine Niedertracht ist es, eine Niedertracht.

Was nutzt diskutieren? Es fehlen die Voraussetzungen dafür. Es fehlt die Würde des Geistes, sein Ernst, sein Verantwortungsgefühl. Wo hier die eigene Hysterie, die eigene Überspannung Raserei und Verblendung noch nicht komplett machten, da halfen verlockende Chancen für neuen Ruhm, für unerwartet repräsentative Stellung nach – und das Resultat einer fünfzehnjährigen gedanklichen Entwicklung ist ein Verrat am Geist, wie er sogar in *diesem* Deutschland ohne Beispiel ist bei einem Schriftsteller solchen Rangs. Außer Kummer und bittrer Enttäuschung nehmen wir *nichts* mit aus diesem Buch, nicht einmal einen Stachel, nicht einmal eine Beunruhigung. Nur das eine wollen wir uns gesagt sein lassen, was er den jungen Leuten raten zu müssen glaubt: «Halte dich nicht auf mit Widerlegungen und Worten! *Habe Mangel an Versöhnung!*» Mangel an Versöhnung – nun lernen wir ihn. Das Schauspiel dieses Verrates am Geist, das uns sonst nur Ekel einflößen könnte, lehrt uns doch eines: Unversöhnbarkeit gegen die Verräter.

Kultur und «Kulturbolschewismus»

Der Ausdruck «Kulturbolschewismus» ist die Waffe, mit welcher die heute Deutschland beherrschenden Mächte jede geistige Leistung unterdrücken, die nicht ihren eigenen politischen Tendenzen dient. Was «Kulturbolschewismus» eigentlich ist, wäre schwierig zu definieren. Wie das ganze Pathos dieses «neuen Deutschland» ist auch dieser Begriff am leichtesten *aus dem Negativen* zu erklären. (Das neue deutsche Pathos bewährt sich sehr viel leichter *gegen* als *für* etwas: *gegen* den Marxismus, *gegen* den Versailler Vertrag, *gegen* die Juden.) Der Geist des «Kulturbolschewismus» ist also zunächst einmal kein rein nationalistischer Geist – womit er eigentlich schon gerichtet ist. Im übrigen braucht der Kulturbolschewist mit Bolschewismus nicht das Allermindeste zu tun zu haben, und hat es tatsächlich auch nur in den allerseltensten Fällen; es genügt, wenn er gar zu viel mit Kultur zu tun hat, die an sich schon verdächtig macht. Jedenfalls verdient er es, zugrunde zu gehen, weil er «undeutsch» ist, auch nicht «aufbauwillig», «jüdisch-analytisch», ohne Ehrfurcht vor den guten alten Überlieferungen (als da sind: Corpsstudenten und Parademärsche), nicht genug «erdgebunden», nicht genug «dynamisch» und deshalb – gräßlichster aller Vorwürfe! – «pazifistisch»! – Der Kulturbolschewist ist mit Frankreich, den Juden und Sowjetrußland verschworen. Er ist sowohl Marxist als Anarchist (alles wird in einen Topf geworfen). Er bekommt täglich Geld von den Freimaurern, von den Zionisten und von Stalin. Er ist auszurotten.

Interessanter, als diesem in seiner völligen Unklarheit grotesken Begriff des «Kulturbolschewismus» nachzugehen, ist es festzustellen, was er in Deutschland an kulturellen Werten jetzt schon alles *vernichtet* hat. Wir wollen dabei hier nicht von Organisationen sprechen, die ihrem Wesen nach zwischen Geist und Politik stehen und deren Ehrgeiz vielleicht dahin geht, zwischen diesen beiden in Deutschland so getrennten Elementen zu vermitteln – etwa der Liga für Menschenrechte, der Roten Hilfe, den verschiedenen pazifistischen Verbänden: ihre Unterdrückung könnte noch als eine im Interesse der Herrschenden notwendige Aktion aufgefaßt werden, die sich eben um den Geist nicht kümmern darf. Es genügt, wenn wir uns auf das rein kulturelle Gebiet beschränken. Die neuen Herren scheinen sich, gerade auf diesem Gebiet, sehr reich zu fühlen; oder aber: ihr Gewissen ist gerade hier noch unempfindlicher, als wir es sonst kennen.

Ein Gebiet, auf dem mit besonderer Brutalität «durchgegriffen» wird (wie ein so hübscher Lieblingsausdruck des neuen Jargons lautet), ist natürlich das der *Jugenderziehung*. Es ist von entscheidender Wichtigkeit, daß man den kindlichen Köpfen und Herzen einzig und allein die Bekanntschaft mit jenen Idealen vermittelt, die man heute die «neuen» nennt – etwas paradoxerweise, da es ja eigentlich die ältesten sind. Verboten wurden in Berlin, schon einige Tage nach der nationalsozialistischen «Machtergreifung», die Karl-Marx-Schule, die pädagogisch ein vorzügliches Niveau hielt, sowie die Heinrich-Zille-Schule. Alle anderen freiheitlichen Schulen in Berlin oder im Reich sind bedroht oder schon geschlossen. Besonders mißtrauisch ist man gegen die Freien Schulgemeinden, die sich den Geist der ersten Jugendbewegung bewahren, etwa gegen Wickersdorf oder die Odenwaldschule, wo ein Geist der humanen Toleranz und der Friedensliebe herrscht. Diese Institute gelten geradezu als Brutstätten des Kulturbolschewismus und als abstoßend undeutsch – obwohl gerade sie, wie wir hoffen wollen, die typisch deutschen sind

Unveröffentlichtes Manuskript 1933

oder doch im Ausland dafür galten. Sogar der sehr konservative Kurt Hahn, der seine Landschule Salem am Bodensee durchaus nach englischem Muster leitet und die Verdächtigung, revolutionären Ideen zuzuneigen, durchaus nicht verdient, mußte vorübergehend ins Gefängnis.

Was die *Wissenschaft* und im besonderen die *Universitäten* betrifft, so ist ihr Niveau schon durch den Antisemitismus bedroht, der gerade hier besonders wütend ist. Die deutschen Universitäten waren seit Jahren eine Hochburg der Reaktion. Prominente jüdische Gelehrte wurden an der Ausübung ihres Amtes gehindert, und zwar von Burschen, die auf dieser Erde keinen Verdienst hatten außer dem, der arischen Rasse anzugehören, und auch das ließe sich noch bezweifeln. Der Skandal in Breslau um den Professor Cohn trug sich vor dem offiziellen Herrschaftsantritt Adolf Hitlers zu; ebenso manch anderer Skandal dieser Art in Heidelberg, München, Hamburg usw. Gerade in diesen Kreisen war man auf den neuen Ton vorbereitet. – Als Albert Einstein, dessen Vermögen man beschlagnahmt hat und der auf seine deutsche Staatszugehörigkeit verzichtete, seinen Austritt aus der Akademie erklärte, antwortete diese dem berühmtesten Gelehrten Deutschlands, daß sie keinen Anlaß habe, diesen Austritt zu bedauern. So haben wir unsererseits keinen Anlaß, es zu bedauern, wenn das deutsche gelehrte Leben international sehr bald nicht mehr in Frage kommen wird.

Das Schicksal der großen linksgerichteten oder liberalen *Verleger* scheint noch nicht ganz entschieden. Es wäre gar zu optimistisch anzunehmen, daß sie weiter werden bestehen können. Wenn man sie nicht einfach verbietet, wird man sie langsam abwürgen, was nicht besser ist: die Buchhändler werden ihre Produktion boykottieren oder tun es schon. Zu Bücherverboten ist man noch wenig gekommen, weil diese Materie den neuen Führern zu ferne liegt. Doch hüten sich die Verleger, noch Bücher auszuliefern, die besonders anstößig sein könnten. Die Werke von Lion Feuchtwanger, «Erfolg» und «Der jüdische Krieg», sind praktisch verboten. Die Bücher des satirischen Lyrikers Kästner wurden in einer kleinen Stadt sogar auf offenem Marktplatz verbrannt. Die Namen fast aller deutschen Autoren, die das Ausland kennt, sind im neuen Deutschland verpönt und stehen auf schwarzen Listen: von Wassermann, Thomas und Heinrich Mann über Emil Ludwig, Stefan Zweig, Arnold Zweig, Alfred Kerr, Georg Kaiser, Bert Brecht bis zu Bruckner und Hasenclever. Die Liste könnte beliebig verlängert werden. Kulturbolschewisten, «Novemberlinge», «Asphaltliteraten» sind sie alle und haben dem deutschen Volk stets nur Unehre gebracht (indem sie ihm zum Beispiel den Nobel-Preis und die Aufmerksamkeit der ganzen Welt verschafften). Thomas Mann, den die Prager Presse unlängst den unabsetzbaren und unersetzlichen Sendboten des deutschen Geistes nannte, wird im «Angriff» mit Vorliebe als «Schmierfink» bezeichnet. Was der germanische Faschismus als Ersatz für solche Schmierfinken seiner Nation und der Welt anbietet, sind Autoren wie Hans Heinz Ewers (der berühmt dämonische Edelpornograph, der elende Verfasser der «Alraune») und Hanns Johst, der schon durch die Titel seiner Stücke verrät, wes Geistes Kind er ist: seine letzte Komödie war sehr niedlich «Der Herr Monsieur» genannt und verspottete «die deutsche Ausländerei» – ich möchte nicht wissen, wie.

Die deutsche *Presse* existiert nicht mehr, jede Meinungsfreiheit, auch die bescheidenste, ist mit einem bemerkenswerten Radikalismus (der den der Italiener womöglich noch übertrifft) unterdrückt. Die Zeitungen der Linksparteien sind bekanntlich samt und sonders verboten. Die «große liberale Presse» ist aufgekauft, oder, soweit dies noch nicht, doch gezwungen, mit den Faschisten durch dick und dünn zu gehen

Unveröffentlichtes Manuskript 1933

(sogar der antisemitische Boykott wurde von ihnen mit keinem Wort kritisiert); jedenfalls ohne jeglichen Widerstand eines unrühmlichen und wohlverdienten Todes verstorben. Die Regierungszeitungen lügen schon prinzipiell. Es gibt kein Mittel, sich zu orientieren. Verboten sind selbstverständlich die Zeitschriften, die bis zuletzt eine tapfere Haltung und ein hohes Niveau behielten: «Tage-Buch» und «Weltbühne»; ihre Herausgeber geflohen oder im Gefängnis. Nicht viel besser geht es den katholischen Blättern. Im Fall von Zeitschriften, die gezwungen wurden, ihre Leitung zu wechseln, ist charakteristisch die Wahl der Nachfolger, die man ihnen diktierte: so wurde – um ein Beispiel unter sehr vielen zu nehmen – als Nachfolger des Herausgebers der «Literarischen Welt», Willy Haas, eines sehr verdienstvollen und geistig erfahrenen Literaten, ein gewisser Eberhart Meckel eingesetzt, ein junger Mann Anfang zwanzig, der nicht mehr als einige Gedichte veröffentlicht hat und für den nichts spricht, als daß er einwandfrei blond ist.

Den *Theatern* wird ihr Repertoire meistens von einem «Kampfbund für deutsche Kultur» diktiert; übrigens würden sie es auch sonst nicht wagen, andere als nationalistische Stücke aufzuführen. Die Intendanten, soweit sie jüdisch oder politisch nicht einwandfrei sind, müssen gehen, darunter die Verdienstvollsten und Besten, wie Gustav Hartung in Darmstadt, der André Gides «Oedipe» herausgebracht hat – wenn sie nicht auch noch verprügelt werden, wie es dem Direktor Barnay in Breslau erging. Nicht einmal der ganz große Ruhm schützt, wie der Fall Max Reinhardt beweist, dem man verbietet, in dem Deutschen Theater, das er begründet hat, zu inszenieren. Auch schauspielerisches Genie wird den jüdischen deutschen Schauspielern nicht wieder auf eine deutsche Bühne verhelfen: Elisabeth Bergner, Pallenberg, Kortner, die Massary (um nur die größten Namen zu nennen) würden ausgezischt werden – wenn man es überhaupt noch einmal so weit kommen ließe, daß sie sich zeigten. Männer wie Piscator können schon seit längerer Zeit in Deutschland nicht mehr arbeiten.

Der *Rundfunk*, der ohnedies nicht eben fortschrittlich war, ist völlig zum Propagandawerkzeug der Regierung geworden. Jüdische Sprecher oder Autoren sind ausgeschieden. Wenn Hitler oder Göring nicht gerade Reden halten, wird der «Schlageter» von Hanns Johst aufgeführt. Intendanten von geistigem Ehrgeiz, wie der Leiter des Berliner Rundfunks, Flesch, konnten sich schon vor der «Machtergreifung» nicht mehr halten. – Ein Propagandawerkzeug, auf das viel ankommt, ist auch der *Film*. Jüdische Firmen werden zugrunde gerichtet, damit das Monopol der Ufa vollkommen sei. Der Nero, zum Beispiel, hat man ihren Spitzenfilm, «Das Testament des Doktor Mabuse», ohne jeden einleuchtenden Grund verboten. Verboten sind weiter: alle Russenfilme, alle Filme, die pazifistischer Gesinnung verdächtig sind (angefangen mit «Im Westen nichts Neues»), sowie fast alle, die in proletarischem Milieu spielen (wie Bert Brechts Film «Kuhle Wampe»). Man scheint die Produktion auf Operetten und nationalistische Hetzfilme beschränken zu wollen. Es war typisch, daß, als Herr Goebbels neulich in einer Rede – gewiß versehentlich – unter den Filmen, die als Vorbild dienen könnten, auch den «Potemkin» erwähnte, diese skandalisierende Bemerkung in dem Bericht, den der «Angriff» über die Rede brachte, weggelassen wurde.

Man scheut nicht einmal vor der Schändung der *Musik* zurück, der Kunstart, zu der die Deutschen das sentimentalste und respektvollste Verhältnis haben. Einige der größten deutschen Dirigenten sind Juden. Diese werden von nun an im Auslande arbeiten müssen. Der Fall Bruno Walters hat am meisten Aufsehen gemacht. Die Fälle von Klemperer, Kleiber,

Unveröffentlichtes Manuskript 1933

Blech sind nicht weniger sensationell. Berlin darf nicht nur kein geistiges Zentrum mehr sein, es soll auch seinen Rang als Musikstadt einbüßen. Der boykottierte Dirigent muß nicht einmal Jude sein, es genügt, wenn sonst irgend etwas an ihm einigen SA-Männern mißfällt: der Fall von Fritz Busch, dem seine Tätigkeit als Generalmusikdirektor der Dresdener Oper unmöglich gemacht wurde. Sogar Toscanini wird boykottiert, weil er seinerseits gegen den Boykott Bruno Walters zu protestieren wagte. Ohne Frage wird es der Nationalsozialistischen Deutschen Arbeiter-Partei eine Kleinigkeit sein, dem musikverständigen deutschen Publikum einen Dirigenten vom Range Toscaninis zu präsentieren. – Mit den Orchesterleitern ändert sich auch das musikalische Repertoire. Kulturbolschewisten wie Hindemith (der besonders verabscheut wird) dürfen nicht mehr aufgeführt werden. Neben Richard Wagner wird man vorzüglich dessen Sohn Siegfried pflegen, der bei der Partei hohes Ansehen genießt.

Selbstverständlich ist, daß es der *Malerei* nicht anders gehen darf als allen übrigen Kulturgebieten. Auch hier heißt es: Schluß mit den Experimenten, zurück zur guten alten Zeit, die Siegesallee wird wieder Mode! Das erwachende Deutschland hat ein starkes Penchant zum Kitsch. Bei einem verhafteten Literaten wurde als besonders kompromittierend festgestellt, daß man an seinen Wänden Blätter von George Grosz gefunden habe – wobei sicher nicht nur die politische Gesinnung des Grosz, sondern mehr noch seine «revolutionäre» Zeichentechnik anstößig wirkte. Paul Klee, Kokoschka, Beckmann haben von den deutschen Mauern zu verschwinden. Wer weiß, ob Cezanne und van Gogh noch geduldet werden. – Die Hamburger Sezession wurde verboten, ehe sie noch eröffnet war: sie stand im Verdacht des Kulturbolschewismus. Die Galerie Flechtheim in Berlin ist geschlossen. In Dessau wurden die Noldes, Kokoschkas usw. aus dem Museum gerissen und von den wackeren SA-Leuten beschmiert. Das Wort «Expressionismus» – von dem die guten Nazis so wenig wie von dem Wort «Marxismus» wissen, was es bedeutet – wird synonym mit «Bolschewismus» gebraucht. – Noch mißtrauischer ist man in der *Architektur* gegen moderne Bestrebungen. Das flache Dach, zum Beispiel, gilt von vornherein als eine Art Landesverrat – Gott weiß warum. Architekten wie Poelzig oder Gropius haben im Neuen Deutschland nichts mehr zu suchen, das andere «aufbauwillige» Kräfte braucht. Die Schließung des Dessauer Bauhauses war nur der Auftakt zur Vernichtung neuer architektonischer Tendenzen.

Man sieht: es wird nichts ausgelassen, wir könnten unsere bittere Liste über Tanz und Photographie bis zu Kunstgewerbe und Körperkultur fortsetzen. Kultur und Politik sollen «gleichgeschaltet» werden (um ein anderes neudeutsches Lieblingswort zu gebrauchen). Dies durchzuführen hat man ohne Frage die Macht. Es fragt sich nur, wer auf die Dauer darunter zu leiden haben wird. Wenn uns nicht alles täuscht, wird es Deutschland sein. Denn bekanntlich ist es leichter zu zerstören als aufzubauen. Was aber produziert das Neue Deutschland an kulturellen Werten statt der anderen, die es zerstört? Unsere Skepsis, was diese neuen Werte betrifft, ist abgrundtief. Denn es ist nicht «ein» Geist, der hier gegen einen andersgearteten kämpft, sondern der Ungeist kämpft hier gegen den Geist, und wenn kein Wunder geschieht, bleibt er Sieger.

Unveröffentlichtes Manuskript 1933

Bertolt Brecht und Hanns Eisler: «Lieder – Gedichte – Chöre»

Die erste Publikation des Dichters Bert Brecht in der Emigration umfaßt Verse aus den Jahren 1918 bis 1933. Das Buch beginnt mit der berühmten «Legende vom toten Soldaten» und endet mit dem schönsten Trauer- und Anklage-Lied, das unserem Lande im ersten Jahre seiner totalen Erniedrigung gewidmet worden ist; es heißt «Deutschland» und ist, mit einigen Essays von Heinrich Mann zusammen, die stärkste Formulierung, die unsere Empörung, unser Gram bisher gefunden hat. – Brecht stellt ein literarisches Talent von seltenem Rang und Ausmaß in den Dienst der allerdringlichsten Sache: der Zukunft; er tut es mit einer Unbedingtheit, für die unsere Bewunderung groß ist: wir sagen das um so lieber und um so nachdrücklicher, als wir früher nicht immer zu seinen Bewunderern gehört haben. – Die Entwicklung seines Stils von Song und großer Ballade zum Lehrgedicht, in dem das Gefühl mit einer Art von grimmiger Askese zurückgedrängt ist, wird ganz deutlich in diesem Buch. In den fibelhaft klaren, jedem zugänglichen Lehrgedichten gibt es Prägungen von einer fast erschreckenden Eindringlichkeit, verblüffend einfach, ganz das Ei des Kolumbus: Sie haben den Wert von dichterischen Funden, es sind Eingebungen, ebenso kostbar wie die kostbarsten lyrischen Zeilen. Nur wird der Einfall, die sprachliche Erleuchtung hier nicht mehr für den Ausdruck sentimentalischer Stimmungen verwendet, sondern ausschließlich für die Tendenz, das ist: der revolutionäre Kampf. Diese Verwendung findet der Dichter Brecht im Augenblick die einzig angebrachte und gestattete. Brecht erbringt den Beweis, daß man Talent nicht einzubüßen braucht, wenn man mit solcher Auffassung und Überzeugung dichtet. – Man soll das Buch kaufen, es ist unbedingt anzuraten. Viele Leute werden viele von diesen Gedichten, die in fünfzig Jahren klassisch sein könnten, auswendig lernen und sie singen, in Versammlungen oder um sich und Freunde im stillen Zimmer zu ermutigen. Die beigefügten Noten von Hanns Eisler machen das Buch noch verwendbarer, es soll wirklich eine «Hauspostille» sein. – Die einzige Abteilung des Sammelbande, die seinem übrigen Niveau nicht ganz entspricht, sind die «Hitler-Choräle»: politisch-aktuelle Variationen großer kirchlicher Texte. Der parodistische Einschlag, der ihnen eignet, paßt nicht ganz zu dem leidenschaftlichen Ernst des Ganzen. Auch sind die Originale, die Brecht hier zum Zwecke verulkt, zu hohen Ranges, als daß man ihre Benutzung nicht als peinlich empfände. Dergleichen rächt sich: es ist, als zeichne man politische Karikaturen über einen Dürer. Der Dürer wird nicht totzukriegen sein, er wehrt sich gegen den Mißbrauch, er kommt durch. Dadurch wird dem Zweck, dem die Karikatur dienen sollte, nicht gedient, im Gegenteil. Die Kirchenlieder tönen mächtig hinter und über dem Schabernack, den Brecht mit ihnen treibt. Dabei ist seine eigne Kraft so groß, daß aus ihr Gedichte kommen, die mit Kirchenliedern selbständig konkurrieren können; das beweisen einige Stücke aus diesem Band, zum Beispiel das «Wiegenlied IV» oder das Gedicht «Deutschland», das anhebt:

«O Deutschland, bleiche Mutter!
Wie sitzest du besudelt
Unter den Völkern.
Unter den Befleckten
Fällst du auf.»

Homosexualität und Faschismus

In der Sowjet-Union gibt es neuerdings ein Gesetz, das die Homosexualität unter schwere Strafe stellt. Es klingt überraschend, und man fragt sich, mit welcher Logik und mit welcher Moral eine sozialistische Regierung die Entrechtung und Diffamierung einer bestimmten Menschengruppe rechtfertigt, deren «Verschuldung» in ihrer naturgegebenen Veranlagung beruht: aber es ist so. Übelstände und Skandale in den östlichen Gebieten der Union sollen den Anlaß gegeben haben zu der Einführung des beschämenden Paragraphen – gegen den in mitteleuropäischen und westlichen Ländern die Linke seit Jahrzehnten erbittert kämpft. Zu diesen akuten Anlässen – die gewiß auch mit anderen Mitteln zu beseitigen gewesen wären – kommen aber ohne Frage auch noch Stimmungsmomente. Diese, und keineswegs die akuten Anlässe, halte ich für das Entscheidende. – Mit solchen Stimmungsmomenten meine ich nicht nur und nicht vor allem die in der Sowjet-Union immer deutlicher werdende Neigung, in den erotischen Fragen wieder strenger und konservativer zu denken und zu urteilen – eine Neigung, die sich als Reaktion auf vielleicht maßlos gewordene Freiheiten erklären läßt. Ich meine vielmehr jenes Mißtrauen und jene Abneigung gegen alles Homoerotische, die in den meisten antifaschistischen und in fast allen sozialistischen Kreisen einen starken Grad erreicht haben. Man ist nicht mehr weit davon, die Homosexualität und den Faschismus miteinander zu identifizieren. Hierzu darf nicht länger geschwiegen werden. Wir bekämpfen Rassenvorurteile. Und inzwischen wollen wir das unvernünftigste Vorurteil gegen eine bestimmte geschlechtliche Veranlagung überhand nehmen lassen?

Man scheint vergessen zu haben, von welcher Seite das

meiste für die Diskreditierung und Diffamierung der Homosexualität getan wurde. Der Paragraph 175 wurde in Deutschland vertreten und aufrechterhalten durch die reaktionäre Bourgeoisie und durch die Kirche, die grade hier die Seite ihres Wesens zeigte, die uns immer fremd und feindlich an ihr bleiben wird. Was fortschrittlich war, stand *gegen* den Paragraphen. Der Kampf gegen die Homosexualität war bürgerlich-«moralische» Angelegenheit; er wurde mit demselben Pathos geführt wie der gegen die «freie Liebe» – also mit dem Pathos einer «Moral», die wir heute nicht einmal mehr bekämpfen (wie etwa Wedekind dies noch tat), sondern für die uns das Verständnis einfach fehlt. Der Begriff des Moralischen selber hat sich gewandelt. Wir akzeptieren ihn wieder, jedoch mit andrem Vorzeichen. Ist unter erwachsenen Menschen das Problem noch ein Gesprächsthema: ob jeder auf die Weise lieben darf, die eben *seine* Weise ist – vorausgesetzt, er mißbraucht kein Dienstverhältnis und nicht die Unwissenheit Minderjähriger (Einschränkungen, die für den Invertierten natürlich genauso zu gelten haben wie für den «Normalen»)? Schämt man sich nicht, diese Diskussion des Selbstverständlichen neu zu eröffnen – neuen Anlaß für ihre Wiedereröffnung zu geben?

Der aufgeklärtere Teil der großstädtischen Bourgeoisie hat seinen falschen und engen Moralbegriff schon weitgehend überwunden: er wird tolerant in der erotischen Frage, während er natürlich hart in der Eigentumsfrage bleibt. Und nun beginnt der Sozialismus neu eine Position zu beziehen, die sogar die Bourgeoisie als eine veraltete zu räumen beginnt!

Keinem Geringeren als Maxim Gorki wird der erstaunliche Satz in den Mund gelegt: «Man rotte alle Homosexuellen aus – und der Faschismus wird verschwunden sein!» Leider ist es nicht unmöglich, daß der Papst der sozialistischen

Literatur dies wirklich gesagt hat. So ist die Stimmung. Woher kommt sie denn?

Woher kommt es denn, daß wir in antifaschistischen Zeitungen die Wortzusammenstellung «Mörder und Päderasten» beinah ebenso häufig lesen wie in den Naziblättern die von den «Volksverrätern und Juden»? Das Wort «Päderast» als ein Schimpfwort –: nur weil es in nationalsozialistischen Verbänden viele geben soll, die junge Männer lieben statt Frauen!

Es fing an mit dem falsch und unwürdig geführten Kampf gegen den Hauptmann Röhm. Die dummen und sentimentalen Briefe, die er aus Südamerika geschrieben hatte, waren seine Privatangelegenheit. Es war eine sinnlose und überflüssige Ordinärheit, sie in die Öffentlichkeit zu zerren. Ja, es war auf eine ungeschickte Weise ordinär, die auch noch unwirksam war. Man hat dem Hauptmann Röhm gar nicht geschadet: jene, die man gegen ihn hatte einnehmen wollen, glaubten die Geschichte teils nicht, teils fanden sie nichts dabei; die andern aber, die sich entrüsteten, hatten ihn wohl schon vorher nicht gemocht. Die Tatsache, daß Hitler sich damals vor ihn stellte und den, in einem spießbürgerlichen Sinn, Kompromittierten weiter deckte, warf – zum ersten und letzten Mal – ein fast sympathisches Bild auf die verhaßte Kumpanei. Der Schlichteste mußte sich sagen: das ist fein, der Hitler hält zu seinem Soldaten, was die Zeitungen auch aus seinem Privatleben schwatzen. Als sehr unfein und deplaziert aber mußte es empfunden werden, wenn Blätter, die sich mit Vorliebe «liberal und aufgeklärt» nannten, plötzlich anfingen, «Knabenschänder!» zu schreien wie eine hysterische Pastorengattin. Ich erinnere mich, wie arg lächerlich und peinlich es war, als ein Berliner Abendblatt, in dessen Redaktion fast ausschließlich recht unternehmungslustige Homosexuelle saßen, höhnische und empörte Überschriften zur «Röhm-Affäre» brachten – als spräche gegen die Nazis nichts außer dem

Liebesleben des dicken Hauptmanns. Dabei sprach – und spricht – doch einfach *alles* gegen sie – und *für* sie kann man nicht einmal die Tatsache anführen, daß sie wenigstens in der Frage «Homosexualität» mutig oder konsequent seien. Seinen alten Röhm deckte Hitler doch nur genau so lang, als er ihn brauchte. Als er ihn dann fallenlassen wollte, und zwar gründlich, hielt er ihm bekanntlich vor allem seine «Veranlagung» vor – von der dem «Führer» vorher also nichts zu Ohren gekommen war. Nun entrüstete sich Hitler, wie seinerzeit die liberalen Blätter es getan hatten. Doktor Goebbels spürte sogar Brechreiz. Den spüren auch wir, allerdings nur anläßlich so unverschämt geheuchelter Empörung, nicht anläßlich ihres Gegenstandes.

Daß es in Röhms «Villa» – die gar keine Villa, sondern ein Gasthaus war – völlig anders ausgesehen hat, als Goebbels berichtet, versteht sich von selbst, so einer wird sich doch nicht plötzlich gehenlassen und die Wahrheit reden. Sogar aber wenn die Augen des obersten Gerichtsherren wirklich die «widerlichen Szenen» hätten schauen müssen – deren Anblick man schließlich immer ausgesetzt ist, wenn man unangemeldet in Schlafzimmer springt –: so wären es doch diese Szenen nicht, die uns den Magen umdrehen könnten. Sie würden uns eher ahnen lassen, daß es eine Art von – wahrscheinlich gemeinem – menschlichem Fühlen selbst bei denen gibt, die wir sonst für nichts als Bestien halten. Nicht was erst die Linkspresse und dann Hitler mit so besonderer Betonung gegen den Röhm vorbrachten, nimmt gegen ihn ein: sondern die einfache Tatsache, daß er, wie alle Nazi-Führer, ein roher, zynischer Halunke war.

Aber lassen wir doch den Röhm. Wogegen wir uns wenden, ist ja grade, daß man von einem Mann, der das eigne Geschlecht dem weiblichen vorzieht, sagt: Er ist veranlagt wie der Hauptmann Röhm. Das ist doch, als wolle man von einem Menschen mit Klumpfuß behaupten: Der ist verwachsen wie Minister Goebbels – er wird also auch auf demselben moralischen Niveau stehn wie dieser –, während man doch höchstens einen notorischen Gewohnheitslügner gelegentlich im ärgsten Zorn anschreien darf: Sie lügen ja annähernd wie der deutsche Propagandaminister! – Von einem Homosexuellen könnte man schließlich auch konstatieren: Er ist veranlagt wie Leonardo oder Sokrates. Auch das wäre Unsinn. Wahrscheinlich ist dieser «gleichgeschlechtlich» Empfindende ein wackerer Bürger; ein leidlich fleißiger Arbeiter. Im Zweifelsfall ist er weder ein Genie noch ein Tier (weder Leonardo noch Röhm).

Man begreife doch endlich: es ist eine Liebe wie eine andere auch, nicht besser, nicht schlechter; mit ebenso vielen Möglichkeiten zum Großartigen, Rührenden, Melancholischen, Grotesken, Schönen oder Trivialen wie die Liebe zwischen Mann und Frau. In manchen Zeiten und in manchen Zonen ist diese Liebe durchaus üblich gewesen; in andren galt sie für ausgefallen, dumme Leute hielten sie für lasterhaft. Eine sehr große Anzahl von Männern und Frauen haben sie kennengelernt im Lauf ihres Lebens; eine relativ kleine Zahl keine andre. Das sind die exklusiv Homosexuellen – ein Typus Mensch, zu dem man übrigens keinesfalls durch Verführung oder Gewöhnung *wird,* sondern als der man geboren ist. Dieser Typus kommt überall vor, am häufigsten in den germanischen Ländern, besonders in Deutschland und England, während in den orientalischen die Liebe zu Frauen *und* Knaben, das Bisexuelle, als das Normale empfunden wird. Glaubt man aber denn immer noch, daß die exklusiv Homosexuellen eine einheitliche Menschenart bilden? Das nicht sehr glückliche Schlagwort vom «dritten Geschlecht» hat zu diesem recht naiven Irrtum beigetragen. In Wahrheit gibt es unter den exklusiv Homosexuellen *alle* Typen, vom dekadenten Ästheten bis zum Landsknecht; es gibt nicht nur den «aktiven» und den «passiven» Typus, sondern alle Arten der Aktivität und der Passivität samt allen Nuancen zwischen diesen beiden Gefühlslagen. – Die Homosexualität war verbreitet in asketischen Militärstaaten (Sparta, Preußen) und in überfeinerten Spätkulturen (spätes Rom, das Paris und London der Jahrhundertwende). Sie spielt auch eine starke Rolle in Epochen, die wir als solche der Blüte zu bezeichnen pflegen, man denke an die beste Zeit Athens, an die Renaissance. Es hat zu jeder Zeit hunderterlei verschiedene Typen von Homosexuellen gegeben, auch sehr minderwertige und fatale. Unleugbar ist, daß eine relativ große Anzahl von Menschheitsgenies dieser Form der Liebe zuneigten – Genies jeder Prägung und jeder Art –, aus Gründen, deren Kompliziertheit wir hier nicht erörtern wollen. – Man nennt diese Veranlagung wohl, mit dem Akzent eines philiströsen Mitleids, eine «unglückliche» – und es mag sein, daß das Leben eines, der Knaben, Jünglinge oder junge Männer liebt, noch reicher an Schmerzen und Verwirrungen, an Entsagung, Bitterkeit, Einsamkeit und Enttäuschung ist als das eines sogenannten Normalen. Die Schmerzen haben sich zuweilen in eine larmoyante Wehleidigkeit umgesetzt; zuweilen in eine hoffnungslose Verzweiflung, zuweilen aber auch in eine große Produktion. Über die Welt hat diese Veranlagung, mit deren Problematik jeder ihrer Träger selber fertig zu werden hat, gewiß nicht besonders viel Unglück gebracht, sondern eher die Beglückung durch viele Schöpfungen, die an Glanz und Macht nicht dadurch verlieren, daß sie geboren wurden aus Schmerzen – wie jede Schöpfung von Rang.

Das ist alles bekannt? Das wissen wir alles seit langem? Aber in dem Lande, das wir für das aufgeklärteste und fortgeschrittenste der Welt halten möchten, hat man die Liebesform, von der wir sprechen, aufs neue unter grausame Strafe gestellt. Aber in jeder Linkszeitung liest man schon blöde Witze über Hinterteile, während gleichzeitig in Berlin «nächtliche Razzias auf Homosexuelle» veranstaltet werden, die dann ins Arbeitsdienstlager müssen.

Den Nazis steht es wohl an, teils homosexuelle Cliquen zu bilden, teils die Homosexuellen einzusperren, zu kastrieren oder zu erschießen. Die Linke aber sollte objektiver sein. Indessen ist sie, grade in dieser Frage, von der spießbürger-lichsten Voreingenommenheit. Und dies, weil es immer vor-kommt, daß junge Leute, die in Lagern zusammen leben, miteinander schlafen. Man erkundige sich doch, ob in pro-letarischen, linken Jugendbünden dergleichen ausgeschlos-sen war: die Antwort wird den überraschen, der die Homo-sexualität für eine Eigenart des Faschismus hält. Den Geist der Lager hat man anzuprangern und zu verfolgen; nicht die selbstverständliche Tatsache, daß es dort auch Invertierte gibt oder solche, die «mitmachen». – Das «Bündische», sagt man, habe stets homoerotischen Charakter, und auf dem «bündi-schen» Prinzip basiere der Faschismus. Lassen wir das Pro-blem beiseite, bis zu welchem Grade der wirklich Invertierte *immer* dem «Bündischen» zuneigt – er ist oft einsamkeitssüch-tig und scheu, man hat ihm einen asozialen Charakter vor-geworfen. Sogar aber vorausgesetzt, alle Invertierten suchten den Männerbund, und der Männerbund habe stets die in-vertierte Note: worauf es ankommt, ist nur der Geist, in dem der Bund geschlossen wurde, nicht der erotische Kitt, durch den er zusammenhält. Muß ein «Bund» den faschistischen, den fortschrittsfeindlichen Charakter haben? Einen Bund wollte doch auch Walt Whitman: den Bund der Männer, in Liebe einander verbunden, den Bund der glühenden Kame-radschaft über den Kontinent. Er aber rief ihn herbei: «Für dich, o Demokratie!» Bei ihm sehen wir aus dem homoero-tischen Pathos das inbrünstig demokratische werden; wie bei

Stefan George das im ernstesten, verbindlichsten Sinn aristokratische.

Zum Schluß pflegt man uns noch mit dem «Führer» zu kommen: die Vergottung seiner Person habe, bewußt oder unbewußt, immer homosexuellen Charakter. Man frage einen Hitlerjungen, der sein Mädchen hat, ob er seinen «Führer» begehre: er wird lachen oder antworten wie auf eine Beleidigung. Diese Reaktion würde den unbewußten Komplex nicht ausschließen, der in manchen Fällen vorhanden sein mag. Die entscheidende Frage bleibt aber auch hier: *welcher* Führer auf solche Weise geliebt wird. Haben die Marxisten vergessen, daß Dogma und Typus des Führers, den wir vor allem bekämpfen, bestimmt werden vor allem durch ökonomische Tatsachen? Und daß Hitler – der übrigens von kleinbürgerlichen Frauen sicherlich heißer und hysterischer geliebt wird als von soldatischen oder effeminierten Männern – nicht deshalb zur Herrschaft kommen konnte, weil «die deutsche Jugend homosexuell verseucht» ist, sondern weil Thyssen zahlte und weil bezahlte Lügen die Gehirne Hungernder verwirrten?

Man ist im Begriffe, aus «*dem* Homosexuellen» den Sündenbock zu machen – etwa «den Juden» der Antifaschisten. Das ist abscheulich. Mit ein paar Banditen die erotische Veranlagung gemeinsam zu haben, macht noch nicht zum Banditen. Ich renne keineswegs offene Türen ein, wenn ich diese Selbstverständlichkeit konstatiere. Viele Gespräche und die Lektüre vieler höchst unwürdiger Zeitungsstellen beweisen mir, daß diese Konstatierung leider notwendig ist.

Die Homosexualität ist nicht «auszurotten» – und wäre sie es, so hätte man die Menschheit ärmer gemacht um etwas, dem sie Unvergleichliches verdankt. Der Sinn eines neuen Humanismus – zu dessen Erfüllung wir den Sozialismus als seine Voraussetzung wollen – kann es nur sein, *alles* Mensch-

Artikel 1934

liche, das die Gemeinschaft nicht verbrecherisch stört, nicht nur zu dulden, sondern einzubeziehen, sondern zu lieben, zu fördern und so der Gemeinschaft nutzbar zu machen.

Zahnärzte und Künstler

Ein Zahnarzt, der früher auf die Nazis geschimpft hat, tritt jetzt in eine ihrer Berufsorganisationen ein. Ist das Verrat? Er will leben. Nicht jeder Zahnarzt kann ein Märtyrer sein. – Das Leben derer, die sich Künstler nennen, ist in vielem angenehmer als das Leben der Zahnärzte und Geschäftsreisenden. Dafür hat es aber auch andere Verpflichtungen. Es geht nicht, daß einer, der unter allen Umständen – auch unter den bescheidensten – für mehr einzustehen hätte als nur für seine Geschäftsinteressen, einfach sagt: Man will leben –; nein, es geht nicht, es ist ungehörig. – Wenn ich erfahre, daß ein sehr bekannter Regisseur, der leidenschaftlich linksgerichtet war, heute noch bei der Ufa arbeitet, und daß ein berühmter Schauspieler, der sich zum Kommunismus bekannte, noch am Berliner Staatstheater ist, werde ich mißtrauisch. Milde Freunde solcher Künstler sagen mir dann: «Ja, er macht scheinbar ein bißchen mit. Im Grunde aber ist er anständig geblieben. Er kämpft bei der Ufa, bzw. beim Staatstheater, für einen relativ vernünftigen Geist. So erfüllt er doch auch eine Art von Mission. Nein, mein Lieber – belehren mich die gerechten Freunde –, ‹gleichgeschaltet› ist der nicht.» – Gleichgeschaltet ist der nicht? Im Grunde anständig geblieben? – Wie sieht denn das aus?

Gustaf Gründgens, Schauspieler und Regisseur, tat sich viel auf seine linksradikale Gesinnung zugute. Einst war er so übermütig, daß er in Hamburg ein «Revolutionäres Theater» gründen mußte – es ließ ihn nicht ruhen. Er war sehr begabt, so sehr, daß es entschieden schon nach Kulturbolschewismus roch. Außerdem hatte er sich durch vorübergehende Einheirat in eine verderbte Familie kompromittiert. Man konnte hoffen, die etwas skandalöse Vergangenheit würde ihn nun vor dem Schlimmsten bewahren. Aber nicht doch, der ist geschickt. Als ich erfuhr, daß er im Staatstheater mit Görings Freundin, einer gewissen Sonnemann, theatralisch tändelte, gab ich ihn eigentlich schon verloren. Aber ein kleiner Schock war es doch, als ich unlängst mal eine deutsche Illustrierte aufschlug und darin dann natürlich gleich Bildchen sah von einem Staatsempfang zu Ehren des Suvich – eine ganze Serie. Man bemerkte etwa: Hauptmann Röhm mit Görings alter Schwester plaudernd; allerlei Würdenträger in charmanten Posen – sie können auch elegant sein –; und inmitten: der stets angeregte Minister Goebbels in traulicher, man kann wohl sagen: intimer Konversation mit dem Schauspieler Gründgens, den man eingeladen hatte. Er hatte seinen Frack angezogen und war zu Hofe gefahren. Mir fiel auf, daß er sehr kahl geworden war; sein Gesichtsausdruck war dämonisch, was aber schließlich nicht alles entschuldigen kann. So weit ist er also. Wenn das «scheinbar» gleichgeschaltet ist, möchte ich wissen, was man ernsthaft so nennen kann.

Das frage ich mich auch im Falle des Regisseurs *Erich Engel*. Ob das ein «Arier» ist, mögen die drinnen entscheiden, uns geht es nichts an. Aber seine linke politische Gesinnung, seine Freundschaften, die Geschichte seiner Karriere wird er nicht ableugnen können. Nun sorgt er also für einen relativ vernünftigen Geist in der Ufa. Da ich den «Dortmunder Generalanzeiger (Rote Erde)» aufschlage, finde ich zufällig eine Kritik über seinen neuen Film «Inge und die Millionen», und nun erfahre ich, wie man das macht.

Artikel 1934

«Ein wahres Bild aus dem Leben, das noch nicht lange her als Schreckgespenst in unser aller Gedächtnis schwebt. Jüdische Bankmagnate trugen dazu bei, die Konjunktur der Selbstmorde zur Blüte zu treiben, indem sie ehrlichen deutschen Kaufleuten die Kredite sperrten, um ihr Geld im Ausland ‹in Sicherheit› zu bringen. Sie selbst praßten und schwelgten und saßen feige in dicken Klubsesseln und warteten, ob die kleine Freundin die lumpigen Scheine auch gut über die Grenze geschmuggelt hatte. Aber gerade als ihnen der Boden in Deutschland zu heiß unter den Füßen wird und sie ihr eigenes Leben ‹in Sicherheit› bringen wollen, erfassen die Fangarme des Gesetzes diese Volksverräter. Das ist die Versöhnung des Publikums mit dem Film. – Der Regisseur Erich Engel kostet bei der Regie die Wirkung des Drehbuches und der schauspielerischen Darstellung aus. – Der Film ist in allen Teilen eine Glanzleistung, auch die Nebenrollen sind typisch gut besetzt. Es lohnt sich, noch einmal die Bonzenherrlichkeit vorüberziehen zu lassen, mit der unser Führer Adolf Hitler endgültig aufgeräumt hat.»

«Rote Erde» hat den Inhalt dieses Films vorzüglich wiedergegeben, und ihre Rezension hat übrigens genau das Niveau, das dem Gegenstand zukommt. Ja, so geht’s zu, und Erich Engel kostet es aus. Ich habe mir’s angesehen. Was für ein Grauen! So ein Machwerk ist demagogisch wie eine Rede des «Führers», bei dem sie gelernt haben, auch zum Beispiel den Trick des *scheinbaren* Sozialismus, das plumpe Spekulieren auf einen dumpf und inkonsequent rebellischen Instinkt. Ein Transportarbeiter darf einen Bankdirektor anbrüllen; das macht Spaß. Freilich, der Bankdirektor ist Paul Wegener und sieht exotisch aus, was für ein neudeutsches Publikum einfach «jüdisch» bedeutet. Die *deutschen* Unternehmer hingegen sind die allerprachtvollsten Kerle, die sich aufreiben fürs allgemeine Wohl und in kameradschaftlichster Beziehung zu ihren gleichfalls prachtvollen deutschen Arbeitern stehen, die sich deshalb gerne alle Rechte von ihnen stehlen lassen und als ihre treudeutschen Sklaven weiterleben. *Alle* Deutschen sind blond, bieder, dabei munter; hilfsbereit, edel und einsichtig. Unglück kommt einzig und allein von den fremdblütigen Schiebern, die die blonde *Brigitte Helm* um ein Haar in Kerkerhaft bringen (denn diese hatte in aller Unschuld ein Verhältnis mit dem Fremdblütigen gehabt und sich nicht nur dazu, sondern auch zum Devisenschmuggel mißbrauchen lassen. Schließlich zeigt sie ihn an, nach den Regeln echt deutscher Treue). Die Fremdblütigen sind nicht nur scheusälig und lasterhaft – sie rekeln sich mit betrunkenen Nutten, einem deutschen Mann liegt das fern –, sie sind zum Schluß auch noch blöd. Wie sich dieser Wallburg da hereinlegen läßt –! Wirklich, *Otto Wallburg*, ein Jude, gibt sich dazu her, diese schurkisch vertrottelte Figur aus dem antisemitischen Bilderbuch darzustellen. Was für eine fette Jammergestalt! Es ist, um antisemitisch zu werden – vor allem, wenn man noch bedenkt, daß wahrscheinlich ein jüdischer Filmautor es war, der diesen Film, wie viele andere neue Ufa-Filme, heimlich geschrieben hat, denn die Nazis geben im Filmbetrieb bekanntlich nur ihre Namen her, zum arbeiten taugen sie nicht. – Wie das auf den Hund kommt und in welcher Eile! Die Schlechtigkeit ihrer Arbeit entspricht der ihrer Gesinnung. So ein schamloser Film wie dieser ist auch noch ein miserabel gemachter, voll von üblen Klischees, lähmenden Wiederholungen, groben Sentimentalitäten. Die Helm ist immer eine schlechte Schauspielerin gewesen; aber Engel war einmal ein anständiger Regisseur. Daß seine Gleichschaltung keine «scheinbare» ist, sondern eine wirkliche, gründliche, beweist schon die rohe Mittelmäßigkeit seiner neuen Arbeit. Stärker als alles andere beweist es uns die erbitterte Empörung, mit der wir fassungslos stehen – nicht vor diesem einzelnen Verrat und Versagen, das uns kalt lassen könnte, aber vor dem verfluchten Geist des Landes, wo man mit einer teuflischen Exklusivität nur noch die Verächtlichen zu Worte kommen läßt.

An die Staatsschauspielerin Emmy Sonnemann-Göring

Sehr verehrte Frau Ministerpräsident,

leider hatte ich niemals die Gelegenheit, Sie auf der Bühne zu bewundern. In die kleine Stadt, wo Sie früher spielten, kam ich selten, und als Sie dann nach Berlin verpflichtet wurden, fand ich es dort schon nicht mehr gemütlich. Ich bin also nicht imstande, Ihnen Komplimente über Ihre schauspielerischen Leistungen zu machen. Jedoch, ohne Sie je gesehen zu haben, besitze ich, sehr verehrte Frau Flugwesenminister, einen höchst lebendigen Eindruck von Ihnen. Das machen nicht nur die vielen Photos, die man letzthin von Ihnen sah – man hat mir auch manches von Ihnen erzählt, wir haben gemeinsame Bekannte. Sie genießen einen guten Ruf in Künstlerkreisen. Man versichert mir, Sie seien eine gutmütige und fein empfindende Person. Ich glaube das gerne. Gutmütig – heißt es bei Schiller, mit dem Sie Ihre Vergangenheit ja vertraut gemacht hat –, gutmütig sind sie alle.

Nun haben Sie sich ja freilich hoch erhoben über die Künstlerkreise, in denen so viel freundlicher Klatsch über Sie umging, Himmel, was haben Frau Landesmutter für eine Karriere gemacht. Alle Primadonnen der alten und neuen Welt können zerplatzen vor Neid – so was hat keine erreicht.

Der legendenumwobene Herr Gemahl nennt mehr Titel sein eigen als weiland der König von Frankreich. Gewiß verwöhnt er Sie aufs allerreizendste – die Welt weiß ja, was er Ihnen schon alles geschenkt hat und was es kostet. Zu jeder neuen Uniform, die er sich schneidern läßt, gibt es für Sie ein neues Abendkleid in der dazu passenden Farbe. Und diese Hochzeit: Plötzlich erleben wir, wie ein Land, das sonst Geld, was ihm nicht gehört, nur für gediegene Zwecke – etwa für Kriegsrüstungen oder für Spionagedienst – ausgibt, nennenswerte Summen springen läßt für Blumenregen und Schlemmereien – alles Ihnen zu Ehren. Der einfallsreiche Herr Gemahl landete vor Ihrem Schlafgemach als ein klirrender Lohengrin in einem hochmodernen Schwan. Und was für Hochzeitsgäste Sie hatten: sämtliche alten Mitkämpfer, die Ihr flotter Gatte noch nicht hatte umbringen lassen, waren darunter: Mitkämpfer Kerrl und Mitkämpfer Streicher überboten sich in harmlosen Witzigkeiten. Das Tischgebet sprach der Müller, der seine Kollegen in ihren Pfarrhäusern verprügeln läßt. So viel zu lachen gab es nie im Provinztheater, wo ich nicht die Gelegenheit, Sie zu bewundern, hatte. Ihr gutmütiges Herz, Frau Jagdministerin, muß jubiliert haben den ganzen Tag. Alles schaute auf Sie und Ihr junges Glück – vielleicht mit gemischten Gefühlen, aber es schaute. Waren Sie da glücklich, Frau Ministerpräsident?

Es ist dies die Frage, die ich Ihnen vor allem stellen wollte. Psychologische Neugierde ist eine angeborene Eigenschaft, das wird man nicht los. Ihr glanzvoller Fall aber reizt die psychologische Neugierde besonders heftig. Hand aufs Herz, liebe Generalin, sind Sie eine glückliche Frau?

Gibt es nichts, was Sie stört? Hat Ihr Eroberer derartig starke Reize, daß er Sie alles vergessen macht, woran das gutmütige und feine Herz einer Künstlerin sonst Anstoß nehmen könnte? – Ihre verklatschten Kollegen von ehemals erzählen, daß Sie «Nichtarierin» sind: unsereiner ist ja da nicht so eingeweiht. Wie dem auch sei: aber ist Ihnen nicht ein bißchen sonderbar zumute gewesen, als Sie einem besonders lustigen Gesellen aus dem Freundeskreis des galanten Gatten, dem Frankenführer Streicher, während des Cercle im Opernhaus die Hand schütteln mußten? Sie wissen doch, was der alles angestellt hat? Stinken seine Hände nicht? Doch, sie stinken.

Den grotesken Pomp, mit dem man Ihre Hochzeit ins Lächerliche zog – die Hochzeit einer alternden Dame mit dem dickbäuchigen Witwer, der seit Jahren Ihr Freund war –, den haben Sie wohl aus Staatsraison hingenommen. («Spiele fürs Volk»: wenn es schon einmal einen Tag lang kein Blut fließen sieht, dann soll es doch roten Sekt fließen sehen – auf den Tischen der «Führer».) Aber haben Sie denn nicht die Beleidigung empfunden, die Ihr Hermann Ihnen zugefügt hat, gerade am Hochzeitstag? Ich meine nicht die Geschichte mit der Sonnemannstraße in Frankfurt am Main, deren Namen geändert wurde: für diesen Scherz gab es vielleicht gute Gründe. Ich meine vielmehr die schauerliche Tatsache, daß die Gesellschaft, in die Sie hineingeheiratet haben, zwei Menschen hinrichten ließ, eben während Sie zur Trauung schritten – zwei Menschen, die in der Nähe waren, als im Verlauf eines Zuhälterzankes jemand erschossen wurde. Über die kam das Beil, während der Kerrl so launig war und der General des nächsten Weltkrieges Sie mit der Minna von Barnhelm verglich. Glauben Sie denn wirklich, Minna hätte diese Schmach geduldet? Wie schämt sich Lessing ob dieses unverschämten Vergleiches. Aber schämt sich nicht Ihr «mütterliches» Herz?

Hat es nicht auch sonst tausendfachen Anlaß, zusammenzuzucken und sich nie mehr zu beruhigen? Ekeln Sie sich denn nie? Und wenn Sie sich schon nie ekeln: haben Sie niemals Angst? Es kommen doch Stunden, da Sie allein

An die Staatsschauspielerin Emmy Sonnemann-Göring

sind – der Hochzeitsrummel kann nicht ewig währen, und es gibt nicht jeden Abend großes Diner. Der dicke Herr Gemahl ist unterwegs – er sitzt vielleicht in seinem Büro und unterschreibt Todesurteile oder er inspiziert Bombenflugzeuge. Es ist dunkel geworden, Sie sind einsam in Ihrem schönen Palais. Kommen da nicht Gespenster?

Treten hinter den üppigen Portieren nicht die Erschlagenen aus den Konzentrationslagern hervor, die zu Tode Geschundenen, die auf der Flucht Erschossenen, die Selbstmörder? Erscheint nicht ein blutiges Haupt? Es ist vielleicht Erich Mühsam – ein Dichter –, und es war doch Ihr Beruf, Dichterworte zu sprechen, ehe Sie die Mutter eines verdammten Landes wurden, das von seinen Dichtern die Mutigen totschlägt oder verbannt. Oder es ist Ossietzky – er sieht schrecklich zugerichtet aus, und das nur, weil er sich zum Frieden bekannte –; in seinen frechsten Momenten führt aber auch Ihr geschmückter Gemahl noch immer den Frieden im Mund. Und wenn von Frauenehre die Rede ist, denken Sie da nicht an die Arbeiterfrauen und an die Pazifistinnen, die man verspottet und geschlagen hat? Oder an die Selbstmörderinnen von London? Finden Sie, verehrte Künstlerin, daß Ehre nur jene bestialischen Turnlehrerinnen verdienen, die man zur Beihilfe an Morden ins Ausland verschickt, wie unlängst im Falle Formis?

Gelingt es Ihren Gedanken – die erzogen sein sollten an den deutschen Klassikern, aber wohl schon verdorben sind durch eine neudeutsche Ethik –, gelingt es ihnen denn, sich fern zu halten von alldem? Spielen Ihre Finger so ganz unbekümmert mit den Juwelen, die der Märchengatte Ihnen geschenkt hat? Schmerzt Sie das Diadem für 40 000 RM nicht in der blonden Frisur? Lady Milford warf ihre Juwelen hin, als sie erkannte, womit sie bezahlt waren. Aber vielleicht ist die Milford nicht Ihr Fach ...

Offener Brief 1935

Und wenn Sie schon unempfindlich sind gegen das arge Gesicht der Gespenster: stellen Sie sich nicht vor, daß auch einmal Lebende in die Räume Ihres Schlosses stürmen könnten? Aber die plaudern dann keine Scherzreden mehr. Was werden Sie antworten, Schauspielerin Sonnemann, wenn man auch Sie zur Verantwortung zieht – auch Sie, da Sie sich ja zur Mitschuldigen machen: Dann berufen Sie sich vergeblich auf Ihr gutmütiges und feinsinniges Herz. Sie haben es jetzt gar zu sehr zum Schweigen gebracht. Sie haben sich verdammt gut verstellt, Schauspielerin, Sie gleichen aufs Haar einer jener gewissenlosen Personen, die wir aus den Stücken der Klassiker kennen: für eine Handvoll Edelsteine, für einen schönen Namen und ein schönes Kleid vergessen Sie alles, übersehen Sie alles, lassen das Ärgste geschehen und sind am Ende nicht besser und werden am Schluß nicht weniger gehaßt als Ihr mörderischer Gemahl.

Thomas Manns politische Entwicklung

Bis zum Jahre 1914 spielte in Thomas Manns Produktion die soziale und politische Problematik kaum eine Rolle. Der Autor der «Buddenbrooks» und des «Tod in Venedig» liebte es, sich einen Schüler Wagners und Nietzsches zu nennen; außerdem bekannte er sich auch als den Schüler Schopenhauers. Sein Werk war zugleich Musik und Psychologie; aber es war nicht Zeitkritik, nicht gesellschaftliche Analyse. Seine frühen Erzählungen sind mehr geschult an den deutschen Romantikern, an Theodor Fontane, den Skandinaviern und den großen Russen als an den Franzosen (während das epische Œuvre seines Bruders, Heinrich Mann, die großen französischen Romanciers Flaubert, Balzac, Maupassant und Zola zum Vorbild hat und von Anfang an den sehr ausgesprochen sozialen Charakter nicht verleugnet).

Alle Werke Thomas Manns bis zum Weltkrieg sind recht eigentlich Variationen auf *ein* Thema; das ist: der Künstler und seine Beziehung zur bürgerlichen Gesellschaft, *seine Beziehung zum Leben.* Die Antithese heißt niemals: Bürger – Proletarier; sondern immer: Bürger – Künstler. Es ist die Antithese zwischen Geist und Leben oder, anders ausgedrückt: zwischen bewußtem und unbewußtem, naivem Leben. Diese Beziehung ist eine höchst komplizierte, problematische, und sie enthält, auf beiden Seiten, sowohl Spott als auch Sehnsucht. (Aus dieser Mischung aus Spott und Sehnsucht kommt der typische *ironische* Ton in allen frühen Arbeiten Thomas Manns).

Im Jahre 1914 tritt die Veränderung ein. – Das soziale Interesse macht sich zunächst als ein Interesse fürs *Nationale* bemerkbar. Der Schriftsteller, der sich früher vor allem als *Künstler* empfunden hatte und dessen ganzes Denken und Empfinden um die besondere Problematik des Künstlertums kreisten, fühlt sich plötzlich, mit einer ganz neuen Leidenschaft, als *Deutscher.* Das Deutsch-Sein wird zum höchst bewußten, höchst komplizierten Erlebnis, und es wird zum zentralen Problem. Denn natürlich handelt es sich hier keineswegs um die vulgäre Ekstase eines Hurra schreienden Patriotismus. Vielmehr sind es gerade die Schwierigkeiten, gerade die *Gefahren* des Deutschtums, die Thomas Mann während dieser vier harten und langen Kriegsjahre beschäftigen und erregen.

Wenn früher die Antithese «Geist und Leben» – «Künstler und Bürger» – die intellektuelle Komposition seines Werkes beherrschte, so wird, während der Jahre des Weltbrandes, eine neue Antithese dominierend: ein «unpolitisches» (d. h. undemokratisches) Deutschland wird gegen den demokratischen, literarischen, humanitären Westen ausgespielt. – Während des ganzen Krieges arbeitete Thomas Mann an einem dicken theoretischen Buch, das unter dem Titel «Betrachtungen eines Unpolitischen» im Jahre 1918 erschien. Es war gemeint als eine Art von sublimer Rechtfertigung, von geistiger Apologie des protestantisch-musikalischen, bürgerlich-konservativen Deutschtums, das sich gegen den demokratischen Westen, gegen Paris, gegen den Geist der Großen Französischen Revolution und der «Aufklärung» verteidigt. Das «unpolitisch»-politische Buch kulminiert in einer sehr scharfen, sehr gereizten, sehr persönlichen Polemik gegen den Typus des «Zivilisationsliteraten» – d. h. gegen den Typus von Schriftsteller, der in Deutschland die westlich-demokratischen Werte repräsentiert – und diese bittere, heftige Polemik bezog sich – wie damals das ganze literarische deutsche Publikum wußte – auf keinen anderen als auf Heinrich Mann. Dieser war auch während des Krieges seinen pazifistischen und europäischen Idealen treu geblieben. – Die Auseinandersetzung mit dem brüderlichen Gegner füllt große Abschnitte in den «Betrachtungen eines Unpolitischen»: der optimistische, humanitäre, der Demokratie gläubig ergebene «Zivilisationsliterat» wird dialektisch gegen den musikalischen, pessimistischen, «unpolitischen» Deutschen gestellt (so wie hier der deutsche Begriff der «Kultur» gegen das westliche Ideal der «Zivilisation» polemisch ausgespielt wird).

Ich muß betonen, daß mir von allen Büchern meines Vaters die «Betrachtungen eines Unpolitischen» am fernsten stehen, und daß ich es von allen am wenigsten liebe. Es enthält böse Vorwürfe gegen die Demokratie, die ich als falsch empfinde, und es gipfelt in einer Apologie des deutschen Im-

Thomas Manns politische Entwicklung

perialismus. Eines aber ist sicher – und ist entscheidend: daß der Begriff des Deutschtums hier anders und tiefer interpretiert wird als von unseren heutigen Nationalisten. Der Autor der «Betrachtungen eines Unpolitischen» hat um den Begriff und um den Sinn des Deutschtums *gelitten*. – Das Werk, das er während des Krieges geschrieben hat, ist heute mehr als eine *Dichtung* zu verstehen denn als das Manifest einer *Gesinnung*. Es enthält viel Musik, viel Melancholie, viel Romantik. Es ist im Grunde ein sehr *trauriges* Buch und, als pessimistisch-musikalisches Kunstwerk, den frühesten Arbeiten seines Autors verwandt. Es verteidigt, mit einem großen Aufwand an Witz, Geist und Scharfsinn, etwas, von dem der Verfasser damals doch eigentlich wohl schon wußte, daß seine Zeit vorüber – daß es vorbei und verloren ist: nämlich die Romantik der nationalen Idee. Das ganze lange Buch ist ein Rückzugsgefecht großen Stils – ein letztes, brillantes und wehmütiges Sich-Einsetzen für Werte und Stimmungen, über die das Leben schon hinweggeht und welche die Zukunft nicht mehr wird brauchen können. Die «Betrachtungen eines Unpolitischen» sind die Tat eines Don Quijote, der vier kostbare Jahre seines Lebens darauf verwendet, um sich für etwas einzusetzen, was er selber als das Verlorene erkennt und empfindet. Warum tut er denn das? Vielleicht tut er es aus einer «Sympathie mit dem Tode» – um eine Lieblingsformel des Dichters aus dieser Epoche zu gebrauchen.

Diese «Sympathie mit dem Tode» war nicht nur das «Leitmotiv» in den «Buddenbrooks» und im «Tod in Venedig»; sie ist auch der eigentliche und tiefe Grund des politischen Konservativismus in den «Betrachtungen». Gerade diese «Sympathie mit dem Tode» mußte überwunden werden – und sie wird überwunden durch den fruchtbaren, dem Leben freundlichen und dem Fortschritt gewogenen Begriff eines neuen *Humanismus* – eines Humanismus, der seine geistige

Herkunft vor allem bei Goethe hat und der – wie man sehen wird – sehr wohl fähig ist, sogar den Sozialismus in sich einzubeziehen.

Der «Zauberberg» ist der Roman eines jungen Menschen, der von allen Reizen des Todes und des Untergangs versucht und verlockt wird, und der schließlich, nach vielen gefährlichen geistigen Abenteuern, den Weg zu diesem neuen Humanismus – zu dieser neuen *Liebe* für den Menschen und für das Leben – findet. – Auch politisch mußte diese neue Haltung, diese neue Gesinnung sich bald manifestieren. Schon in den ersten Jahren nach dem Weltkrieg – lange also bevor der «Zauberberg» erschienen war – machte Thomas Mann seine große und entscheidende politische Wendung durch. In aller Form und vor aller Öffentlichkeit schwor er den konservativen und nationalistischen Lehren ab. Er bekannte sich zur Demokratie; er bekannte sich zur neuen Deutschen Republik und zu ihrem ersten Präsidenten, Friedrich Ebert. – Die Rede, in der dieses entscheidende Bekenntnis zum ersten Mal abgelegt wurde, machte Sensation. (Sie wurde in Frankfurt am Main zu einem Goethe-Tag gehalten und hieß «Von Deutscher Republik».) Im reaktionären Lager schrie man: Verräter! Man erkannte nicht, daß es sich hier um keinen Verrat handelte, sondern um eine Entwicklung. Der Pessimismus, die Romantik, die «Sympathie mit dem Tode» waren überwunden worden; die neu entdeckte «Sympathie mit dem Leben» forderte neue Ideale. Dieses Ideal war das demokratische. Thomas Mann hat es von da an immer hochgehalten und verteidigt; aber nicht mehr als ein melancholischer Don Quijote, sondern in einem schlichteren und klareren Sinn – wie man etwas verteidigt und für etwas kämpft, woran man wirklich und ohne ironische Vorbehalte *glaubt*.

Die Entwicklung ging logisch und konsequent weiter. Dem demokratischen Ideal, dem humanistischen Liberalismus wird die Treue gehalten; aber der Begriff der «Demokratie» wird erweitert. In der Rede von der Deutschen Republik waren die bürgerlich-konservativen Elemente noch stark; in den politischen Ansprachen und Artikeln, die nun folgen, treten sie immer mehr zurück; das Verständnis, ja, die Sympathie für sozialistische Ideen nehmen zu. Der Nationalismus, von dem die «Betrachtungen eines Unpolitischen» beherrscht sind, wird geopfert. (Zum ersten Mal in der Broschüre «Pariser Rechenschaft», die nach einem Besuch meines Vaters in Frankreich entstanden ist und von den konservativen Zeitungen sofort sehr lebhaft angegriffen wurde.) – In der Novelle «Mario und der Zauberer», die bald nach dem «Zauberberg» entstanden ist, wird der Faschismus angegriffen, und zwar auf doppelte Weise: erstens durch eine sarkastische Schilderung der Verhältnisse in einem italienischen Badeort; zweitens aber auch, indem ein Hypnotiseur und Schwindler hier symbolisch für den Typus der großen «Führer» und Volksverführer steht. – Der Autor der «Betrachtungen» versöhnte sich mit dem «Zivilisationsliteraten», er hatte viele Elemente dieses geistigen Typus – den er früher als den *feindlichen Typus* par excellence betrachtet hatte – in sich aufgenommen, und seinem eigenen Wesen angeglichen. – Inzwischen aber hatte er einen neuen Gegenspieler, einen neuen geistigen Feind gefunden. Es war der Typus des Literaten, der den *Geist* aus einer falsch verstandenen Liebe für das Leben verrät; der das «Blut», die «Dynamik», die «Volksgemeinschaft», alle «irrationalen» Werte gegen die Begriffe der Zivilisation und der Kultur ausspielt. Die alte Antithese – «Kultur und Zivilisation» – erschien plötzlich nebensächlich, neben dieser neuen, eminent wichtigen: Kultur und Barbarei. Denn was dieser neue Literaten-Typus – der *faschistische* – wollte und propagierte, das war ja wirklich die *Barbarei*; es war die komplette Abdankung der Moral, des Gewissens, des Geistes und der Kritik. Gegen ihn, und *nur* gegen ihn, richtete sich, von 1925 bis 1933, jede polemische Äußerung des Schriftstellers Thomas Mann.

Er entdeckte seinen neuen Feind, zum ersten Mal in der Figur des Philosophen Oswald Spengler – gegen den er schon 1925 einen sehr scharfen Aufsatz schrieb. Die Polemik hörte dann nicht mehr auf. Thomas Mann – ein aggressiver Humanist – polemisierte gegen die neuen Barbaren ... Im Jahre 1932 erreichte diese Polemik ihren Höhepunkt: Der Autor der «Buddenbrooks» warnte das deutsche geistige Bürgertum vor den Nazis, und er riet ihm mit aller Dringlichkeit, sich *Seite an Seite mit dem Proletariat* gegen die Barbarei des Nazi-Faschismus zu verteidigen ...

1933 kamen Hitler und seine Nazis in Deutschland zur Macht – und sie haßten Thomas Mann, aus dem inzwischen der repräsentative deutsche Romancier geworden war, fast noch mehr als ihre rein marxistischen Gegner. Mein Vater, der sich im Winter 1932/33 auf einer Reise ins Ausland befand, kehrte nicht mehr nach Deutschland zurück. Seit dem Februar 1933 ist er ein Emigrant.

Er hatte das deutsche Volk lange und inständig genug vor den Nazis gewarnt; da man sie trotz allem an die Macht gelassen hatte, verstummte er bitter. Freilich, die Tatsache, daß er das Land, wo Hitler nun regierte, verlassen hatte und nie wieder betrat, sprach für sich. Aber jahrelang fand er keine Worte, um seinen Gram, seinen Kummer und seinen Zorn öffentlich auszudrücken.

Ich lasse dahingestellt, ob dieses Schweigen – für das er seine guten und besonderen Gründe hatte – durchaus berechtigt war. Sicher ist, daß er auf die Dauer es nicht durchführen konnte. Man verlangte nach seiner Äußerung. Man zog ihn in öffentliche Diskussionen. Er mußte Stellung nehmen. Er mußte reden. Und er redete.

Seine Rede aber ist nicht tolerant und unentschieden, wie einst die Rede des Erasmus von Rotterdam, des klassischen Humanisten, der während der Reformationskriege «über den Parteien» stehen wollte. Thomas Mann spielt nicht den, der «über den Parteien» stehen will. Er kennt seine Partei, und er setzt sich kämpferisch für sie ein. Welche Partei ist es denn? Sie ist groß, und sie hat ihre Anhänger – sie hat ihre Kämpfer überall. Es ist die große Menschheits-Partei, die sich einsetzt *für* den menschlichen Fortschritt, *für* die menschliche Würde – *gegen* den Rückschritt, *gegen* die Entwürdigung des Menschen. Der Rückschritt und die Entwürdigung des Menschen werden für uns repräsentiert durch den Faschismus, und besonders durch seine deutsche Abart, durch den Nationalsozialismus. – Als entschlossener und kämpferischer Humanist wendet sich Thomas Mann gegen die abscheuliche Dogmatik und gegen die noch ärgere Praxis der Hitler, Rosenberg und Goebbels.

Der hohe und komplexe Begriff des «Humanismus» ist dem Schriftsteller Thomas Mann teurer als irgendein anderer. Er hat ihn zum ersten Mal anklingen lassen in der «Rede von deutscher Republik» (also in einem sehr politischen Zusammenhang); er hat ihn episch variiert im «Zauberberg»; er hat ihn immer wieder untersucht und gepriesen in vielen kulturellen und politischen Artikeln und Manifesten; und schließlich ist dieser Begriff auch das geistige Grundmotiv des großen «Joseph»-Romans, mit dem er sich nun seit einem Jahrzehnt beschäftigt. Alle Werte, die der Humanismus liebt und verteidigt, werden vom Faschismus mit Füßen getreten – besonders der Wert der Freiheit.

Um ebendieser unverlierbaren Werte willen steht heute Thomas Mann mit seiner ganzen Person und mit dem ganzen Gewicht seines Namens bei *uns* – bei den unversöhnlichen Kämpfern gegen das Hitler-Regime und gegen alle Formen der Reaktion. Welch erbärmliche und lächerliche Geste von seiten der Nazis, vor aller Welt zu erklären, Thomas Mann sei kein Deutscher mehr, weil er sich gegen Hitler erklärt hat! Die hohen Begriffe und Güter, um deretwillen er den definitiven Bruch mit den jetzt in Deutschland regierenden Tyrannen vollzogen hat – sie sind doch immer von allen besten Deutschen gepriesen worden. Sie würden heute noch von vielen in Deutschland selbst gepriesen werden – wenn der Terror es nur erlaubte. Wenn man aber ganz Deutschland stumm wie ein Grab werden ließe, und wenn man noch die deutsche Emigration zum Schweigen brächte: dann wären immer noch die Stimmen der deutschen Klassiker da, die Stimmen Lessings und Goethes, Kants und Schillers, Heines und Nietzsches. Alle großen deutschen Männer zeugen *gegen* die deutsche Gegenwart. In den Kreis dieser großen deutschen Männer gehört Thomas Mann – der von den «Betrachtungen eines Unpolitischen» bis zu seinen Manifesten gegen die Hitler-Diktatur einen so langen und *scheinbar* so paradoxen, in Wahrheit aber logischen, konsequenten und geistig sauberen Weg zurückgelegt hat.

Kleine Verzauberung

San Francisco ist eine große, schöne, wundervolle Stadt – eine Stadt mit vielen Gesichtern. Einer bedeutenden Vergangenheit vornehmer kultureller Traditionen ist sie sich stolz bewußt – mit welchem Akzent der Verachtung spricht man hier von dem benachbarten parvenühaft emporgeschossenen Los Angeles! –; aber sie ist auch die Stadt der Abenteuer: Frisco, das Paradies der Matrosen, der berühmteste Hafen der

Welt – immer noch verlockend, immer noch gefährlich –: der Name «Frisco», immer noch mit sich bringend phantastische und wilde Assoziationen; immer noch beladen mit den Erinnerungen an einen fabelhaften Wildwesten, in den, über den Pazifik, die Gerüche des Fernen Ostens spielen. Wie in der Atmosphäre von Marseille schon die Parfüms von Algier, Biskra, Fez gegenwärtig sind, so in der Luft von San Francisco die Farben und die Düfte Schanghais ...

Eine Vortragstournee durch die Vereinigten Staaten ist keine Erholungsreise. Nachtfahrt im Pullman-Car; ein Hotelzimmer; ein Club-Raum, eine Universitäts-Aula oder ein Theater – manchmal auch eine Kirche –, wo man zu sprechen hat: so geht das durch Wochen. Der Agent stellt das Reise-Programm geschickt, aber auch unbarmherzig zusammen ... In San Francisco hatte ich, glücklicherweise, mehrere Tage Zeit; ich war dort als Gast einer Reihe von Gruppen und Organisationen. Der erste Vortrag fand im Rahmen eines großen Herren-Frühstücks statt: Veranstalter war der angesehenste «Men's Club» der Stadt, der «Commenwealth Club». Die Gentlemen, die meine Gastgeber und Zuhörer sind, könnte man auch in Hamburg, London oder Chicago treffen: internationale Typen – Bankiers, Anwälte, Ärzte –; Aussehen, Habitus, Kleidung würdevoll, unauffällig, höchst zivilisiert. Auch nicht eine Nuance, keine leiseste Spur des Exotischen, Abenteuerlichen in diesem gediegen behaglichen Kreise.

Als der Vortrag und die sich anschließenden Gespräche und Diskussionen vorüber waren, fing es schon an, draußen ein wenig dunkel zu werden. Ich hatte keine Lust, ins Hotel zurückzugehen. Die Einladung eines Mr. X., ihn in sein Heim zu begleiten und mich Mrs. X. vorstellen zu lassen, lehnte ich dankend ab. Ich spazierte alleine. Die Stadt war mir sehr wenig bekannt. Ich verlor bald die Richtung.

Eines der kuriosen Charakteristika Friscos ist die starke

Artikel 1938

Unebenheit seines Terrains: Es gibt sehr viel steiles bergauf und bergab; wie Drahtseilbahnen klimmen die Trambahnwagen in die Höhe; die Autos und die Fußgänger keuchen; hat man aber den Gipfel erreicht, geht es wieder hinunter, in schwindelerregende Tiefe. Es war eine Bergpartie: Etwas erschöpft und außer Atem kommst du unten an. Ein Labyrinth von engeren Gassen nimmt dich auf. Du hörst den singenden Jammerton von Schiffssirenen. So bist du nicht weit vom Hafen.

Ich stelle fest, daß ich mich im italienischen Viertel befinde: die Restaurants heißen «Venezia» oder «Napoli»; in diesem Kino – es ist «Verdi» benannt – wird ein italienischer Film in der Originalsprache gespielt; und an diesem kleinen Papiergeschäft hängt eine italienische antifaschistische Zeitung: ihr Anblick rührt mich; ich kaufe sie mir, obwohl ich nur mit Schwierigkeiten Italienisch lese. Die Zeitung unter dem Arm schlendere ich weiter ...

Die Szenerie ändert sich fast ohne Übergang. Statt den italienischen Anschriften begegne ich plötzlich den geheimnisvollen, schwierig-anmutigen chinesischen Zeichen. Seltsam: es ist, als sei eine unsichtbare Trennungslinie gezogen, eine mystische Barriere aufgerichtet zwischen dem Viertel, in dem ich mich jetzt befinde, und den benachbarten. Mit einem Male sieht man beinahe keine Weißen mehr – wo sind sie geblieben? Wo bin ich hingeraten, und wo finde ich mich? Fremde Töne, fremde Gerüche – auf den Gesichtern, die vorübergleiten, den gelblichen Mienen mit den schmalen Augen, den breiten Wangenknochen, jenes starre, zugleich höfliche und grausame, sanfte, undurchsichtige Lächeln ...

Manche Etablissements – die größeren – plakatieren ihren Namen in der lateinischen, leserlichen Schrift außer in der chinesischen, so mysteriös unleserlichen. Ich erfahre also, daß diese Garage «Nanking» heißt, dieses Restaurant «Peking»; dieser Coiffeur hört auf den Namen Hung Kong, diese Blumenhändlerin nennt sich Mrs. Sung Sung; das Hotel «Tai Sling» ist unscheinbar, vielleicht sogar etwas schmutzig, das Kaufhaus «Tai Chong u. Co.» hingegen sieht stattlich aus. In dem kleinen Geschäft daneben wird «Chinesische Kunst» angeboten; darunter versteht man unter anderem – wie ein Blick ins Ladenfenster beweist – grauenvolle Batik-Krawatten und grell bedruckte Ansichtskarten. Das Schaufenster zeigt übrigens, in seiner Mitte, ein großes englisch abgefaßtes Plakat: «To our American Friends!» Es fordert, in leidenschaftlichen, dringlichen, anklagenden Tönen, zum Boykott japanischer Waren auf. «Die Japaner überfallen wie Räuber unser Land …», verkünden bitter die Plakate der China-Town in San Francisco …

Mir ist nicht anders zumute als jenem Peter Schlemihl, dem es die Zauberstiefel ermöglichten, mit zwei Schritten Kontinente zu überqueren. Aus einer patrizischen Handelsstadt bin ich erst in eine italienische Kolonie versetzt worden und nun nach Schanghai oder Nanking. Was erinnert noch daran, daß ich auf dem Boden der Vereinigten Staaten bin? Die enormen «Coca-Cola»-Reklamen, zum Beispiel – sonderbar genug anzusehen zwischen den chinesischen Zeichen-Bildern, die, neben der derben Schrift der amerikanischen Annonce, wie erlesene, zarte, komplizierte Kunstwerke wirken. – Auch einige Film-Plakate gibt es noch. Zwischen den verschlossenen Gesichtern all der wirklichen Chinesen leuchtet das Antlitz eines falschen: Es ist Paul Muni, Hauptdarsteller des Monumental-China-Films «The Good Earth»; Fräulein Luise Rainer, aus Wien, spielt die leidende, fromm entsagungsvolle Gattin des chinesischen Landarbeiters. Was werden die echten Chinesenfrauen, die hier geneigten Hauptes ihre Kinder durch die engen Gassen führen, zu der etwas starren, künstlichen Maske der Luise Rainer sagen?

Artikel 1938

Es ist aber nicht das Kino-Plakat, das mich anzieht; vielmehr ist es das breite, rätselvoll beschriebene Spruchband, das, von einem erleuchteten Portal aus, quer über die Gasse läuft. Hier gibt es Theater – chinesisches Theater. Die Vorstellung hat schon begonnen. Es wird eine Oper gegeben, wie man mir an der Kasse versichert. Eine chinesische Oper – Peter Schlemihls Wunderstiefel haben mich weit getragen. Sehr neugierig trete ich ein. Das Haus ist noch ziemlich leer. Übrigens hat das Publikum eine merkwürdig ungenierte Art, zu kommen und zu gehen. Junge Leute, alte Männer in langen Gewändern, auch Frauen mit Babies finden sich ein, verweilen ein wenig und entfernen sich wieder. Die auf der Bühne lassen sich nicht stören. Sie stehen vor der grellen Dekoration und bringen hohe, schrille Töne hervor, von denen unser Ohr nicht begreift, ob sie Jammer ausdrücken sollen, oder Glück, oder Zorn, oder alles zugleich. Auch den Sinn der nach uralter Konvention starr festgelegten Gebärden, der zierlich-grotesken Pantomime zu erraten, ist nicht leicht. Die mit fast manischer Insistenz wiederkehrende Geste, mit der dieser königlich geputzte Alte sich den Bart streicht, soll vielleicht Wut bedeuten; vielleicht ist sie auch nur ein Zeichen der Würde. Wahrscheinlich meinte sie aber doch etwas Schlimmes; denn plötzlich ist ein Gefecht im Gang. Das Geklirr der entblößten Schwerter wird begleitet von dem heulenden Geschrei der Kämpfenden. – Dann verändert sich die Dekoration; die Kämpfenden sowie der feierliche Alte mit dem Barte verschwinden, und auf einer Otomane – die ein junger, unmaskierter Bühnenarbeiter in einem Woll-Sweater, ohne viel Umstände zu machen, auf die Bühne gestellt hat – kauert ein junges Mädchen und singt ihre Klagearie. Die Geste, mit der sie sich dabei die Augen tupft, ist ebenso starr, ebenso konventionell festgelegt, ebenso anti-naturalistisch, wie die andere, mit welcher der grimmige Vater sich vorhin den Bart strich. – Das Orchester sitzt auf der Bühne, links vom Publikum, allen sichtbar. Die Melodie, die es spielt – immer wieder, unaufhörlich die gleiche – behält auch während einer sentimentalen Liebesszene, die folgt, denselben schleppenden, wehmütig monotonen Rhythmus. Das Publikum scheint von nichts, was auf der Bühne vorgeht – mag es auch noch so laut, noch so dramatisch sein – überrascht. Wahrscheinlich kennen alle das Stück; sein Ablauf bedeutet wohl etwas wie einen Ritus für sie. – Ich bin der einzige Fremde, der einzige Weiße im Haus.

Eine alte Frau mit einem Kind auf dem Schoß setzt sich zu mir. Das große, runzlige Gesicht der Frau ist wie aus Lehm: erdig gelb. Das Kind, in sonderbar steife, graue Tücher gehüllt, schaut mich an, aus seinen schmalen, dunklen, sehr aufmerksamen, durchaus rätselhaften Augen. Ob mir die Oper gefalle, fragt mich die Frau, die übrigens ihrerseits gar nicht auf die Bühne sieht. Es ist nicht eine unserer allerschönsten Opern, erklärte sie in ihrem mühsamen Englisch. Auch die Schauspieler – sagt sie – sind nicht erster Klasse. «Aber sie verstehen ihr Handwerk», fügt sie hinzu und nickt ernsthaft. (Oben, auf der Bühne, ist das sentimentale junge Mädchen in einen fürchterlichen Streit mit dem bärtigen Alten geraten; aber die Frau mit dem Kind auf dem Schoß sieht gar nicht hin.) – «Unsere Chinesen-Stadt hier in Frisco», sagt die Frau noch, «unsere China-Town hier ist die größte außerhalb Chinas. – Aber China», fügt sie hinzu, und wiegt plötzlich ihr aufmerksam blickendes Kind ein wenig auf dem Schoß hin und her, «China – ist größer ...»

Auf der Bühne haben sie schon wieder die Schwerter gezogen. Das Orchester klagt monoton. Zuweilen donnern Paukenschläge dumpf dazwischen.

Es riecht scharf und süß, nach einem fremdartigen Gewürz, das die kleinen Logenöffnerinnen verbrennen. –

Artikel 1938

Ich schließe, plötzlich ein wenig erschöpft und etwas schwindlig, die Augen.

Stimmungen in den USA

Die Amerikaner mögen den Faschismus nicht – wir dürfen das feststellen, ohne uns einer Übertreibung schuldig zu machen. Wer durch die Staaten reist – wie ich es seit Wochen tue –, um in Universitäten, in Frauen- und Männer-Clubs, für politische Organisationen über die europäischen und besonders über die deutschen Angelegenheiten zu sprechen, macht überall die Erfahrung: Die Leute schütteln sich, wenn sie an den Faschismus denken, oder gar, wenn sie neue Einzelheiten, sein Unwesen betreffend, berichtet bekommen. Alle sind sich darüber einig, daß der Faschismus, und vor allem der Nationalsozialismus, eine Pest ist, die man zu bekämpfen hat mit jedem Mittel. Das soll nicht bedeuten, daß jedermann in diesem großen Lande politischen Instinkt und politisches Wissen genug besäße, um die Vorboten des Faschismus, um die faschistische Gefahr auch bei sich daheim gleich zu erkennen. Es gibt viele, die den Fortschritt bekämpfen – und also dem Faschismus in die Hände arbeiten –, sobald es sich um die Angelegenheiten des eigenen Landes handelt; die sich aber als geschworene Antifaschisten erweisen, wenn von Deutschland, Italien oder Japan die Rede ist. Wir kennen den Typus des reaktionären Liberalen. Ihm begegnet man ziemlich oft in den Vereinigten Staaten. Wenn man ihm aber vorhält: «Das ist ja Faschismus, was Sie da propagieren» – dann leugnet er es und wehrt sich. Sogar der Zeitungskönig Hearst muß bestreiten, daß er Sympathien für Hitler hat. Es macht

hierzulande unmöglich, einer faschistenfreundlichen Gesinnung auch nur verdächtig zu sein ...

Diese bittere Erfahrung hat gerade erst ein sehr populärer
Herr, der Herzog von Windsor, gemacht. Der Exkönig von England ist, neben dem Präsidenten Roosevelt, Professor Einstein
und Clark Gable, sicherlich der berühmteste Mann von Amerika. Die Sensation, die seine Abdankung im vorigen Herbst
hier bedeutet hat, ist unbeschreiblich. Tage- und wochenlang
sah man in den Zeitungen beinah nichts als sein Porträt und
das der Miss Simpson aus Baltimore. Das leidenschaftliche Interesse der breiten Öffentlichkeit an seiner Person hat seither
nicht nachgelassen. Seine Amerika-Tour versprach das große
Ereignis der Saison zu werden. Jede Einzelheit seiner Reise-
Pläne wurde, auf den Titelblättern der Zeitungen, des langen
und breiten erörtert. Die Stimmung begann umzuschlagen,
als die Windsors ihren Besuch im Dritten Reich absolvierten.
Mit höhnischen Texten veröffentlichte man nun überall die
Bilder, die das hohe Paar im innigen Beisammensein mit den
Herren Ley, Hitler usw. zeigten. Als dann bekannt wurde, daß
der Reisemarschall des Herzogs in den Staaten Mr. Bedaux
sein sollte, der bei den Arbeitern besonders verhaßt ist, setzte
ein Sturm der Entrüstung ein. Die Herzogin hatte bekanntlich schon ihre 250 Sommer-, Herbst- und Winterkleider
in 50 Schrankkoffern verpackt und saß reisefertig im Hotel
Meurice zu Paris. Da kam das Ungewitter der Proteste über
den Ozean; der Herzog führte nervöse Ferngespräche mit Dr.
Bedaux, der seinerseits etwas fassungslos war – und das Ganze
endigte damit, daß «Wally» – wie sie in der amerikanischen
Presse heißt – ihre Koffer wieder auspacken mußte und die
fürstliche Kabine, die man an Bord der «Bremen» reserviert
hatte, von einem biederen amerikanischen Ehepaar, statt von
den Windsors, benutzt wurde. In keiner amerikanischen Zeitung habe ich ein Wort des Bedauerns über die abgesagte

214

Artikel 1938

Lustpartie des «Exkönigs» gefunden ... Die Geschichte ist hübsch und lehrreich. Sie beweist: Die Berührung mit dem europäischen Faschismus beschmutzt in den Augen der Amerikaner. Der Herzog – nachdem er die Amerika-Reise schon abgesagt hatte! – ließ immer wieder über den Atlantik drahten, daß er durchaus nicht so besonders viel übrig habe für die Herren, die in Berlin und Berchtesgaden seine Gastgeber gewesen sind. Auch Mr. Bedaux geht herum, schlägt sich an die Brust und versichert jedem, der es hören will: «Eigentlich bin ich gar kein Faschist!»

Auch die glänzende Wiederwahl des Bürgermeisters von New York, La Guardia, scheint nur ein Beweis dafür zu sein, wie populär hier ein Mann werden kann, der von Goebbels und seinen Knechten wie ein toller Hund beschimpft worden ist. («Der Obergangster-Meister von New York!» usw.) Freilich: La Guardia ist nicht nur populär wegen seiner scharfen Anti-Nazi-Haltung, sondern, vor allem, wegen seiner mannigfachen und bedeutenden Verdienste um das Gemeinwesen – und auch sein «Konkurrent», der Kandidat der Demokratischen Partei, hat sich als ausgesprochener Nazi-Feind bekannt. Aber La Guardia ist, in einem betonteren Sinn, der antifaschistische Typus; das Geschrei, das in Berlin gegen seine Person erhoben wurde, hat ihn auf eine ganz besondere Art zum Repräsentanten des Antifaschismus gestempelt. Er gilt als «linker» Mann und steht in guten Beziehungen zu den Kreisen der Arbeiter-Bewegung. Man lasse sich nicht dadurch irre machen, daß er zur «Republikanischen» Partei gehört, nicht zur «Demokratischen». Die Republikanische Partei gilt, im allgemeinen, als die konservative, kapitalistische. Bei den Präsidentschafts-Wahlen, im vorigen Jahr, propagierte sie den Gouverneur Landon – gegen Roosevelt. Für Mr. Landon setzte sich die faschistenfreundliche Hearst-Presse ein. Bei den New Yorker Bürgermeister-Wahlen war jedoch der

Kandidat der Republikaner gleichzeitig der, auf dessen Sieg die fortschrittlich Gesinnten hofften. Veränderungen von solcher Art sind in den USA möglich und nicht einmal ungewöhnlich. Charakteristisch und bemerkenswert ist übrigens, daß der «republikanische» Bürgermeister La Guardia in sehr freundschaftlichen Beziehungen zum «demokratischen» Präsidenten Roosevelt steht, während gewisse reaktionär-kapitalistische Elemente innerhalb der Demokratischen Partei heute scharf gegen den Kurs des Präsidenten auftreten.

La Guardias großer Sieg in New York bedeutete: daß die starke Mehrheit der Bevölkerung *für* den energisch fortschrittlichen Kurs, für die sozialen Reformen ist. Der «Mayor» von New York ist, ohne Frage, eine echte, originelle, imponierende *Persönlichkeit.* Er hat Energie, Zivilcourage, und er hat Humor. Übrigens ist er ein hervorragender Redner. Unlängst hatte ich die Gelegenheit, ihn lange aus der Nähe zu beobachten. Er vereinigt die Mimik und die Gesten eines Südländers mit der trockenen Schlagfertigkeit eines echten New Yorkers. Man sagt ihm nach, er habe napoleonische Züge, und daran ist etwas Wahres; seine gedrungene, kurze Figur, auch sein Gesicht lassen zuweilen an den Franzosen-Kaiser denken. Freilich stellt man sich den Korsen weniger munter, weniger gemütlich vor, als der Bürgermeister es ist. Ein undämonischer, behaglicher Napoleon: das etwa ist der erste Eindruck, den man von Mr. La Guardia bekommt ...

Die Amerikaner mögen den Faschismus nicht. Die überwiegende Mehrheit unter ihnen sympathisiert unbedingt mit den spanischen Republikanern, mit China, mit der illegalen Opposition in Deutschland, mit der Volksfront in Frankreich, mit der Tschechoslowakischen Republik. Es ergibt sich aber die Frage: Würden alle diese Amerikaner dazu bereit sein, für die vom Faschismus bedrohten – oder schon überfallenen – Länder oder Bevölkerungsgruppen etwas zu riskieren, das Äußerste zu riskieren? Es ist nicht leicht, auf eine solche Frage die Antwort zu geben. Der Satz, daß die Vereinigten Staaten nur in einer Politik der absoluten *Isolierung* ihr Heil finden können, hat hier immer noch viel Überzeugungskraft. Andererseits sind vielleicht gerade neuerdings – etwa seit Abschluß des «antikommunistischen» Paktes zwischen Deutschland, Japan und Italien – andere Tendenzen und Stimmungen im Begriffe, sich hier durchzusetzen, oder doch an Boden zu gewinnen. Die berühmte Rede des Präsidenten Roosevelt in Chicago – eine Rede, die, wie bekannt, im wesentlichen *gegen* die traditionelle «Isolierungs»-Politik gerichtet war – hat im Lande viel Opposition, aber auch viel Begeisterung ausgelöst. Es ergab sich, daß gerade die reaktionären Kreise am lebhaftesten gegen sie opponierten, während die fortschrittlichen ihr Beifall klatschten. Mit dem Pazifismus hat es ja heute, in den demokratischen Ländern, oft eine merkwürdige Bewandtnis. Den faschistischen Imperialismus gewähren lassen heißt schon, ihn begünstigen. Eine gescheite Amerikanerin sagte mir neulich: «Viele Freundinnen fragen mich: Glauben Sie wirklich, daß es Krieg geben wird? So viel Naivität ist unglaublich! Als ob die Faschisten nicht schon längst begonnen hätten mit dem Kriege – in Abessinien, in Spanien, in China! Als ob wir nicht schon mitten in einem allmählich sich ausbreitenden Weltkrieg uns befänden! Dieser Krieg wird erst dann zu Ende sein, wenn alle friedliebenden Völker das eindeutige, klare Bündnis gegen die aggressiven Nationen schließen ...» – Wie viele Amerikaner – wie viele amerikanische *Antifaschisten* sind schon bis zu dieser einfachen Erkenntnis gekommen? Von der Beantwortung dieser Frage hängt manches ab – vielleicht nicht nur die Zukunft der Vereinigten Staaten von Amerika, sondern die Zukunft der gesitteten Menschheit.

Barcelona ist ruhig

Freunde in Paris hatten uns mit Warnungen reichlich bedacht. «Unterlaßt die Reise nach Spanien! Ihr kommt zu spät, es ist fast alles verloren. Ihr werdet nur die Auflösung und das Chaos finden!» Das waren nicht Leute, die aus bösem Willen sprachen; es waren Menschen unserer Gesinnung – aber entmutigte. Wir glaubten ihnen nicht, und wir reisten. Immerhin waren all die dunklen Prophezeiungen, die wir auf den Weg mitbekommen hatten, nicht eben geeignet, unsere Stimmung unbeschwert und gar zu optimistisch zu machen. Gleich an der Grenze begriffen wir, wie sehr die entmutigten Freunde sich irren.

Die ersten spanischen Soldaten, mit denen wir zu tun bekommen, haben Gesichter und einen Blick, wie sie die Glieder einer schon fast geschlagenen Truppe niemals zeigen könnten. Es gibt eine heiter selbstbewußte Gelassenheit, die nur aufbringt, wer seiner Sache, und der Zukunft seiner Sache, durchaus sicher ist.

Ich hatte mir von Anfang an vorgenommen, meine Urteile und Impressionen achtsam zu kontrollieren. Wozu es leugnen: Man ist Partei – man ist leidenschaftlich Partei in diesem großen Kampf, von dem der spanische Bürgerkrieg nur ein Teil ist. Partei-sein muß aber nicht Blindheit und Verblendung bedeuten. Im Gegenteil: Man beobachtet wohl am wachsamsten und am schärfsten, wenn man mit dem ganzen Herzen beteiligt ist. Gewiß, als ich den ersten jungen Leuten in den Uniformen der Spanischen Republik begegnete, begrüßte ich sie mit Ergriffenheit, wie man Freunde begrüßt. Aber gerade Freunde – und zumal solche, die sich in einer gefährdeten Situation befinden – sieht man doch sehr sorgfältig auf ihren Zustand an. Man prüft ihre Mienen, ob sich die Spuren der Niedergeschlagenheit, die Verzerrungen der Nervosität, des Widerwillens, der Verzweiflung in ihnen finden. Keine Spur von all dem gab es bei den jungen Leuten, die zum Gruße die Faust hoben und dabei, halb trotzig, halb lustig, ein wenig lachten.

Fahrt durch Katalonien

Wir wollten nicht mit dem Flugzeug nach Barcelona. Vom Flugzeug aus sieht man nichts. Zwischen der französischen Grenze und Barcelona liegt ein breites Stück spanischen, republikanischen Landes. Wenn man es im Auto oder Autobus durchquert, bekommt man den ersten Eindruck von den Dörfern, den Straßen, den Menschen. Man hat, zum Beispiel, wieder einmal die Gelegenheit, sich recht grenzenlos zu erstaunen über die heitere Vergeßlichkeit, die vitale Zähigkeit, den biologischen Leichtsinn des Menschen. Das Leben geht weiter, und sei es noch so furchtbar bedroht ... Etwa zwanzig oder fünfundzwanzig Kilometer hinter der Grenze kommen wir durch die erste Ortschaft, welche die Zerstörungen durch ein Bombardement wie offene Wunden zeigt. Nicht anders denn eine offene Wunde klafft das Haus, das ein schwerkalibriges Geschoß vom Dachstuhl bis in die Grundfeste aufgerissen hat: wie auf schaurige, kleine Bühnen blickt man in die bloßgelegten, nackten Zimmer, denen die Vorderwand und Teile der Seitenwände fehlen; schamlos und melancholisch zeigen sie eine Intimität, die ehemals dem Fremden verborgen blieb – Reste von Mobiliar; Fetzen einer Tapete; an einer Wand ist sogar ein Bild hängen geblieben – niemand nahm sich wohl die Mühe, es wegzuschaffen. Hier haben Menschen gelebt, und sich geliebt, und Kinder gehabt; dann ist eine breiige Masse aus ihnen geworden; der Sohn des italienischen Herrn Ministerpräsidenten, ein vielversprechender Jüngling in seiner Art, hat erklärt, es sei sehr amüsant, auf Menschen zu zielen; es sei ein sublimer Sport, spanische Frauen und Kinder, die weder ihm noch seinem Herrn Vater eigentlich viel Böses getan haben, zu hetzen wie Rebhühner oder Kaninchen ... Ich vergesse das Bild nicht: neben dem klaffenden Haus – dem ersten von den vielen klaffenden Häusern, deren Anblick wir ertragen müssen in diesem Lande – hatte ein Töpfer seine Waren ausgelegt – runde Schüsseln und Teller, ziemlich weit auf die Straße hinaus. Da standen die Weiber und feilschten um einen Topf. Ihre Kinder hielten sie an der Hand. –

Die Straße von der Grenze nach Barcelona ist gut. Sollte sie stellenweise lädiert gewesen sein, so hat man den Schaden doch gleich wieder behoben. Der Autoverkehr ist dünn: es herrscht Knappheit an Wagen wie an Benzin. Die meisten Automobile, die uns begegnen, sind von Militärpersonen besetzt. Vor uns fährt eine Zeitlang der Wagen des Schweizer Konsulats ... Die schöne Straße führt auch am Meer entlang; wir schauen neidisch den Badenden zu, es gibt ihrer viele, man möchte mit ihnen sein, denn die Hitze ist lästig. Auf einem Bahngeleise steht ein ganzes Regiment von Burschen in Badehosen; sie lachen und winken uns zu. Es sind die Matrosen von einem Kriegsschiff, das in der Nähe liegt. Manche von ihnen haben zum Badekostüm die Matrosenmütze aufbehalten: So stolz scheinen sie auf ihren Beruf ...

Trotzige Heiterkeit

In Barcelona gilt das Erstaunen nicht den tragischen Zügen, die das Antlitz dieser Stadt bekommen hat: Die tragischen

«Aus dem Spanischen Tagebuch» 1938

Züge können nicht fehlen, da nun schon so viele Leiden dieser Stadt und ihren Menschen zugemutet wurden. Das letzte Mal, als ich sie sah – gerade ein paar Wochen vor Ausbruch der Generalrevolte – war sie heiter. Das Wunder ist, daß sie sich von dieser Heiterkeit noch etwas bewahrt hat, trotz allem. Freilich, es ist eine etwas trotzige Heiterkeit geworden ... Der Ausdruck von gelassener Selbstbewußtheit, den ich bei den Soldaten an der Grenze hatte konstatieren dürfen: auf unzähligen Gesichtern von Männern und Frauen in den Straßen von Barcelona finden wir ihn wieder. Die Stimmung, die hier herrscht, hat ebensowenig mit Lethargie zu tun wie mit Nervosität. Man geht den Geschäften und den Vergnügungen nach. Die Vergnügungen sind reduziert, und die bescheidenen Lustbarkeiten wie die Geschäfte können jeden Augenblick schrecklich unterbrochen werden durch ein neues Bombardement. Man gewöhnt sich daran. Neben einem der niederträchtig verwüsteten Häuser gibt es ein gutbesuchtes Café, wo nachmittags zum Tanz aufgespielt wird. Vor allen Cafés und Bars sitzen viele Menschen. Die Kinos, auch die Theater sind voll. Die Frauen, sorgfältig geschminkt, legen Wert darauf, hübsch auszusehen, auch wenn ihnen in der nächsten Stunde vielleicht das Dach über dem Kopf zusammenkracht. Man gewöhnt sich an alles: an das monotone Grauen der Bombardements; an die ungenügenden Verkehrsmittel – die Autobusse, die Trambahnen sind überfüllt: wie schwere Trauben hängen die Menschenbündel zu allen Seiten über das Gefährt hinaus –; an die komplette Dunkelheit der Stadt zur Nacht; schließlich sogar an den Lebensmittelmangel. Am meisten leiden wohl die Männer darunter, daß es keine Zigaretten gibt. Ein Päckchen «Camel» und ein halbes Pfund Butter: das sind zur Zeit die erlesensten Kostbarkeiten in Barcelona ... Übrigens sehen die Menschen im Durchschnitt doch noch sehr viel besser aus, als sie es etwa in

Deutschland während der letzten Kriegsjahre taten. Vor allem sind sie unvergleichlich besser gekleidet. Man hat hier keineswegs damit aufgehört, großen Wert auf élégance zu legen. Die Auslagen der Kleidergeschäfte zeigen noch immer sehr hübsche Dinge: Hemden, seidene Pyjamas, auch Anzüge. Die Etalage wirkt beinahe friedlich. Das große Ladenfenster aber ist mit Papierstreifen beklebt, damit es dem Luftdruck eher standhalte, wenn in der Nähe eine Bombe fällt ...

Übrigens hatte man uns in Paris und anderwärts mancherlei Übertreibungen aufgetischt, was die Zerstörungen in Barcelona betrifft. Die Übertreibungen sind überflüssig, die wirklichen Schäden sind gräßlich genug. Zum Beispiel ist es unrichtig, daß das Hotel Ritz «nicht mehr steht». Es war von einer Bombe lädiert worden, ist renoviert und wieder in Betrieb. Das gleiche gilt vom Hotel Colon, von dem man uns auch erzählt hatte, es sei ein Trümmerhaufen. Es sieht, noch immer, recht stattlich aus; vielleicht nicht mehr lange ... Ein Theater in der Nähe des «Colon» wurde vormittags getroffen, während die Schauspieler probierten. Das Entsetzliche schlug sie, während sie vielleicht gerade eine Todesszene übten oder einen zärtlichen Dialog ...

Die «Zermürbungstaktik» bewährt sich nicht

Alle sind sich einig darüber: die ruchlos unbarmherzige «Zermürbungstechnik», die der internationale Faschismus der Stadt Barcelona gegenüber anwendet, bewährt sich nicht. Der einfache Mann bestätigte mir, was der Außenminister Del Vayo mir sagte: in allen Schichten der Bevölkerung wächst, durch die unaufhörlichen, schaurigen Bombardements, der Wille zum Widerstand, die Erbitterung und der Trotz.

«Aus dem Spanischen Tagebuch» 1938

Der größte Bluff

Es ist noch nichts entschieden, wenn ich diese Zeilen nieder-
schreibe, und wenn Sie diese Zeilen lesen, könnte noch immer alles offen sein. Keiner weiß, welche Tragödie oder Farce
uns als nächstes bevorsteht, und nur ein Narr oder ein Gott
würde es wagen, die künftigen Ereignisse vorauszusagen. Und
doch haben uns diese letzten Tage – in der Tat schreckliche
Tage, von einer nahezu unerträglichen Spannung – zumindest einige Lektionen gelehrt, die von grundsätzlicher Bedeutung sind für alle Freunde des Friedens und der Freiheit,
für die liberal denkenden Menschen in diesem Land und
überall auf der Welt.

Wir, die deutschen Exilierten, haben während der letzten
sieben Jahre immer wieder gesagt: Hitler blufft. Alle seine Reden und Handlungen sind reiner Bluff. Sein Fanatismus ist
falsch, selbst seine Hysterie ist nur vorgetäuscht, und seine
Überzeugungen, seine sogenannte Weltanschauung gibt es in
Wirklichkeit gar nicht. Naive Leute glaubten, er sei ein «Boll-
werk gegen den Bolschewismus»; er überraschte sie durch
seinen Nichtangriffspakt mit Stalin. Das sollte sein Meister-
Bluff sein und erwies sich als Fehlschlag – vielleicht als der
große, entscheidende Fehlschlag seiner zweifelhaften Karriere. Die Demokratien ließen sich keine Angst einjagen und
gaben nicht klein bei, wie er es erwartet hatte. Sein letzter
und großartigster Trick zeigte keineswegs die überwältigende
Wirkung, die der Betrüger sich erhofft hatte. Zweifellos ist
sein Stern im Sinken begriffen. Seine Freunde geben ihn auf.
Japan sucht die Freundschaft Großbritanniens – nachdem es
die englischen Ladies in Tientsien ausgeplündert hat –; Un-
garn möchte neutral bleiben; die Türkei betont ihre Loyalität
gegenüber der «Friedensfront» – und wen würde es erstau-

nen, ließe Hitlers intimster Freund Signor Mussolini seinen Verbündeten in nächster Zukunft fallen? Wer wird diesem gemeinen Verbrecher zu Hilfe eilen, der sich ganz plötzlich in einem fürchterlichen Chaos befindet? Stalin – dessen Politik kälter und berechnender ist als die sämtlicher russischer Zaren, und zwar um seines eigenen Landes, nicht um einer Dritten Internationale willen – ist mit Sicherheit nicht an Hitlers Sieg interessiert, im Gegenteil. Und es ist beinahe unvorstellbar, daß die herrschende Klasse Großbritanniens – dieselben Leute, die Hitler lange Zeit deckten – immer noch drauf erpicht sein könnte, sein «Gesicht zu retten», das seit sieben Jahren der Alptraum jedes zivilisierten Menschen ist.

Man kann auch nicht erwarten, daß die deutschen Arbeiter Hitler als «Sozialisten» betrachten, nur wegen seines unschicklichen, hoffnungslosen Flirts mit Moskau. Die deutschen Antifaschisten, die in Konzentrationslagern für ihre wahren Überzeugungen litten und ihr Leben in Untergrundbewegungen riskierten, sie wissen fraglos, wer Hitler ist und wieviel oder wiewenig Glaubwürdigkeit seine Versprechungen verdienen.

Es wäre übertrieben zu sagen, er hätte irgendwelche Überzeugungen verraten – denn er hat gar keine. Er ist kein Fanatiker, sondern die übelste Mischung aus einem eiskalten kleinen Geschäftsmann und einem ehrgeizigen Clown. Seine «leidenden Brüder in Polen» kümmern ihn keinen Deut – die, nebenbei bemerkt, weder leiden noch seine Brüder sind. Er kümmert sich einzig und allein um seine eigene Macht; ihn interessiert nichts anderes als sein Ruhm, sein Erfolg, seine Legende. Selbst seine Macht ist ein Bluff; er ist kein Kriegsherr, sondern ein Krimineller. Er befindet sich gar nicht in der Lage, einen Krieg in Europa zu riskieren; er wäre bereits vor Tagen «losmarschiert», wenn er es nur wagen könnte. Er hat ganz einfach gehofft, mit seinem schmutzigen Erpresser-

Unveröffentlichtes Manuskript 1939

trick noch einmal davonzukommen. Es ist ihm nicht gelungen. Also muß er fallen.

«Großbritannien will Frieden», lesen wir in Chamberlains jüngster Note. «Jedoch ist das britische Volk der endlosen Sicherheitskrisen zutiefst überdrüssig. Der Frieden und alle Übereinkünfte müssen sich auf einer dauerhaften Basis bewegen ...» Das drückt genau unsere eigenen Empfindungen aus. Doch wer glaubt noch – nach all den erteilten Lektionen –, daß ein neues Abkommen mit Hitler auch nur das Papier wert sei, auf dem es geschrieben steht? Es gibt keinen Frieden ohne Hitlers Sturz. Wir müssen uns seiner entledigen.

Die Krise, in deren Mitte wir stecken, beweist einmal mehr und eindeutiger als je zuvor, daß Hitler das einzige große Hindernis zwischen der Menschheit und einem dauerhaften Frieden darstellt. Deshalb wird die Menschheit ihn nicht länger erdulden. Er ist verdammt. – Viele Fehler wurden von vielen Menschen gemacht, ungezählte Verbrechen wurden begangen. Jetzt ist nicht der geeignete Augenblick, darüber zu diskutieren. Wir können lediglich beten und hoffen, daß Hitler stürzen wird, bevor sein größter Bluff sich in die tödliche Tragödie von Millionen Männern und Frauen verwandelt.

Die Pflichten eines neuen Bürgers

Bei seiner Ankunft aus einem europäischen Land hat unlängst ein Gentleman voller Dramatik den Boden der Vereinigten Staaten geküßt, während die Zeitungsjungen und die Zollbeamten ihm lächelnd zusahen. Das war fraglos eine ziemlich rührende und vermutlich sehr spontane Geste. Und doch war es irgendwie unpassend und muß ein wenig peinlich, wenn nicht gar eine Spur abstoßend gewirkt haben. Denn die nüchternen Amerikaner erwarten von einem Neuankömmling wohl kaum, daß er den Boden dieses Landes küßt, besonders dann nicht, wenn es sich dabei um den schmutzigen «Boden» eines Zollamtes handelt. Was die Amerikaner jedoch in der Tat von uns erwarten, sind der gute Wille und unser ernsthaftes Bestreben, anständige und verläßliche Bürger dieses Landes zu werden.

Es gibt einige grundsätzliche Fehler, die relativ häufig bei gewissen «Neubürgern» vorkommen – und ich denke dabei im besonderen an die aus deutschsprachigen Ländern kommenden Einwanderer –, Fehler und Irrtümer, die wir alle zu vermeiden suchen sollten. Schauen wir uns einige davon genauer an!

Es wirkt albern oder sogar schockierend, wenn ein Neuankömmling versucht, «noch amerikanischer» als ein echter Amerikaner zu wirken. Ausgesprochen ungern erlebe ich Menschen, die gerade aus Berlin, Wien oder Kattowitz angekommen sind und sich wie «alte New Yorker» gebärden. Mit verzweifelter Anstrengung versuchen sie, irgendeinen merkwürdigen und erfundenen Slang zu sprechen, bevor sie auch nur ein einziges Wort Englisch gelernt haben. Sie verachten alles Europäische oder was sie an Europa erinnern könnte. Sie geben vor, daß es viel gemütlicher sei, in einer überfüllten Cafeteria am Broadway zu essen als in einem richtigen Restaurant. Lautstark streiten sie ab, jemals europäische Vorlieben oder Angewohnheiten gehabt zu haben. Sie sagen, Europa sei ein schmutziges, enges und garstiges kleines Etwas, während Amerika groß-groß-großartig sei, God's own country, eine Art maschinengetriebener Garten Eden. Sie verkünden,

Coca-Cola sei viel besser als französischer Champagner – was ganz einfach nicht stimmt. Mit all ihren Gesten und Aussagen sind sie ganz schrecklich darauf erpicht zu beweisen, daß sie durch und durch amerikanisch sind – was ihnen aber nicht ganz gelingt …

Es gibt jedoch eine andere Art Neuankömmling aus Europa, die noch weitaus unangenehmer ist, weil ungemein dünkelhaft. Diese Menschen sind unfähig, auch nur eine Tasse Kaffee zu trinken, ohne sich mit Trauer an das exquisite Aroma des Kaffees zu erinnern, den sie in Wien zu genießen pflegten. Sie finden New York unschön, weil ihm jegliche «historische Atmosphäre» fehlt. Das Rockefeller Center mag ja ganz in Ordnung sein; jedoch vergleichen sie es auf eine niedergeschlagene und zugleich hochmütige Weise mit bestimmten kleinen Barock-Kirchen in Bayern oder Italien. Gehen sie über den Times Square, sprechen sie unausgesetzt vom Montmartre. Sie halten die Amerikaner für sehr kühl, ziemlich naiv, ein wenig brutal und immer in Eile. «Was uns angeht, wir sind durch und durch Europäer», betonen sie mit melancholischem Stolz. Der springende Punkt ist, daß sie ziemlich töricht sind und eine Menge Unsinn von sich geben.

Ich denke, es sollte möglich sein, ein guter Amerikaner zu werden und dabei die europäischen Traditionen weder zu verleugnen noch überzubetonen. Wie bei den meisten Dingen im Leben ist alles in der Tat eine Frage der Ausgewogenheit und des Taktes. Ein neuer Bürger kann Amerika schätzen, ohne dabei etwas ihm Liebes und Teures aus seiner früheren Existenz in Europa zu verraten. Die geistigen Werte und Erfahrungen, die wir aus unseren «alten Ländern» mitbringen, sind die einzige Gabe, die wir unserer neuen Heimat anbieten können. Diese Werte und Erfahrungen müssen wir erhalten, weiterentwickeln und den neuen Lebensbedingungen anpassen.

Die Pflichten eines neuen Bürgers

Für einen frischgebackenen amerikanischen Bürger gibt es eine Menge Pflichten. Zuallererst sollte er versuchen, etwas über Amerika zu erfahren, indem er amerikanische Bücher liest – und zwar sehr viele, moderne und klassische –; indem er Freundschaft schließt mit amerikanischen Menschen; indem er soviel wie möglich herumreist. Es ist ratsam, sich in ein amerikanisches Mädchen zu verlieben. Es ist notwendig, die Bedeutung der großen Football-Spiele und der endlosen Comic-Serien zu begreifen.

Es gibt einige entscheidende Begriffe und Ideen, über die der Neuankömmling mit großer Hingabe und Ernsthaftigkeit nachdenken sollte. Er muß sich klar darüber werden, daß Demokratie kein politisches Schlagwort ist, sondern eine große Aufgabe, ein Versprechen und ein Abenteuer. Und daß Freiheit nicht nur ein schönes Wort ist, sondern auch Verantwortung beinhaltet.

Der «American way of life» mag manche Seiten haben, die dem Europäer ungewohnt oder sogar verblüffend vorkommen. Alles in allem handelt es sich jedoch um gar keinen so fremden, sondern einfach um den menschlichen «way of life». Die Pflicht eines neuen amerikanischen Bürgers besteht vor allem darin, ein anständiger Mensch zu sein. Ist er in Europa ein Unruhestifter oder Gauner gewesen, sollte er sein altes Leben schnellstens vergessen und einen neuen Anfang unter günstigeren Bedingungen machen. Ist er jedoch auf der anderen Seite des Atlantiks, in seiner früheren Existenz, zufällig ein «guter Europäer» gewesen – so wird es ihm nicht schwerfallen, ein guter Amerikaner zu werden.

Artikel 1940

Die Brüder

Über die Reise der «Nea Hellas» von Lissabon nach New York im Oktober 1940, die über die Charaktere und Schicksale, die auf diesem Griechenschiff zueinander fanden, könnte man einen phantastischen, grotesken, rührenden, erhabenen Roman schreiben (und, wer weiß, vielleicht ist ein Buch dieser Art schon in Vorbereitung …) – Das letzte Kapitel heißt «Ein Wiedersehen». Schauplatz: ein Pier des Hafens von Hoboken.

Die Szene beginnt mit der Umarmung von zwei Brüdern, die sich lange nicht gesehen haben: Heinrich und Thomas Mann. Man hat sich sehr um Heinrich Mann gesorgt: daher nun der stumme Ernst der Umarmung. Nachrichten von ihm aus Nizza haben uns kaum erreicht. Wir wußten nur: er ist in ernster Gefahr.

Nun sehen wir ihn herankommen über den Landungssteg – mit kurzen, etwas steifen Schritten –, in aufrechter Haltung, elegant und würdig wie stets. Er ist unverändert. Mit ihm sind seine Frau und mein Bruder Golo. Auch sie waren gefährdet und haben viel Ungemach überstanden – was sich ihnen auf den ersten Blick nicht anmerken ließ.

Golo war schon früher ein halbes Jahr in diesem Lande; reiste im Juli 1939 in die Schweiz zurück, um in Zürich tätig zu sein als Herausgeber der Zweimonatsschrift «Maß und Wert». Die Zeitschrift erschien auch noch während des Krieges unter der Leitung meines Bruders Golo. Als es mit den Kämpfen in Frankreich ernst zu werden schien, hielt er es in der relativ friedlichen Schweiz nicht mehr aus und meldete sich nach Frankreich, um eine Ambulanz zu chauffieren oder der Tschechischen Legion beizutreten. Die Franzosen internierten ihn; ließen ihn frei; internierten ihn wieder.

Und dann? Und wie seid Ihr aus Frankreich herausgekommen? Wie war die Reise? Was habt Ihr in Spanien erlebt? Was in Portugal?

Die Journalisten hatten sie schon ausgefragt; aber Heinrich Mann und mein Bruder Golo überlegten sich jedes Wort, bevor sie es der Journalisten-Neugier preisgaben. Man muß vorsichtig sein. Andere, noch in Europa Gefährdete, könnten sich eben jener Methoden oder hilfreichen Personen bedienen wollen, denen Heinrich und Golo ihre Rettung verdanken.

Übrigens sprechen beide lieber von der Zukunft als von dem, was nun vorbei und überstanden ist. Heinrich Mann hat einen Vertrag mit einer der großen Film-Kompanien: er wird bald nach Hollywood fahren. Golo wird einen historischen oder philosophischen Kursus geben in der New School for Social Research, dem Institut des verdienstvollen Alvin Johnson. Zunächst aber werden alle drei – Heinrich Mann, seine Frau und Golo – eine Weile bei uns in Princeton sein, um sich zu erholen von einer Reise, die wohl doch nicht ganz so unabenteuerlich war, wie sie es den Journalisten weismachen wollten.

Aber wer weint denn da? – Es ist Madame Mann: sie vergießt Tränen, inmitten all des Ankunftstrubels, der lärmenden Begrüßungen, des lauten Glücks.

«Warum weinen Sie?» frage ich. «Nun ist doch alles gut, Ihr seid hier.»

Sie lächelt unter Tränen – was immer hübsch und rührend anmutet. «Freilich», bringt sie schließlich hervor. «Jetzt sind wir ja hier ... aber – es ist doch alles nicht so leicht gewesen ...»

Artikel 1940

Entschuldigung bei Charlie Chaplin

Viele von uns sind schriftlich, mündlich oder in Gedanken ziemlich hart ins Gericht gegangen mit Chaplins politischem Märchen «Der große Diktator». Dem Komiker und Regisseur wurde vorgeworfen, seinem Film mangele es an Realismus und Logik; statt dessen sei «Der große Diktator» geprägt von barockem Humor und grotesken Übertreibungen. Die Kritiker gaben zu verstehen, daß Chaplin die gewaltigen Probleme, die er behandelt hat, mit mehr Ernst und weniger exzentrisch hätte gestalten sollen.

Ich bekenne, daß wir uns geirrt haben und dem Genie Charlie Chaplins Abbitte schuldig sind. Sein Film mag schwache Stellen haben und ist wohl kaum das erfolgreichste seiner Werke. Es ist jedoch unfair, diese kühne Phantasmagorie als Verzerrung der Realität abzuwerten.

Die traumähnliche Episode der Flucht von Rudolf Hess nach Schottland bestätigt nicht nur, sondern übertrifft sogar die kühnsten Vorstellungen. Ganz abgesehen von den politischen Implikationen und Folgerungen – es ist in der Tat eine unvergleichliche Episode. Denn sie enthüllt mit einer geradezu wunderbaren Schlichtheit den ganzen Wahnsinn des Phänomens «Nationalsozialismus». Jedes einzelne Detail ist ungemein amüsant, Chaplin hätte es nicht besser treffen können. Die rot lackierten Zehennägel, die Hess der befremdeten Krankenschwester in Glasgow zeigt; die Nazi-Ehrenzeichen, die seinen britischen Pyjama schmücken; die Narkotika in seinen Uniformtaschen; der Messias-Komplex in seinem verwirrten Hirn: der ganze Aufbau ist perfekt.

Ist Hess wahnsinnig? Ist er ein Schwindler? Ein verwirrter

Idealist? Der Kopf einer heimlichen Verschwörung gegen Hitler? Wenn diese Zeilen ihre Leser erreichen, mag die Antwort bekannt sein, oder auch nicht. Jedoch keine noch so plausible Erklärung könnte die tiefe Absurdität dieses Zwischenspiels ändern.

Sind die Machthaber eines großen Landes wahnsinnig? Oder finden sie es korrekt und erfolgversprechend, den Machthabern eines anderen großen Landes gegenüber derart niederträchtige Tricks anzuwenden? Fürchten sich diese Machthaber derartig voreinander, daß einer von ihnen – den der oberste Chef immer «meinen großartigen Maurice» nannte – in ein Flugzeug springt und bei einem verhaßten, geschmähten und verachteten Feind Zuflucht sucht?

Was ist das für ein Land? Was sind das für Leute, diese sogenannten Machthaber? Soll die neue Ordnung nach ihrer Vorstellung so aussehen? Was hat dieser schmutzige Alptraum mit den hehren Zielen der menschlichen Geschichte zu tun?

Daß der Nationalsozialismus entsetzlich ist, weiß man seit Jahren. Charlie Chaplin und Rudolf Hess erinnern uns an seine unbeschreiblich lächerlichen Momente. Einen verblüffenden Augenblick lang erreicht die blutige Tragödie die wilde Ausgelassenheit einer geistvollen Farce. Und wir dürfen zur Abwechslung unter Lachen die Fragen stellen, die wir schon so oft mit Schrecken und unter Tränen gestellt haben: Kann das wahr sein? Kann das von Dauer sein?

Dank an André Gide

Dies ist kein Essay über den größten lebenden Schriftsteller Frankreichs, einen der größten überhaupt. Es gibt viele Versuche zum Thema André Gide; längst ist die Sekundärliteratur umfangreicher als sein eigenes schlankes Werk, als dessen erzählerische Gipfelleistungen «Die Falschmünzer» und «Die Verliese des Vatikan» herausfordernd vor uns aufragen. Jetzt und hier, anläßlich dieses Sonderhefts, kann es meine Sache nicht sein, Gides vieldeutigem Genius nachzuspüren. Ich will nichts als danken.

Ich war achtzehn, als die nervöse Inbrunst des «Immoraliste», die Zärtlichkeit der «Porte étroite» mich erstmalig ergriffen. Seither haben Gides Wesen und Botschaft nicht aufgehört, mich anzuziehen und zu begleiten. Meiner Generation war er, was der verlorene Sohn dem jungen Bruder ist, da er, gereift und tief erfahren, heimkehrt. Das Gespräch der beiden beschwört Gide in einer der unvergeßlichsten Szenen, die er je geschrieben: in der «Heimkehr des verlorenen Sohnes». Der bewunderte Bruder bestätigt, was das Kind in seinen Träumen längst erahnt hat, daß es Königreiche zu entdecken gibt, außerhalb der vertrauten Hierarchie, auch Länder ohne König. Der Reisende – erschöpft, aber noch umglüht von der Verführung fremder Zonen – hat die Frucht des Abenteuers und der Rastlosigkeit mitgebracht: nicht den Apfel der Weisheit, der den Durst stillt, vielmehr den wilden Granatapfel, dessen bittersüßes Aroma durstiger macht und dich deine *Sehnsucht lieben* lehrt.

Gide – ein inspirierter Gefährte weit eher als ein Führer – hat nie behauptet, er vermöchte unsere Zweifel zu stillen: Er nahm unsere Fragen vorweg, fing sie auf, und unendlich vertieft warf er sie uns zurück. Unsere eigene Schwankheit erkannten wir wieder im fortwährenden Monolog seiner Schriften.

Auf seltsame Art gewinnen seine einsamsten Abenteuer allgemeine Gültigkeit. Immer spiegeln und erhellen seine Bekenntnisse das menschliche Drama. Noch die persönlichsten Eintragungen im Tagebuch sind zugleich gewissenhafte Beichte und Teil einer großen Chronik – der unseren. Sein drängender Geist kennt keinen Stillstand. Der dialektische Prozeß, dem nicht auszuweichen ist – längst hat Gide ihn aufgezeigt und durchsichtig gemacht.

Seine karge, freudlose Jugend; die religiöse Krise, die ihn während des Ersten Weltkrieges packte und emporriß; seine soziale Bewußtwerdung während der Reifejahre – eine Entwicklung, die mit seinem Besuch der UdSSR ihren Höhepunkt erreichte: All diese Aufbrüche und Wandlungen scheinen die Erlebniskraft des einzelnen zu übersteigen. Die produktive Spannung zwischen Freiheit und Disziplin, die Gides geistiges Leben beherrscht, gibt auch unserer Bemühung und Suche den Antrieb. Was er will, ist äußerste Unabhängigkeit *und* eine Ordnung, die ihm annehmbar wäre. So fühlte der sprunghafte Pilger sich von der Hierarchie der katholischen Kirche angezogen und abgestoßen – wie vom Kommunismus; von heidnischen wie von christlichen Mythen. Nichts gibt es in europäischer Tradition, nichts in Wesen und Begriffswelt des Ostens, was er fremd und unzugänglich fände. Kein zweiter französischer Schriftsteller steht mit fremden Literaturen auf so vertrautem Fuße: Goethe und Nietzsche gelten ihm soviel wie Racine und Pascal; Walt Whitman und Dostojewskij mehr als Victor Hugo und Balzac. Von seinen zahllosen Reisen und Eskapaden kehrt er heim, nie befriedigt, stets bereichert; immer angeregt, doch unveränderlich, unwandelbar im Kern; unbestechlich und unermüdlich; ewig jung und begeistert – unerhörten Experimenten stets auf der Spur, unersättlicher Neugier voll.

Der Geist, der ihn beflügelt, ist zart, aber zäh: er wird dauern. In vielen Feuern verbrannt, vertraut mit allen Anfechtungen und Gefahren, wird er auch die Heimsuchung unserer Tage besiegen. Denn er ist Phönix, der sich in der

Artikel 1941

eigenen Glut verzehrt, nur, um der eigenen Asche zu entsteigen – verjüngt, farbiger und heiterer denn je.

Wenn ich «Europa» denke, meine geliebte, verdorbene Heimat, dann ist es die Gestalt André Gides, bei der ich verweile. Wie tröstlich, den sanften Zauber seiner Stimme wieder im Ohr zu haben, der wahren Stimme des Erdteils.

Ich stell ihn mir vor, wie er am Mittelmeer spaziert, irgendwo zwischen Nizza und Cannes, ein wenig gebückt, doch elastisch wie immer; altersloser Wanderer in dunkler Pelerine. Sein Gesicht – stolz, doch empfindlich unterm ehrwürdigen Schlapphut – ist tief gezeichnet von den Narben der Kämpfe.

Was sieht er denn in den flüchtigen Nebeln der Dämmerung? Welche Rätsel beunruhigen ihn? Was verspricht er sich, jetzt, da er lächelt? Er spaziert weiter – einsam, aber nicht verloren. Und nicht gedemütigt durch Schmach und Elend der Gegenwart. Denn er besitzt, was kein Eroberer konfiszieren kann: das unzerstörbare Erbe der Vergangenheit und die Vision kommender Abenteuer, zukünftiger Siege.

The Last Decision

«Nach Scheitern seiner Zeitschrift begeht Sohn eines berühmten Romanciers Selbstmord ...» Das ist keine allzu große Sensation. Gewiß würde eine Story über Barbara Huttons Scheidung mehr Beachtung finden.

«Ältester Sohn eines Nobelpreisträgers nimmt sich das Leben aus Enttäuschung über Mißerfolg seiner Literaturzeitschrift ...» Das ist nichts Besonderes. Taugt nicht als Schlagzeile.

Ich will versuchen, es etwas interessanter zu machen.

Ich werde Ihnen erzählen, was hinter diesem trostlosen Fall steckt («neurasthenischer Schreiberling kommt über das Scheitern einer langweiligen Zeitschrift nicht hinweg ...»). Ich will Ihnen verraten, was wirklich vorgegangen ist. Denn jetzt bin ich endlich frei und darf sprechen.

Der Sohn des berühmten Romanciers – übrigens selbst ein durchaus begabter Schriftsteller – hatte den Wunsch zu sterben und faßte den Entschluß dazu, allerdings *nicht* wegen des Scheiterns seiner Zeitschrift. Denn – das muß zuerst gesagt werden – ein Scheitern gab es nicht. Vielmehr gab es etwas, was man einen «literarischen Erfolg» nennt. Aber niemand war bereit, ihm die nötige Unterstützung zu geben. Diese traurige Tatsache – daß kein Geld da war – hätte kaum ausgereicht, mich zu entmutigen, zu erledigen. Sicher, sie stellte ein Ärgernis dar; doch habe ich Mißlicheres erlebt. Was mich entmutigt und tatsächlich erledigt hat, war die Art und Weise, wie manche Leute sich wegen dieses riskanten Unternehmens – eine literarische Zeitschrift im Jahr 1941 zu machen – mir gegenüber verhielten. Denn dies ist ein böses Jahr, und dies ist auch kein so gutes Land.

Es ist ein starkes Land, zweifellos – ein mächtiger Koloß, beladen mit Reichtum, geladen mit Energie. Es *könnte* auch ein gutes Land sein. Natürlich steckt es voller herrlicher Möglichkeiten. Wenn all die fruchtbaren Impulse, all die schöpferischen Kräfte, die in seiner riesigen Bevölkerung vorhanden sind, je auf einen einzigen, großen, konstruktiven Gedanken konzentriert werden könnten, wäre das Ergebnis überwältigend; es wäre mitreißend und erhebend genug, um die Welt zu verändern und sie zu retten. Aber ich sehe ihn nicht, den großen, einigenden Gedanken. Vielmehr: die Amerikaner sehen ihn nicht. Ihre schöpferischen Kräfte sind verstreut und enttäuscht.

Unveröffentlichtes Manuskript 1942

Der Versuch, jenes Amerika, welches Walt Whitman verkündete und besang, jenen «unauflösbaren Kontinent», jenes «göttliche, magnetische Land» zur Realität werden zu lassen, ist hoffnungslos gescheitert. Der einzige wirklich große Dichter, den dieses Land je hervorgebracht hat, Whitman, ist ohne Einfluß geblieben, ohne Widerhall. Was ist aus seinem glühenden «Salut au Monde» geworden? Die rohe Selbstzufriedenheit einiger überbezahlter Leitartikler.

Ich sehe keinen Grund zu hoffen, Amerika werde sich seiner ungeheuren Aufgabe würdig erweisen. Was ich sehe, sind Überheblichkeit und Ignoranz, Habgier und Eitelkeit – in beiden Lagern, dem der Isolationisten und dem der Interventionisten.

Selbstredend sind die Isolationisten die Schlimmeren. Der Gedanke, mit Hitler Geschäfte zu machen, ist zu gemein, um diskutiert zu werden; die Hoffnung, eine nette, kleine Oase inmitten des allgemeinen Chaos einrichten zu können, ist ihrerseits zu lächerlich, um diskutiert zu werden. Wer immer noch nicht vermag, Hitlers grundlegende Abscheulichkeit einzusehen, wer immer noch die universelle Katastrophe herunterspielt, die sein Sieg bedeuten würde, muß unglaublich dumm oder gemein sein. Doch die Tatsache allein, daß die Nazis so ganz und gar verderbt sind, bedeutet noch lange nicht, daß alle Nazigegner große Helden sind. Viele von ihnen sind weder heldenhaft noch besonders scharfsinnig.

Hitler wird diesen Krieg verlieren. Natürlich wird er das, denn er ist dem Untergang geweiht. Doch die Frage, um die sich alles dreht, ist die: Wer wird der Sieger sein?

Wird das Volk diesen Krieg gewinnen? Die Intellektuellen? Besteht überhaupt eine Chance, daß diejenigen, die geduldig und stark genug sind, um diesen Schrecken zu überstehen, zu ihren Lebzeiten eine Weltdemokratie erleben oder gar selbst schaffen werden?

Ich glaube kaum. Deswegen will ich nicht mehr leben.

Wenn ich mich zwischen den finsteren Prophezeiungen von Dr. Paul Joseph Goebbels und Henry Luces verwegenem Traum eines «amerikanischen Jahrhunderts» entscheiden muß, begehe ich lieber Selbstmord.

Was hat das alles zu tun mit meiner Zeitschrift?

Die Dinge liegen einfach so, daß dieses bescheidene Unternehmen – die Gründung einer Zeitschrift, die *Decision (Entscheidung)* heißt, und der verzweifelte Kampf um ihr Leben – mich einige wichtige Dinge gelehrt hat. Ich muß sagen, es war eine gute Gelegenheit, die «Vorhut des Liberalismus» zu studieren und zu beobachten. Ich habe das Vergnügen gehabt, mit den meisten ihrer Vertreter in persönlichem Kontakt zu stehen. Ich habe ihr wahres Gesicht gesehen.

Sie sind gefühllos, snobistisch, egoistisch. Gelähmt von ihrer Eitelkeit, besessen von ihrer Sucht, Geld zu scheffeln. Mich haben sie gedemütigt, geschnitten und zugrunde gerichtet: Das verdanke ich ihrer grenzenlosen Trägheit und Überheblichkeit und ihrem bestürzenden Mangel an Mitgefühl und schöpferischer Einbildungskraft.

Anfangs schickten sie mir reizende Mitteilungen und gestatteten mir, ihre Namen zu verwenden, als ich das «Herausgebergremium» bildete. Doch sobald sie entdeckt hatten, daß es keinen fetten, einflußreichen Geldgeber gab, zogen sie sich aus der Affäre zurück – langsam und gnadenlos. Als ein gemeinsamer Freund Dorothy Thompson gegenüber meine Zeitschrift erwähnte, murmelte sie mit jener eleganten Gleichgültigkeit, die für temperamentvolle Redner typisch ist, wenn sie von der Tribüne herabgestiegen sind: «Ja doch … sicher, ich weiß … ein netter Bursche, dieser Klaus Mann, ein ganz reizender Bursche … Aber ich habe ja kein Privatleben. *Gar kein* Privatleben.»

Sie versprachen mir Beiträge – sie alle: Pierre Van Paassen, Vincent Sheean, Robert Sherwood usw. Doch das Material blieb aus. Honorare wie die der «Saturday Evening Post» konnte ich nicht bezahlen.

Einer der reichsten Männer hierzulande, Marshall Field, versprach mir – versprach mir, *ich schwöre es!* – eine beträchtliche Geldsumme. «Wenigstens einen Teil», wie er sich ausdrückte, der 20 000 Dollar, die ich brauchte. Drei Wochen später erhielt ich ein Schreiben dieses großen Mäzens, das mit folgendem Absatz anfing: «Ich fürchte, Sie sehr enttäuschen zu müssen, doch nachdem ich dieses Thema mit einigen meiner Berater besprochen habe, bin ich zu dem Entschluß gekommen, aufgrund anderer Verpflichtungen davon Abstand zu nehmen, eine Investition in die Zeitschrift ‹Decision› zu riskieren.»

Ein italienischer Soziologe mit einer Mephistopheles-Maske anstelle eines Gesichts und einer reichen Frau anstelle jeglicher Begabung behandelte mich wie den letzten Bettler, weil ich den fatalen Fehler gemacht hatte, *keine* Dame geheiratet zu haben, die dreißig Millionen besaß. Analphabetische Geschäftsleute aus Rumänien oder Polen prahlten mit ihrem Interesse für die Kultur und verweigerten mir einen Scheck. Durch eine Hölle von Beleidigungen und Enttäuschungen mußte ich gehen. Ständige Plagen waren für mich: leere Versprechungen, ausweichende Worte, die sich endlos verspätende Ablieferung überfälliger und unzureichender Beiträge. Ich war sehr geduldig und war ausdauernder, als ich es je von mir erwartet hatte. Ich *wollte* die Zeitschrift retten. Sie bedeutete mir ja so viel – als Zeugnis, als Waffe, als Verheißung. Ich wollte sie zu einem Forum internationaler Literatur werden lassen – zum Sprachrohr und Künder einer künftigen Weltzivilisation.

An Ermunterungen fehlte es auch nicht. Ich erhielt Briefe von mir unbekannten Lesern, intelligenten, unprätentiösen und verständnisvollen Menschen. Für jede Geste, für jedes Zeichen der Sympathie war ich dankbar. Einige meiner Freunde machten die rührendsten Anstrengungen, ein Vorhaben zu fördern, das sie als lohnend betrachteten. Die beiden, die sich in ihrem Einsatz für «Decision» als die Eifrigsten und Unverdrossensten erwiesen, waren Maurice Samuel und mein Freund Thomas Quinn Curtiss. Letzterer – er dient jetzt in der amerikanischen Armee – ist ein ungewöhnlich begabter junger Kritiker.

Mein Vater unterstützte mein tollkühnes Unterfangen mit der soliden Autorität seines Namens. Männer wie Max Lerner, Upton Sinclair und Louis Fischer sagten und schrieben mir: Sie leisten großartige Arbeit! Wichtige Arbeit. Lassen Sie nicht davon ab. Meine fabelhafte Redakteurin, die amerikanische Dichterin Muriel Rukeyser, sagte beharrlich: Verzagen Sie nicht! Machen Sie weiter!

Doch ich konnte nicht weitermachen – weil Mr. Field andere Verpflichtungen hat und weil Miß Thompson kein Privatleben hat. Ich konnte nicht weitermachen, weil dieselben Gläubiger, die ein Auge zudrücken, wenn es um Hunderttausende von Dollars geht, ungehalten und unnachgiebig werden, wenn von weniger eindrucksvollen Verpflichtungen die Rede ist. Ich konnte nicht weitermachen, weil die Geldknappheit mein eigenes Büro demoralisierte: Mein Geschäftsführer, der das Magazin mit mir ins Leben gerufen hatte und dem ich mein uneingeschränktes Vertrauen geschenkt hatte, wandte sich gegen mich und machte böswillig eine meiner letzten Chancen zunichte.

Ich mußte die Zeitschrift aufgeben. Und ich will sterben, weil ich unfähig war – unfähig *bin* –, die grenzenlose Anhäufung von Mittelmäßigkeit und bösem Willen, von ehrsüchtiger Ignoranz und egoistischer Faulheit zu akzeptieren und zu ertragen, von der die Welt und dieses Land regiert werden.

Unveröffentlichtes Manuskript 1942

Warum schreibe ich diese Beschwerden nieder? Warum verderbe ich mir meinen letzten Abend, indem ich meine Verbitterung zum Ausdruck bringe? Habe ich sonst nichts zu sagen? Soll dieser Ausbruch von Unwillen und Enttäuschung tatsächlich mein letztes Wort, mein letzter Wille sein?

Nein, gewiß nicht. Es gibt eine Menge anderer Dinge, die mich beschäftigen – einige sind so traurig, daß sie mich schon vor vielen Jahren hätten töten können; andere so lieb und schön und begeisternd, daß sie mich auch jetzt noch fast daran hindern könnten, mir das Leben zu nehmen. Und doch ist es diese Bagatelle um meine Zeitschrift «Decision», die ich nicht überleben wollte und der ich meine letzten Gedanken und Worte widme.

Es ist nicht so, daß ich die Bedeutung der Zeitschrift überschätze. Wie könnte ich auch? Ich bin kein Narr.

Cities in the News (2): Tunis

Wenn der Krieg gewonnen ist und die Jungs nach Hause kommen, wird es eine Menge Geschichten zu erzählen geben. Denn sie sehen und erleben in diesen Tagen erstaunliche Ereignisse und wunderbare Landschaften – unsere wißbegierigen Burschen aus den Kleinstädten des Mittleren Westens, von den Plantagen des Südens, aus den Dörfern Neu-Englands und von den Ranches in Kalifornien. Es wird ihnen leichtfallen, ihre mit großen Augen dabeisitzenden Freunde und Verwandten mit phantastischen Geschichten zu unterhalten über das Leben in China, auf den Westindischen Inseln, in Sizilien und Australien, Island und Marokko. Die Mütter, Bräute, Großväter und jüngeren Brüder werden gespannt zuhören bei den Erzählungen der jungen Männer, die den Krieg in Übersee miterlebt haben – beispielsweise während des Tunesien-Feldzugs.

Ihre Berichte werden logischerweise ebenso grausam und furchtbar sein wie die Erfahrungen, die sie gemacht haben; das moderne Kriegshandwerk, gleich wo es ausgeübt wird, hat nichts Angenehmes oder Romantisches an sich. Doch selbst für einen vielbeschäftigten Offizier oder einen hart arbeitenden Landser gibt es Tage der Ruhe, des Urlaubs und entspannter Wochenenden. Möglicherweise haben einige der Männer ihre freien Tage in Tunis verbracht. Sie werden berichten, was für eine wundervolle Stadt Tunis ist.

Meine eigenen Erinnerungen an Tunis sind durchdrungen von einem Geruch aus Tausendundeiner Nacht – von jener würzigen, unwiderstehlichen Duftmischung aus Moschus und Rosenöl, Mandeln, türkischem Kaffee, Schmutz, Hammel am Spieß mit zuviel Knoblauch, staubigen Seidengewändern, üppigem exotischem Backwerk, süßem Tabak, süßem Wein, Myrrhe und Blut. Tunis verfügt über all diese Düfte, die sich in seiner unvergleichlichen Atmosphäre mischen mit einem zarten, zugleich penetranten Hauch Pariser Parfums – einem zarten Anflug von «Mille Fleurs» (der tausend Blumen von den Boulevards) im Land von Tausendundeiner Nacht.

Das Französische und das Arabische vertragen sich erstaunlich gut miteinander. Es scheint, als gäbe es eine Art natürliche Affinität zwischen diesen beiden alten Kulturen: sowohl die maurische als auch die gallische Kultur ist elegant, ritterlich, sinnlich und heiter. Vielleicht kamen die Franzosen deshalb so gut mit den mohammedanischen Einheimischen zurecht – viel besser als die erregbaren, eitlen Italiener. Die Franzosen kennen keine Rassenvorurteile. Sie sind anpassungsfähig und tolerant, und bei aller Geschäfts-

Artikel einer 9-teiligen Serie 1943

tüchtigkeit und gelegentlichen Grausamkeit äußerst diplomatisch.

In Tunis haben sich Elemente zahlreicher Rassen und Kulturen vermengt. Es existieren noch Spuren aus einer fernen Vergangenheit, als die Stadt unter numidischen, phönizischen und römischen Einflüssen stand; vor nicht allzu langer Zeit folgte eine Phase türkischer Herrschaft. Momentan besteht die Bevölkerung (219 578 Einwohner im Jahre 1936) nicht ganz zur Hälfte aus einheimischen Mohammedanern. Nach ihnen sind die Italiener mit 56 000 Einwohnern die größte nationale Minderheit, gefolgt von 46 000 Franzosen und den Juden mit 27 000 Bürgern. Seinem Erscheinungsbild und Lebensstil nach ist Tunis jedoch eindeutig eine französisch-arabische Stadt.

Der französische Stil und die arabische Tradition scheinen vollkommen ineinander überzugehen, zu einer Einheit zu werden, obwohl das europäische Viertel und das Einheimischen-Viertel säuberlich getrennt sind. Im französischen Viertel schlendert man die Boulevards entlang – vorbei an hellen und großzügigen Plätzen und Alleen mit Springbrunnen, Palmen, Terrassencafés, wohlsortierten Geschäften und pompösen Hotels. Ebensogut könnte man sich in einer der blühenden Städte Südfrankreichs befinden – in Nizza oder Perpignan. Es gibt Bars, Varietés, Regierungsgebäude (Tunis ist die Hauptstadt des französischen Protektorats Tunesien), Krankenhäuser, eine öffentliche Bibliothek und eine römisch-katholische Kathedrale. Alles ist sehr sauber, wohlhabend und repräsentativ.

Aber irgendwie spürt man inmitten dieses konventionellen Rahmens die Nähe von etwas ganz anderem – etwas Seltsamem und Verführerischem. Die Mittelmeerbrise trägt geheimnisvolle Botschaften herüber aus der «ville Arabe», der Araberstadt – Gerüche, Geräusche, Fetzen nostalgischer

Musik. Man geht durch ein Tor – ein malerisches, maurisches Portal – und befindet sich plötzlich in einer verzauberten und exotischen Welt, einer Märchenkulisse.

Das sind die «Souks», Handelszentrum und gesellschaftlicher Mittelpunkt des arabischen Viertels – ein Labyrinth aus engen Straßen, viele von ihnen im Halbdunkel, wie unter einem Zeltdach; es wimmelt von bärtigen Männern in langen, farbenprächtigen Gewändern, verschleierten Frauen und dunkeläugigen und schmutzigen Kindern. Wie faszinierend ist es doch, die Geschäftigkeit und das Treiben in den schattigen Basaren zu beobachten, wo der prachtvolle Trödel sich wie aus einem Füllhorn aus den höhlenartigen Geschäften buchstäblich bis auf das Pflaster ergießt. Mit unermüdlicher Beredsamkeit preisen die Händler ihre phantastischen wie zweifelhaften Waren an – Parfums, Süßigkeiten, Umhänge, Schals, Schmuck, verschiedenste Produkte aus marokkanischem Leder. Die eigensinnige Hartnäckigkeit und Intensität ihrer Anpreisungen sind unterhaltsam wie eine Varietévorstellung. Verweilt man in dem schwülen Dämmerlicht ihrer Verkaufsstände, kann man sich prächtig amüsieren – man bewundert die üppige Ausstellung orientalischer Genüsse und schlürft das gratis angebotene Gebräu, genannt Café Turque. Natürlich soll man etwas kaufen. Tut man es jedoch nicht, ist der beredte Händler wehrlos. Was kann er schon tun, wenn man ihm erklärt – nachdem der Spaß vorüber ist –, man habe leider das Geld im Hotel vergessen und ohnehin keine Zeit mehr. Er wird einen verfluchen, einem Verwünschungen entgegenschleudern; aber das macht gar nichts; im Gegenteil, dies scheint als gewaltiges, dramatisches Finale zu der ganzen Vorstellung dazuzugehören.

Es macht großen Spaß, durch das Araberviertel zu flanieren – das von den eleganten, massiven Türmen der Moscheen und dem herrschaftlichen Palast beherrscht wird, von dem

Artikel einer 9-teiligen Serie 1943

aus der Bei von Tunis unter französischem Protektorat sein Land regiert. Es gibt dort stets etwas zu sehen, zu riechen, zu hören; alles ist stets voller Leben – des intensiven und gleichzeitig entspannten Lebens im Orient. Es ist nicht schwer, mit den Arabern Freundschaft zu schließen oder zumindest ein paar Stunden in ihrer anregenden Gesellschaft zu verbringen. Was die Frauen betrifft, sind diese natürlich tabu – mit Ausnahme derer, die amerikanischer Währung nicht abgeneigt sind und sich unter Umständen bereit finden, ihren Schleier ein wenig zu lüften.

Wenn man des Schauspiels «Tunis» müde ist, kann man einen Ausflug zu den Ruinen von Karthago unternehmen, die etwa zehn Meilen nordöstlich an der Küste liegen. Das Verblüffende an diesem Monument ist, daß es eigentlich kein Monument ist. Von der Stadt, die einst eines der mächtigsten Zentren der antiken Zivilisation war, ist tatsächlich nichts mehr übrig. Ein paar zerbrochene Säulen und Vasen, einige brüchige Werkzeuge und Waffen, alles Museumsstücke, melancholische Symbole versunkenen Glanzes und vergessenen Ruhms – das ist alles.

Ja, die römischen Legionen, die Karthago vor mehr als zweitausend Jahren eroberten, haben schrecklich gründliche Arbeit geleistet. Die Jahrhunderte haben ihr Werk der Zerstörung vollendet. Unbarmherzig vergeht, zerfällt und wird zu Staub, was einmal das ewige Denkmal menschlicher Größe hätte sein sollen.

Sehen Sie sich diese verwitterten Steine nur genau an! Ihrer stummen Botschaft zu lauschen, stimmt demütig und nachdenklich. Man wird daran erinnert, daß all unsere Triumphe und Monumente sich als ebenso vergänglich erweisen könnten wie diese leblose, traurige Metropole an der Küste des immer gleichbleibenden, ewigblauen Mittelmeers.

Es gibt keine Heimkehr!

Auf diese Aufgabe hatte ich zwölf Jahre lang gewartet. Ich wurde «vorübergehend abkommandiert» in den bereits von den Alliierten besetzten Teil Deutschlands, um Material zu sammeln für einen Bericht über die Situation in Österreich und Bayern.

Vorab muß ich erklären, warum mir gerade diese Aufgabe so willkommen war. Ich bin in Bayern geboren und aufgewachsen. München ist meine Vaterstadt; 1933, als Hitler an die Macht kam, habe ich den Ort verlassen und seither nie mehr wieder betreten. Deshalb war ich sehr gespannt, wie die herrliche Stadt an der Isar die Stürme der letzten Jahre und Monate überstanden hatte.

Außerdem lebten dort ein paar Freunde, von deren politischer Integrität ich überzeugt war und die ich gern wiedersehen wollte. Und dann gab es dort natürlich noch das Haus unserer Familie in einem der noblen Münchner Vororte, eine geräumige Villa nahe der Isar, wo ich meine Kindheit verbracht hatte und auch noch eine Reihe von Jahren als Erwachsener. Die Nazis hatten das Haus 1933 übernommen – ohne jede Begründung.

Die ersten Deutschen, die ich auf meiner Reise sah, waren angeblich entwaffnete Landser, welche die Straßen Norditaliens bevölkerten. Ich betone «angeblich», weil viele immer noch Waffen trugen; besonders deutsche Feldpolizisten waren wohlausgerüstet mit Gewehr, Bajonett und Stahlhelm. Ihre Aufgabe bestand darin, für Ordnung zu sorgen unter den deutschen Soldaten und sie vor der Wut italienischer Patrioten zu schützen.

Was für ein seltsamer Anblick! Auf den Landstraßen und in den Gassen von Städten wie Trient oder Bozen stießen

Kolonnen von deutschen Soldaten auf amerikanische Kampf-
truppen – und meist waren es zehnmal so viele Deutsche wie
Amerikaner. Es gab offensichtlich keinerlei Verbindung oder
Verbrüderung, aber auch keine Reibereien. Die GIs erzähl-
ten mir, daß sie nicht gern von «Krauts» umgeben seien ohne
die Erlaubnis, auf sie zu feuern. Andererseits gaben sie zu: Es
wäre schwierig geworden, in einem so zerklüfteten Gelände
eine Anzahl feindlicher Divisionen «aufzureiben»: Die Kapitulation sei gerade recht gekommen.

Dasselbe schienen auch die Deutschen zu denken. Ihr Verhalten kann man als korrekt beschreiben. Das heißt nicht,
daß es freundlich oder den Umständen angemessen gewesen
wäre. Sie schienen nicht begriffen zu haben, daß sie besiegt
waren. Gut genährt, gut gekleidet, wohlorganisiert, wirkten
sie selbstgerecht wie immer und keineswegs demoralisiert.

Ich sprach mit einigen von ihnen. Nach ihrer Meinung
hatte die Kapitulation an der italienischen Front nichts zu
tun mit einer totalen deutschen Niederlage, sondern war lediglich ein schlau eingefädelter Coup ihrer Führung. Einer
der deutschen Offiziere – ein brutal aussehender Preuße mit
einem rosig-fetten Schweinsgesicht – hatte die Unverschämtheit, mich zu fragen, ob es wahr sei, daß wir Streit mit den
Russen hätten und daß die gegenwärtige Situation nur das
Vorspiel für eine künftige deutsch-amerikanische Allianz gegen die Sowjetunion sei.

Während ich ihm die Meinung sagte, schwor ich mir,
diesen bösartigen Dummkopf in Wehrmachtuniform nicht
zu vergessen. Es würde hilfreich, vielleicht sogar notwendig
sein, sich an die arrogante Grimasse zu erinnern, wenn irgend jemand, ein Deutscher oder einer ihrer Sympathisan-
ten, versuchen sollte, mich davon zu überzeugen, daß das
deutsche Volk eigentlich harmlos und unschuldig sei, allen-
falls verführt von einer kleinen Gruppe Krimineller. Dieser

grinsende Landser, der hier vor mir stand, hatte kaum zur Führungsspitze der Nazi-Hierarchie gezählt. Sein Auftreten erinnerte eher an einen recht erfolgreichen Geschäftsmann, den man in eine Hauptmannsuniform gesteckt hatte. Aber seine Gedanken und sein Gerede waren das reinste Gift. Es gibt Millionen seines Schlages. Das also sollen unsere zukünftigen Verbündeten sein!

Trotz der lästigen Anwesenheit so vieler «Herrenmenschen» war Norditalien ganz offensichtlich befreit. Die Atmosphäre, die zwischen Bologna und dem Brenner-Paß herrschte, war bestimmt von großer Freude sowie einem leichten Anflug von Verwirrung und Anarchie. Fast jedes bewohnte Gebäude war mit den Farben Italiens geschmückt, und viele Mauern trugen in großen, unbeholfenen Buchstaben Aufschriften wie diese: «Danke für die Befreiung – wir haben lange gewartet.»

Das Bild änderte sich, sobald wir den Brenner überschritten. Die Straße fanden wir in einem unerwartet guten Zustand. Die meisten Schäden waren, dank der Tüchtigkeit unserer Ingenieure, schon behoben. Was allerdings die Eisenbahnanlagen betraf, hatten unsere Bomber ganze Arbeit geleistet. Für einen technischen Laien sah das Durcheinander von verbogenem Metall und zersplittertem Holz so schrecklich aus, daß man kaum zu hoffen wagte, die Strecke könne jemals wieder benutzbar sein.

Jenseits des Passes wehten viele rotweiße Fahnen, die österreichischen Farben aus der Zeit vor Hitler. Aber der Unterschied zwischen Eroberung und Befreiung war deutlich zu spüren, als wir österreichisches Gebiet betraten. Amerikanische Soldaten bewachten strategische Punkte und patrouillierten mit größter Wachsamkeit in den Dorfstraßen. Es gab kein Lächeln oder Winken.

Als wir im Dunkeln Innsbruck erreichten, kamen wir in eine tote Geisterstadt. Die Ausgangssperre von 19 Uhr abends bis

Artikel 1945

6 Uhr morgens wurde strikt eingehalten. Niemand außer den schwerbewaffneten Wachen war zu sehen. Die Straßen waren wie leergefegt, still und düster. Obwohl Innsbruck vergleichsweise wenig bombardiert worden ist, waren die Zeichen der Zerstörung auch im fahlen Mondlicht nicht zu übersehen.

Am nächsten Morgen, als die Sonne schien und die Straßen voller Leute waren, wirkte der Ort schon etwas weniger niederdrückend. Ich besuchte das Rathaus, das sogenannte «Landhaus», wo österreichische Patrioten unter Aufsicht der Alliierten dabei waren, die Verwaltung der Stadt zu reorganisieren.

Der Kopf des Innsbrucker Widerstands gegen die Nazis, Dr. Karl Gruber, begrüßte mich mit großer Herzlichkeit. Er brannte darauf, mir von den Erfolgen und Heldentaten der Bewegung zu erzählen, und überschüttete mich mit dramatischen Geschichten über riskante Untergrundabenteuer, Kämpfe zwischen SS-Männern und österreichischen Rebellen, die schmachvolle Gefangennahme eines deutschen Generals durch eine Handvoll Tiroler Freiheitskämpfer und so weiter. «Gott sei Dank», schloß er und strahlte über das ganze ehrliche und intelligente Gesicht, «ist jetzt alles vorbei! Wir sind wieder frei!»

Er sagte kein Wort darüber, ob ihn irgend etwas nach der Befreiung enttäuscht hatte. Doch als ich ihn fragte, ob er erwartet hätte, daß das Fraternisierungsverbot nun auch für Österreich gelte, gestand er: «Ehrlich gesagt, nein. Ich meine, wir haben es nicht verdient, wie die Deutschen behandelt zu werden. Aber ich mache mir über vorübergehende Härten und Mißverständnisse keine großen Sorgen. Bestimmt werden die Alliierten bald merken, daß die meisten von uns Österreichern gutwillige Leute sind. Am Ende wird alles gut, davon bin ich überzeugt.»

In Bayern überwogen, was mir sofort auffiel, die weißen

Fahnen – ein deutliches Symbol für Niederlage und Unterwerfung. Zu meiner Überraschung sah ich in einigen Dörfern und Kleinstädten auch die alten bayerischen Farben, Blau und Weiß. Dies war unverkennbar eine antipreußische Geste, eine Demonstration des bayerischen Separatismus – weg von Berlin und vom Reich.

Als wir uns München näherten, erwartete ich, eine schwer getroffene, halb zerstörte Stadt vorzufinden. Die Wirklichkeit war weit schlimmer. München ist tot; die Stadt existiert nicht mehr. Was einmal als die schönste Stadt Deutschlands galt, als eine der attraktivsten Städte Europas, hat sich in einen riesigen Friedhof verwandelt. Im gesamten Zentrum ist, ohne Übertreibung, kein einziges Gebäude stehengeblieben. Nichts als Schutthaufen und einige wenige scheinbar kaum oder gar nicht zerstörte Fassaden, hinter denen aber ebenfalls Schutt liegt. Nur mühsam fand ich meinen Weg durch die einst vertrauten Straßen. Es war wie ein böser Traum.

Meine alte Wohngegend, die ich schließlich erreichte, wirkte vergleichsweise intakt, und meine Hoffnung stieg. Als ich mich unserem früheren Haus näherte, war mein erster Eindruck: Da ist es, es steht noch und ist unzerstört! Es hat den Sturm überstanden! Aber das stimmte nicht. Wie so viele Gebäude in der Stadt hatte das Haus nur als leere Hülse überlebt; die einigermaßen wohlerhaltene Fassade hatte mich für einen Augenblick getäuscht. Innen war alles kaputt.

Es gelang mir, ins Haus zu kommen, und ich stellte sofort Veränderungen fest, die nichts mit den Bombardements zu tun hatten. Es gab Wände und Türen, die ich noch nie gesehen hatte. Alle Räume waren kleiner geworden, als ob sie sich vor Ekel und Abscheu zusammengezogen hätten. Das Arbeitszimmer meines Vaters, früher geräumig und würdevoll, wirkte nun seltsam verkleinert. Wo einmal unser Eßzimmer gewesen war, fand ich die häßlichen Reste einer Kücheneinrichtung. Der Salon meiner Mutter – einst ein Heiligtum, das wir Kinder nur zu besonderen Anlässen betreten durften – hatte Aussehen und Charakter völlig verändert.

Weil es unmöglich schien, in den zweiten Stock zu gelangen, beschloß ich, nicht länger zu verweilen. Das Gefühl von Fremdheit und tiefer Verwirrung, das ich schon in den zerstörten Straßen empfunden hatte, überkam mich wieder, jetzt fast unerträglich gesteigert. Beim Anblick der kaputten Wände und leeren Fenster hatte ich das Gefühl, eine böse Karikatur der eigenen Vergangenheit zu betrachten. Ich beeilte mich, ins Freie zu gelangen.

Während ich durch den Garten streifte, schaute ich zufällig hinauf zum Balkon vor meinem Zimmer im obersten Stockwerk. Plötzlich sah ich jemanden, halb verdeckt von der Balustrade. Es war eine junge Frau. Als sie bemerkte, daß sie entdeckt worden war, kam sie widerwillig aus ihrem Versteck hervor. Man hätte ihr Gesicht hübsch nennen können, wäre es nicht von einem finsteren, besorgten Ausdruck überschattet gewesen.

«Was machen Sie da oben?» rief ich hinauf. Sie schien überrascht, von einem amerikanischen Soldaten auf deutsch angeredet zu werden. Doch sie blieb mißtrauisch.

«Wo soll ich denn sonst hingehen?» fragte sie und zuckte die Achseln. «Ihr Amerikaner habt meine Wohnung requiriert – die Wohnung meiner Tante, meine ich; denn meine eigene ist ausgebombt. Ich muß doch irgendwo schlafen, oder nicht? Also habe ich mir gedacht, der Balkon hier ist so gut wie jeder andere Platz. Wollen Sie mich von hier vertreiben?» fügte sie mit leiser Stimme hinzu.

Ich war reichlich verlegen. «Ich dachte, man kommt nicht in den zweiten Stock», erwiderte ich ausweichend.

«Da haben Sie recht», erklärte sie ohne ein Lächeln. «Aber ich habe meine Leiter.»

Auf diese Weise gelangte ich in mein früheres Zimmer. Das Mädchen zeigte mir den Weg. Sie war etwas freundlicher geworden, seit sie erkannt hatte, daß ich sie nicht von ihrem Balkon vertreiben wollte.

Auch mein Zimmer war verkleinert worden. Nur der Balkon war unverändert bis auf ein Blumengestell und die Matratze der Frau. Alles sah ordentlich und gepflegt aus. Das sagte ich ihr, und sie errötete ein wenig.

«Danke», sagte sie, «ich bin wirklich glücklich hier – solange es nicht regnet.»

Ich hatte das Gefühl, ihr eine Erklärung für meine Neugier schuldig zu sein. So erwähnte ich möglichst beiläufig, ich hätte die früheren Besitzer des Hauses gekannt.

«Den alten Geheimrat Siebert?» rief sie aus. «Ich war seine Sekretärin. Deshalb kenne ich das Haus.»

«Nein», erwiderte ich. «Siebert muß schon nach meiner Zeit gewesen sein.»

Sie sah mich fragend an. Nach einer Pause sagte sie: «Sie wollen mir doch nicht erzählen, daß Sie mit den SS-Männern bekannt gewesen sind, die hier wohnten, bevor Siebert einzog.»

«Was für SS-Männer?» fragte ich nach. «Was taten die hier?»

Ruhig und sachlich erklärte sie: «Nun, sie haben das Haus einfach übernommen. Ursprünglich gehörte es einem Schriftsteller. Aber der kam mit den Nazis nicht zurecht. Deshalb hat er das Land verlassen oder ist in ein Konzentrationslager gesteckt worden. Ich weiß nicht, was mit ihm passiert ist. Auf jeden Fall wurde, sobald er gegangen war, das Haus von den SS-Männern und ihren Mädchen besetzt.»

Ihren Mädchen? War unser Haus etwa als Nazi-Bordell benutzt worden? Aber das Mädchen sagte, daß die Frauen, welche die Zimmer mit den schwarzgekleideten Sturmtruppen teilten, keineswegs gewöhnliche Prostituierte gewesen seien.

Artikel 1945

«Sie wollten patriotisch sein, denke ich», fuhr sie mit einem schiefen Lächeln fort. «Sie wissen doch, die Verbreitung der nordischen Rasse und so was. Der Führer wollte, daß sie Nachwuchs zeugten mit rassemäßig erstklassigen Männern. So kamen sie hierher und erfüllten ihre Pflicht mit ausgewählten Burschen von der SS. Sie haben ihre Babies hier bekommen; es war alles sehr hygienisch. Kein Bordell, bitte sehr! Eher so etwas wie eine Baby-Fabrik.»

Sie hatte sehr ernsthaft gesprochen; im übrigen war sie auch nicht die Art von Mädchen, um Witze zu machen. Ich war sprachlos. Und aus mehreren Gründen wollte ich auch nicht weiterfragen. So murmelte ich nur, daß es spät sei und ich weiter müsse.

«Schade», sagte sie. «Es war nett, mit Ihnen zu sprechen. Kommen Sie wieder, wann immer Sie wollen. Es ist hier fast wie zu Hause, wissen Sie.»

Ein KZ zum Vorzeigen

Mittlerweile ist die Weltöffentlichkeit recht gut informiert über die von den Nazis begangenen Greueltaten. Und doch gibt es immer noch genügend schreckliche Geschichten, die berichtet, und entsetzliche Geheimnisse, die enthüllt werden müssen. Die Hitler-Bande war höchst erfinderisch, wenn es darum ging, immer neue Varianten des Schreckens zu ersinnen. Manchmal hatte ihre Grausamkeit etwas Subtiles, ja fast Künstlerisches an sich. Ein Beispiel dafür ist ein Ort in der Nähe von Prag namens Theresienstadt.

Theresienstadt ist eine kleine, alte Stadt, die ehemals den Österreichern als Festung und Standort diente. Den Nazis schien sie für weit üblere Zwecke geeignet. Sie beschlossen, dort eine Art «Modell-Ghetto», eine «perfekte» jüdische Gemeinde einzurichten.

Zeitweilig umfaßte diese jüdische Gemeinde sechzigtausend Einwohner. Überflüssig zu erwähnen, daß keiner von ihnen freiwillig dort lebte; sie alle waren Gefangene, von der Außenwelt völlig abgeschlossen. Sie lebten angeblich unter Selbstverwaltung, mit einem eigenen Bürgermeister, eigener Gerichtsbarkeit und eigenen Gottesdiensten. Die Nazis gingen in der Tat so weit – systematisch, wie es nur Wahnsinnige und Deutsche sein können –, ihren Opfern eine eigene Währung zu drucken, ordentliche, hübsche Geldscheine mit dem Konterfei von Moses und dem Namenszug eines Mannes namens Jakob Edelstein, «des ältesten jüdischen Einwohners von Theresienstadt».

In Wirklichkeit wurde der Ort nicht von einem gütigen Rabbi, sondern von einem brutalen Obersturmbannführer regiert, der das schönste Gebäude der Stadt für sich beanspruchte. Eigentlich war Theresienstadt nichts anderes als ein herausgeputztes Konzentrationslager mit allen üblichen Praktiken des Schreckens. Vor allem die an die Stadt angrenzende «Kleine Festung» war Schauplatz zahlloser schrecklicher Geschehnisse. Dort wurden die politischen Gefangenen und die aufsässigeren Juden festgehalten und «umerzogen».

Was das Ganze jedoch so einmalig machte und in gewissem Sinne unvergleichlich schrecklich, war sein verlogener Anstrich. Es war ein äußerst raffinierter Bluff – eine Vorzeigestadt, mit dem Ziel, ausländische Besucher zu beeindrucken. Bestimmte neutrale Journalisten und Kommissionen – von denen die meisten, wie man annehmen darf, Nazi-Sympathisanten waren, jedoch noch so weit zivilisiert, daß sie sich beunruhigen ließen durch Gerüchte über Hitlers «Rassen-

Artikel 1945

politik» – schickte Goebbels nach Theresienstadt. Und was bekamen sie zu sehen? Eine kleine, friedliche Gemeinde – alle schienen glücklich, es gab gutsortierte Läden, keinerlei Anzeichen von Terror oder Hunger.

Was die Besucher nicht wußten, war die Tatsache, daß diejenigen Bewohner des «Musterghettos», die allzu deutliche Spuren von Mißhandlung oder Unterernährung aufwiesen, sich für die Dauer der offiziellen Besuchstour verstecken mußten. Einige Juden, die von den ausländischen Besuchern beim Kauf von Kaffee oder Schuhen in den scheinbar florierenden Geschäften beobachtet wurden, mußten dieselben Waren ein paar Minuten später am Hintereingang der Geschäfte wieder abgeben. Jüdische Kinder, denen die vornehmen Reisenden Bonbons anboten, waren angewiesen worden, das Geschenk mit den Worten zurückzuweisen: «Danke schön. Ich esse den ganzen Tag Süßigkeiten. Ich kann das Zeug nicht mehr sehen!»

Einmal hat man einen bekannten Berliner Komiker, Kurt Gerron, dazu gezwungen, vor der inspizierenden Kommission aufzutreten. Der ehemalige Tenor der Wiener Oper, der die Herren von der Presse mit seinen Arien unterhielt, hatte triftige Gründe dafür, sein musikalisches Talent derart zu prostituieren – es war die einzige Möglichkeit, sich vor dem nächsten «Transport» mit unbekanntem oder, besser gesagt, allzu bekanntem Ziel zu retten.

Die ständige, nervenaufreibende Angst vor diesen schrecklichen Transporten verfolgte und quälte die Menschen von Theresienstadt mehr als alles andere. Einem dieser Transporte zugeteilt zu werden, kam einem Todesurteil gleich. Denn meistens war das Ziel eine Gaskammer in Auschwitz oder einem der anderen Vernichtungslager.

Keiner wußte, wann er an der Reihe sein würde; die Auswahl der Opfer erfolgte völlig willkürlich. Bestimmte Gruppen der Gemeinde waren besonders gefährdet, beispielsweise Mütter mit kleinen Kindern. Je weniger jüdische Kinder, desto besser!

Gesunde, junge Männer hingegen hatten eine verhältnismäßig gute Chance, verschont zu werden: Sie konnte man als Zwangsarbeiter im Dienst der deutschen Kriegsmaschinerie verwenden. Aber sicher sein konnte niemand.

Hundertsechzigtausend Juden haben Theresienstadt seit 1940 passiert. Nur dreitausend haben überlebt. Alle anderen starben an Hunger oder anderen Krankheiten oder verschwanden mit einem der tödlichen Transporte.

Als ich, einige Tage nach seiner Befreiung, Theresienstadt besuchte, lebten dort fünfundzwanzigtausend Juden aller Nationalitäten. Die Mehrzahl waren Neuankömmlinge – in der Hauptsache Menschen, die aus anderen Konzentrationslagern befreit worden waren. Ungefähr zweitausend waren aus Polen zurückgekehrt. Sie gehörten zu der kleinen Minderheit, die den Transport überlebt hatte. Es gab nur etwa eintausend «alteingesessene» Theresienstädtler; darunter zahlreiche Halbjuden oder wegen ihrer halbarischen Kinder «Privilegierte». Sie hatten fünf Jahre lang eine permanente Hölle durchlebt.

Ich traf einige Leute, die ich aus der Zeit vor 1933 kannte. Darunter war eine Tante von mir – eine ehemalige Tante, um genau zu sein, die geschiedene Frau meines Onkels Heinrich Mann.

Als die Nazis 1939 in Prag einmarschierten, warf man Frau Mimi Mann, die jüdisch-tschechischer Abstammung ist, ins Gefängnis und brachte sie anschließend nach Theresienstadt. Ihr einziges Kind wurde mit ihr inhaftiert, jedoch bald freigelassen. Als Tochter des rein «arischen» Heinrich Mann hatte meine Cousine, den Nazi-Gesetzen entsprechend, den Status eines «Mischlings». Folglich blieb ihr das Ghetto erspart. Obgleich sie nur ein paar Kilometer von Theresienstadt entfernt in Prag lebte, erlaubte man ihr in all den Jahren nicht ein einziges Mal, ihre Mutter zu besuchen.

Ich hatte meine Tante als attraktive Frau in Erinnerung, voller Vitalität und sprühendem Witz. Was ich jetzt sah, war ein Wrack – nur noch ein trauriger Schatten der munteren Dame von einst. Ich erkannte kaum ihre veränderten Züge. Sie wog nur mehr die Hälfte, ihr Haar war weiß geworden, und sie war halbseitig gelähmt. Auch ihr Gesicht war durch den Schlaganfall in Mitleidenschaft gezogen: eine Hälfte war verzerrt – sozusagen erstarrt zu einer Maske ständiger Agonie.

Ich war zutiefst erschüttert, sie in einer derartigen Verfassung vorzufinden. «Was haben sie dir getan?» fragte ich sie.

«Eigentlich nichts», antwortete sie in einem für Theresienstadt typischen Tonfall – einem leblosen, gebrochenen Akzent, herzzerbrechend anzuhören, besonders von einem Menschen, den man kannte und gern mochte. «Nichts Ungewöhnliches», fuhr sie fort. « Einfach nur, was sie mit uns allen gemacht haben.»

«Aber seit wann bist du gelähmt?» beharrte ich. «Wie ist das geschehen? Und wo?»

«Oh, das liegt Jahre zurück», sagte sie. «Gleich nach meiner Verhaftung. Sie trennten mich von meinem Kind, weißt du. Ich wußte nicht, wo sie war, also fragte ich meinen Wärter. Er grinste und sagt dann zu mir: ‹Wieso, hören Sie sie denn nicht schreien? Man bringt sie gerade weg, auf einen Transport – deshalb schreit sie so.› Also versuchte ich die ganze Nacht, die Stimme meiner Tochter zu hören. Ich konnte sie nicht hören – natürlich nicht; sie schrie nämlich überhaupt nicht, sondern schlief fest in einer anderen Zelle. Aber wie sollte ich wissen, daß der Wärter mich angelogen hatte, nur um sich einen Spaß zu machen? Also horchte ich weiter auf

Ein KZ zum Vorzeigen

alle Geräusche in den Fluren und Nachbarzellen. Ich hörte andere Leute schreien und überlegte, ob es wohl ihre Stimme sei. Es war eine lange Nacht. Und am Morgen konnte ich meinen rechten Arm und mein rechtes Bein nicht mehr bewegen, mein Gesicht war völlig verzerrt.»

Darauf wußte ich nichts mehr zu sagen. Aber ich dachte mir, diese Geschichte sollte man allen deutschen Müttern erzählen. Jeder Deutsche muß über diese Dinge Bescheid wissen. Wenn sie ausreichend informiert wären, dürften wohl alle besseren Deutschen ihre Unterschrift unter jene aufrichtigen und reuevollen Worte setzen, die ich mit Kreide geschrieben auf der Vorderseite eines der berühmtesten Denkmäler Münchens fand.

Die Inschrift lautete: «Konzentrationslager in Dachau, Velten und Buchenwald! Ich schäme mich, ein Deutscher zu sein.» Die Worte waren unterzeichnet mit P. Höppl – dem Namen eines katholischen Priesters, der in ganz Bayern sehr populär ist, wie man mir sagte.

Pfarrer Höppls schreckliche Liste hätte gut und gern einen weiteren Namen enthalten können – Theresienstadt in der Tschechoslowakei.

Der Liebling von Berlin

Berlin, im Juni 1946
Das hiesige Theaterleben – früher so lebendig und interessant – ist im großen und ganzen ziemlich eintönig und mittelmäßig geworden. Im Augenblick freilich, wo sich eine eher langweilige Theatersaison bereits ihrem Ende nähert, erleben Berlins Theaterbesucher eine echte Sensation: nach

zweijähriger Abwesenheit spielt Gustaf Gründgens wieder am «Deutschen Theater»!

Wer ist diese beliebte und charmante Person, Gustaf Gründgens? Außerhalb des deutschsprachigen Raumes ist er so gut wie unbekannt. Hierzulande dagegen ist er bereits seit geraumer Zeit der erfolgreichste Schauspieler und Regisseur auf Leinwand und Bühne. Gründgens sieht gut aus, ist klug und gebildet – mit anderen Worten, beinahe (aber nicht ganz) ein germanischer Noël Coward. Die Geschichte seiner Karriere ist nicht ohne amüsante Züge.

Im Alter von etwa 25 Jahren hatte sich Gustaf bereits als Star eines der Avantgarde-Theater Deutschlands, der Hamburger «Kammerspiele», etabliert. Dort wurde mein erstes Stück aufgeführt mit einem unternehmungslustigen Gründgens als Regisseur. Er übernahm selbst eine der Hauptrollen – in einer weiteren war meine Schwester Erika zu sehen, die später seine Frau wurde.

Schon bald entdeckte Max Reinhardt, der Theaterpapst Deutschlands vor der Hitler-Zeit, den vielversprechenden jungen Schauspieler. Gustafs Debüt in der Hauptstadt fand im «Deutschen Theater» statt; seine erste Rolle war die eines lasterhaften, verkommenen Erpressers in Ferdinand Bruckners Drama «Die Verbrecher». Fast schon beunruhigend wußte er zu überzeugen in dieser Rolle, und Gründgens wurde über Nacht berühmt. Das Berliner Publikum war gebannt von seinem nonchalanten, schillernden Charme. Was er auch tat – das Publikum der Metropole fand es «kolossal», «großartig», «phantastisch». Was immer er auch anfaßte – es wurde ein Erfolg, ein Triumph.

Doch gab er sich keineswegs damit zufrieden, nur ein populärer Unterhaltungskünstler zu sein; im Gegenteil, er war intellektuell ambitioniert – ein linker intellektueller, ein äußerst eleganter Salonbolschewist. In dieser Phase seiner Ent-

Der Liebling von Berlin

wicklung – ein Orson Welles eher denn ein Noël Coward – verstörte Gründgens die Snobs mit gewagten künstlerischen Experimenten und führte sich bei kommunistischen Treffen als Vorkämpfer der Revolution ein.

Nach der Machtübernahme der Nazis im Jahr 1933 befand sich der rebellische Liebling aller Theaterfreunde in einer etwas heiklen Lage. Glücklicherweise hatte sich meine Schwester – Mitglied einer politisch anrüchigen Familie und selbst eine bekannte Nazigegnerin – gerade von ihm scheiden lassen, sonst hätte der arme Gustaf vielleicht wirklich Schwierigkeiten bekommen können. Doch er stand auch so im Ruf eines «Kulturbolschewisten» und konnte nicht sicher sein, ob ihm die neuen Herren die subversiven Eskapaden seiner Vergangenheit vergeben würden.

Da er jedoch lupenrein «arisch» war, beschloß er, sein Glück zu versuchen und in Deutschland zu bleiben, während die meisten seiner liberalen Freunde das Land verließen oder in Konzentrationslagern verschwanden. Natürlich mußte der Ex-Kommunist anfangs etwas vorsichtig sein. Doch bald lachte ihm wieder das Glück – diesmal in Person von Hermann Görings blonder Verlobter, der Schauspielerin Emmy Sonnemann. Diese mäßig begabte «Naive», bisher verborgen in einem Provinzstädtchen, wurde von ihrem mächtigen Liebhaber nach Berlin geholt. Wie konnte sie vor den gestrengen Kritikern der Hauptstadt bestehen? Sie brauchte einen guten Regisseur. Gustaf – berühmt für sein Geschick mit unbeholfenen Anfängern – schien genau der Mann zu sein, den sie suchte. Er und Emmy wurden Freunde. Aus Dankbarkeit für Gustafs Anleitung überredete sie ihren Verlobten, dem unartigen Jungen zu vergeben und ihn wieder spielen zu lassen.

Göring war hingerissen von Gründgens als Mephisto in Goethes «Faust». Wie wunderbar dämonisch war der doch! Wie herrlich korrupt! Wie unwiderstehlich böse! Der joviale

Unveröffentlichtes Manuskript 1946

Reichsmarschall faßte große Zuneigung zu dem anmutigen Teufel – und das war der Beginn von Gustafs zweitem Aufstieg zum Ruhm.

Mag er in den Tagen der Weimarer Republik erfolgreich gewesen sein, jetzt besaß er neben dem Erfolg etwas noch weitaus Süßeres und Wertvolleres: Macht. Sein beleibter Gönner schenkte ihm ein Landgut, ein Stadtpalais und einen Titel: Gustaf wurde zum Staatsrat ernannt. Er erreichte sogar eine noch bedeutendere Position – er wurde Intendant des Staatstheaters. Er ging mit seinem eigenen Ensemble auf Tournee durch Europa; er brachte Filme, Opern, klassische Dramen und Operetten heraus; er spielte, führte Regie, hielt alles unter Kontrolle und machte Kulturpolitik; er wurde zum unermüdlichen, genialen «Maitre de plaisir» von Großdeutschland. Ein ungekrönter König im Reich der Bühne, war er in der Tat eine der schillerndsten und gefeiertsten Figuren des Dritten Reichs.

War er im Herzen ein Nazi? Natürlich nicht – lediglich ein Opportunist. Da er genügend Macht besaß, etwas aufs Spiel setzen zu können, wagte er es gelegentlich, jüdischen oder liberalen Freunden zu helfen, die von der Gestapo verfolgt wurden. Görings Freund konnte sich derart noble Gesten erlauben. Außerdem mag der Herr Staatsrat es durchaus als klug erachtet haben, seine Kontakte zu den Antinazi-Kreisen aufrechtzuerhalten. Man kann ja nie wissen …

Als Hitlers Macht gegen Ende des Krieges zunehmend verfiel, hielt Gustaf den Zeitpunkt für gekommen, das sinkende Schiff zu verlassen. Gerüchten zufolge hatte er Streit mit Göring, mit dem er so viele einträgliche Jahre lang erfolgreich ausgekommen war. Jedenfalls kündigte der Direktor des Staatstheaters und versuchte, sich unsichtbar zu machen. Das sicherste Versteck in dem auseinanderfallenden Reich des Jahres 1944 war die Wehrmacht; folglich wurde unser vielseitiger Mime Soldat und übernahm zur Abwechslung die schlichte Rolle eines Dolmetschers in den von den Deutschen besetzten Niederlanden. Die Niederlage der Nazis brachte ihn nach Berlin zurück. Dort hielt er sich auf, als die Rote Armee in die Stadt einmarschierte.

Vielleicht wäre ihm nichts passiert, hätte er genügend Takt und Verstand besessen, sich einige Zeit unauffällig zu verhalten. Doch er war zu ungeduldig – allzu erpicht darauf, seine kleine Glanzleistung von 1933 zu wiederholen und noch ein weiteres Mal die Seiten zu wechseln. Der alte Spekulant wollte besonders schlau sein und handelte sich damit Schwierigkeiten ein. Er wurde von den Sowjetbehörden verhaftet.

Seine Haft dauerte neun Monate – eine ziemlich lange Zeit für einen Mann von Gründgens' Temperament und Ehrgeiz. Allerdings war das Leben, seinem eigenen Bericht zufolge, in dem von den Russen verwalteten Gefängnis durchaus erträglich, man sorgte recht ordentlich für die Gefangenen. Außerdem erfreute sich Gustaf natürlich besonderer Privilegien – nachdem er das Herz des russischen Kommandanten gewonnen hatte, ebenso wie er einst selbst das blasierteste Publikum des republikanischen Berlins und die skrupellosesten Anführer aus Hitlers Bande betört hatte.

Seine Aufgabe als Regisseur und Zeremonienmeister des improvisierten Gefängnistheaters erfüllte er so brillant, daß die Russen zögerten, ihn gehen zu lassen: Allzu nützlich war er für sie als Unterhalter. Doch in der Hauptstadt wurden dringend gute Schauspieler gesucht – und was Gustafs zweifelhafte politische Vergangenheit betraf, taten einige Freunde ihr Bestes, ihn zu entlasten.

War er denn nicht stets ein ausgesprochener Nazi-Gegner gewesen? Hatte er etwa nicht seinen Einfluß benutzt, um manchen gefährdeten Juden oder Demokraten zu retten? Gewiß, er hatte zur obersten Schicht der Nazi-Hierarchie gehört; aber mit «Heil Hitler» hatte er fast niemals gegrüßt. War er auch gezwungen gewesen, den Führer in öffentlichen Erklärungen zu loben, so kannten seine Vertrauten doch von ihm die despektierlichsten Witze. Und wenn er Kompromisse eingegangen war und mit den herrschenden Mächten zusammengearbeitet hatte – es gab doch viele andere, die dasselbe getan hatten! Warum sollte Gustaf Gründgens heldenhafter und unbestechlicher sein als die Mehrheit des deutschen Volkes? Schließlich war er doch nur ein Schauspieler ...

Im vergangenen Monat brachten ihn die Russen eines Tages vom Gefängnis direkt ins Deutsche Theater – an den Ort, wo er vor zwei Jahrzehnten seine Berliner Karriere begonnen hatte. Der neue Direktor des Theaters, Gustav von Wangenheim, ein deutscher Kommunist, der die letzten dreizehn Jahre im Exil verbringen mußte, hatte bereits einen Vertrag vorbereitet. Gründgens unterschrieb. Seine erste Rolle war die Titelfigur in Carl Sternheims Komödie «Der Snob» – einer klugen Satire auf den deutschen Bourgeois, die nach wie vor unglaublich aktuell ist, obwohl sie aus den längst vergangenen Tagen Kaiser Wilhelms II. stammt.

Der Premierenabend war Deutschlands größtes Theaterereignis seit Kriegsende. Bereits Tage vorher war das Theater ausverkauft, die Schwarzmarktpreise stiegen in astronomische Höhen, und die Berliner zahlten Tausende von Mark, um das triumphale Comeback ihres Lieblings zu erleben.

Wenn der Vorhang aufgeht, steht, laut Anweisung des Autors, der «Snob» ganz allein auf der Bühne – hinter einem Pult mit einem Brief in der Hand. Gründgens mußte dort mindestens fünf oder sechs Minuten lang stehenbleiben, lächeln und sich verbeugen, ehe der donnernde Applaus nachließ und er endlich seine ersten Worte sprechen konnte. Es war eine außergewöhnliche Ovation, die sich nach der Vorstellung wiederholte. Die Bühne war ein Blumenmeer das

Publikum – außer sich vor Begeisterung – hätte wohl noch stundenlang geklatscht und gerufen, wenn nicht die Polizei am Ende das Haus geschlossen hätte.

Was hatte dieser Enthusiasmus zu bedeuten? Bejubelten die Berliner einfach die Rückkehr ihres populärsten Stars? Waren sie schlichtweg gefesselt von seiner schauspielerischen Verve und Brillanz? Immerhin muß man zugeben, wie es verschiedene Berliner Kritiker auch tatsächlich betonten, daß er sich in dieser Rolle nicht von seiner besten Seite präsentierte. Sternheims Dialoge – klar, prägnant und messerscharf – erfordern vor allem Präzision, sprachlichen Rhythmus und intellektuelle Intensität. Gründgens war zu weich, zu verspielt und kokett; er lächelte zuviel, war zu gefallsüchtig. Ein anderer Schauspieler, der eine kleinere Rolle in demselben Stück spielte – Paul Bildt, ein altgedienter Berliner Mime –, wirkte in dieser bitteren Farce weitaus glaubwürdiger und überzeugender. Und dennoch stahl ihm Gründgens die Schau – wenigstens am Premierenabend.

Feierte man den schönen Gustaf als politischen Märtyrer? Sollte der ungewöhnliche Applaus eine Demonstration sein gegen jene, die ihn eingesperrt hatten? Er selbst mag kaum einen derart stürmischen Empfang erwartet haben. War er bewegt oder peinlich berührt? Wenn ja, so zeigte er es nicht; er stand einfach da und lächelte. Jedenfalls hatte er diese unerwartete Gefühlsregung bald überwunden. Rasch fand er wieder zu seinem gewohnten, glamourösen Selbst zurück – attraktiv wie immer, mit weißer Krawatte, rosigem Teint und blondem Toupet: Berlins unverwüstlicher Liebling vor, während und nach der Nazizeit.

Unveröffentlichtes Manuskript 1946

Nazismus in Deutschland
wieder im Aufwind

«Sie möchten wissen, wie viele Deutsche innerlich Nazis geblieben sind? Nun, ich sage Ihnen, wie man das herausfinden kann. Man müßte sämtliche alliierten Truppen aus deutschem Gebiet abziehen (oder sie müßten sich zumindest unsichtbar machen) und eine geheime Truppe von zuverlässigen Beobachtern zurücklassen. Gleichzeitig sollte eine Wiederkehr des Führers inszeniert werden, im Stil der Rückkehr Napoleons von Elba. Am nächsten Tag müßten alle, die Nazi-Fahnen gehißt haben oder Parteiabzeichen tragen, verhaftet und bei Morgengrauen erschossen werden! Möglicherweise müßten Sie 90 Prozent unserer Bevölkerung liquidieren …»

Der Mann, der mir dies sagte, ist ein aufrechter deutscher Patriot und Nazigegner, derzeit als hoher Beamter in einer der deutschen Regionalregierungen tätig. Als das Hitlerregime an die Macht kam, verließ er das Reich und lebte einige Monate im Ausland. Er konnte jedoch das Exil nicht ertragen – teils aus Sehnsucht nach seinem Vaterland, teils weil er mit seinen Mit-Emigranten nicht zurechtkam. «Ehrlich gesagt, mich irritierte ihre in meinen Augen übertriebene antideutsche Haltung», erzählte er mir. «Einige beharrten darauf, daß ungefähr 75 Prozent unserer Nation loyal hinter Hitler stünden. Damals erschien mir das als maßlose Übertreibung. Jetzt ist mir klar, daß ihre Schätzung eher zu optimistisch war.»

Mein desillusionierter Freund bestätigte nur, was mir auch viele andere vertrauenswürdige Beobachter berichtet hatten. Es hat keinen Sinn, daß wir uns etwas vormachen. Die Dinge in Deutschland entwickelten sich derzeit nicht zum Besseren, sondern zum Schlimmeren.

Ein Mädchen, das als Gärtnerin in einem Berliner Vorort arbeitet, erzählte mir, sie würde aufgrund ihrer politischen Ansichten von ihren Kolleginnen boykottiert. «Die anderen Mädchen wissen, daß ich als Nazigegnerin in einem Konzentrationslager war», sagte sie. «Deswegen sprechen sie nie mit mir. Sie waren alle BDM-Mitglieder, und die meisten von ihnen halten Hitler noch immer für ein Genie und einen Übermenschen.»

«Es wird mindestens ein halbes Jahrhundert dauern, bis die Deutschen ihre derzeitige moralische Krise überwunden haben», meinte ein Professor der Berliner Universität – ein älterer Gelehrter mit liberalen Prinzipien. «Der Prozeß der ethischen und politischen Neuorientierung hat noch nicht einmal begonnen. Im Augenblick sind die Menschen hier konfuser und eigensinniger als vor einem Jahr. Ich kann keine Zeichen einer Besserung erkennen, vor allem nicht bei der deutschen Jugend. Die meisten jungen Menschen, die ich kenne, stehen anscheinend immer noch im Bann der Goebbels-Propaganda.»

«Mindestens 60 Prozent meiner Klassenkameraden glauben noch immer an den Nationalsozialismus.» Das erzählte mir ein sechzehn Jahre alter Schüler, ehemaliges Mitglied der Hitler-Jugend, der sich nunmehr als Anti-Nazi begreift. «Solange Krieg war», berichtete er, «waren wir alle für den Führer – selbstverständlich waren wir das! Dann, unter dem ersten Eindruck der Niederlage, änderten ziemlich viele von uns ihre Meinung. Inzwischen aber ist es an unserer Schule wieder in Mode gekommen, antisemitisch, antidemokratisch und nationalistisch zu sein. Die Mehrzahl meiner Freunde glaubt, daß die Anglo-Amerikaner mit den Russen kämpfen werden und daß dies unsere Chance sein wird.»

Artikel 1946

Derselbe Junge erzählte mir, daß keiner seiner Kameraden einen Film über Konzentrationslager gesehen habe, der derzeit in einem der bekanntesten Filmtheater der Stadt zu sehen ist. «Wir glauben nicht an solche Sachen», bemerkte er voller Verachtung. «Das ist doch alles nur Propaganda.»

Als ich selbst mir den Film über die Konzentrationslager ansah, war das Kino praktisch leer. Es waren vielleicht zwölf oder fünfzehn Personen anwesend. Einige von ihnen gingen während der Vorstellung. Eine alte Dame, die neben mir saß, machte ständig bittere Bemerkungen. «Diese Leichen dort auf der Leinwand», zischte sie. «Ich möchte nur wissen, wo sie die aufgetrieben haben! In einer unserer zerbombten Städte womöglich …»

Das sind lediglich ein paar Beispiele und Vorfälle, die typisch sind für die Stimmung und Atmosphäre in der deutschen Hauptstadt – ein Jahr nach Kriegsende. Mag die deutsche Krankheit auch nicht für alle Zeiten unheilbar sein, so ist doch gegenwärtig eine Heilung noch lange nicht in Sicht.

ANHANG

Zu diesem Band

Klaus Mann war ein Unbehauster, schon vor 1933, dem Beginn seines Exils, und er wäre es wohl auch unter anderen politischen Umständen immer geblieben. Es zieht ihn früh hinaus, er möchte berühmt werden, wie er in seiner Kinderbiographie erzählt. Er hält es in der Schule nicht aus und will nach Berlin, Tänzer werden oder Schauspieler, warum nicht Regisseur, denn Autor ist man sowieso, immer schon – bei diesem Vater, diesem Onkel. Das Schreiben fällt ihm leicht, zu leicht vielleicht, und die Türen der Redaktionen stehen offen; er verfasst seit seiner Jugend Kritiken, Erzählungen, Romane und Dramen, Reisen mit der Schwester werden durch Auftritte und Erlebnisberichte finanziert – was kostet die Welt?

Der älteste Sohn Thomas Manns ist ein Getriebener, sucht nach Abwechslung und Abenteuer. Ganz Kind seiner Zeit, experimentiert er mit Drogen und losen Daseinsformen, er hat keine Berührungsangst, «Steigerung des Lebens» lautet seine Religion. Im «Trunkenen Lied» sang Nietzsches Zarathustra «Alle Lust will Ewigkeit, will tiefe, tiefe Ewigkeit», beim 19-jährigen Klaus Mann (1925) heißt diese Lust *Der fromme Tanz*: Intensität des Gefühls, gewollt auch als Schmerz. «Rausch (sogar Todesrausch) immer als Steigerung des Lebens, dankbar akzeptiert … Grundsätzlich nichts abgelehnt. Todesverbundenheit: Teil des Lebensgefühls» (Tagebuch, 4. April 1933). Beseelte Hingabe und Verlassenheit sind die Pole, zwischen denen er wechselt, sich aufreibt, sich am Schreiben hält.

Wie uneingeschränkt Klaus Mann Leiden und Außenseitertum dabei als schöpferische Produktivkräfte, mehr noch: als sine qua non jeden großen Werkes ansieht, idealisiert sogar, findet sich beispielhaft im fünften Kapitel seines ein-

fühlsamen *Tschaikowsky-Romans Symphonie Pathétique* (1935).
Auch, wie sehr die gesellschaftliche Zuspitzung dieser Jahre Klaus Mann moralisch bedrängt: Zu Beginn des Kapitels
erläutert er das aus der typischen Isoliertheit des «Künstler-
Menschen» erwachsene Selbstverständnis als Komponisten,
der also glaube, «daß diese seine komplette Desinteressiertheit am Politischen logisch und unabänderlich zusammenhänge mit seinem Künstlertum». Unüberhörbar ist solches
allein ästhetisch und individuell bleibende Wahrnehmen
dem Autor nur zu vertraut, aber eben nicht mehr möglich.
Er denkt und formuliert bereits im «wir», für ein größeres
und besseres – antifaschistisches – Ganzes: Deutschland,
Europa und die Welt.

Hitlers Aufstieg in Deutschland hatte alles verändert. Die
Geister schieden sich zwangsläufig. Der immer schon zeitkri-
tische Heinrich Mann lebt seit Februar 1933 ausgebürgert in
Frankreich, der empörte, aber eher zögerliche Vater schreibt
von der Schweiz aus, Schwester Erika opponiert mit ihrem so
hoch gelobten wie angefeindeten politischen Kabarett «Die
Pfeffermühle» in ganz Europa, und Klaus Mann, im Amsterdamer Exil zum Gründungsherausgeber einer internationalen Monatsschrift geworden, sieht hier auch die eigene Aufgabe, wie es in der Erzählung *Letztes Gespräch* von 1934 heißt:
«In Deutschland herrscht das Grauen und die Barbarei, in
andren Ländern steht es vor der Tür, wir sollen kämpfen –
kämpfen, verstehst du …?»

Kämpfen gegen die Abdankung von Geist und Integrität,
die zu seinem Leidwesen auch in nächster Nähe vor sich geht.
Etwa beim alten Freund und Schwager Gustaf Gründgens
(alias Hendrik Höfgen im *Mephisto*), der ein opportunisti-
scher Karrierist geworden oder vielleicht immer gewesen ist
und damit auch später noch durchzukommen scheint; oder
beim verehrten Dichtergenie Gottfried Benn, für Klaus Mann

ein aus besonderer Höhe gefallener Meister, dessen Sympathien mit den Nationalsozialisten der Jüngere schier nicht ertragen kann. Beide hat Klaus Mann mehrfach literarisiert oder im Essay direkt thematisiert (s. Auswahl).

Er gilt als Stimme seiner Generation, die er erstmals 1932 in einem «fugenhaften Ideenroman» (KM), in Parallelverläufen gleichzeitigen Geschehens, angesiedelt in verschiedenen europäischen Städten, beschreibt: versprengte Intellektuelle und Künstler im durchgeknallten Vakuum zwischen zwei Weltkriegen – *Treffpunkt im Unendlichen*. Beinahe unverschlüsselt gibt Klaus Mann sich selbst in seinen Schriften preis, ob in seinen Romanen – vier der insgesamt sieben sind hier mit Kapiteln vertreten –, Erzählungen oder Aufsätzen. Den Schwerpunkt dieser kleinen Auswahl vor allem auch im essayistischen Teil auf Klaus Manns Leiden an Deutschland, auf seine Auseinandersetzung mit den Mechanismen und Folgen faschistischer Politik zu legen, drängte sich auf, macht es doch einen prägnanten und zudem facettenreichen Teil seines publizistischen Wirkens aus.

Die Tagebücher Klaus Manns belegen auf andere Weise, wie unheilbar die persönlichen Enttäuschungen für ihn bleiben – und auch, wohl um die Wirkung der Drogen verstärkt, wie weit er den nationalsozialistischen Kraken in sein Leben hineinreichen lässt. Noch in Deutschland, am 7. III. 1932, heißt es: «Mit *schauerlicher* Lebhaftigkeit geträumt, der Zauberer [Thomas Mann] wäre von Nazis – die ihn wegen eines Artikels über die Butterfrage verhaften wollten – zum Selbstmord gezwungen worden, und zwar, sich zu erschiessen und, mit Wunde im Herzen, aus dem 5. Stock zu springen (vor den *nächsten* Präsidentschaftswahlen, bei denen Hitler endgültig durchkommt.) Mit starken Angstgefühlen aufgewacht.» Oder entscheidende Monate später, am 27. VII. 1933 in Amsterdam: «Alptraum: Deutschland. Man hatte mich in die Dichterakademie berufen, das hatte mich verlockt, doch zurück zu fahren. Bei der Eröffnungssitzung sass ich neben einer Art Strichjungen, der Stücke schrieb und auch berufen war. Als Hitler eintrat, – schwammiges Gespenst – wurde mir so schlecht, dass ich floh. Skandalös. Jetzt wurde ich sicher verfolgt. Sinnen auf Flucht, Entsetzen. U.s.w.» U.s.w. – die Alpträume kehren wieder.

Angstgefühle, Paranoia, sie prägen zwei seiner beeindruckendsten literarischen Texte: die schon englisch verfasste Erzählung *Speed,* in der Klaus Mann – wie auch in seinem letzten, erneut fugenhaften Roman *Der Vulkan,* der unter Emigranten spielt – das Fremdsein unter Fremden und zugleich eigene Grenzgänge im Drogenmilieu verarbeitet, und die Novelle über Ludwig II. *Vergittertes Fenster,* geschrieben 1937 nach einer Entziehungskur in einem ungarischen (fenstervergitterten) Sanatorium in einer Zeit der ersten Begegnungen mit seiner großen, am Ende wiederum glücklosen Liebe, dem Amerikaner Thomas Quinn Curtiss. Ein anderer privilegiert Vereinsamter, dieser in sich versponnene Bayernkönig und homosexuelle Außenseiter, der alles Ererbte für Illusionspaläste ausgab und nun, «von Wissenschaft und Politik» im eigenen Haus außer Kraft gesetzt, sein Leben überdenkt – ein eingeschlossen Ausgeschlossener, hoch reflektiert in innerem Monolog.

Man kann nicht umhin, Klaus Manns Texte immer auch «von hinten» zu lesen, mit dem Wissen um sein eigenes Ende. Man ahnt den sich verengenden Horizont, sieht die «vergitterten Fenster» der ewigen Hotelzimmer, der Übergangsapartments, Sanatorien und endlich sogar Soldatencamps, auch die Gitterstäbe des nie aufgegebenen Wohnsitzes im Haus des Vaters, eines «hartnäckigen Villenbesitzers» (Hermann Kesten), der einmal amerikanischen Journalisten ins Mikrophon sagt «Wo ich bin, ist Deutschland». So viel hat der Sohn seiner Zeit nicht entgegenzusetzen. Seine Herkunft, von ihm selbst als «Anspruch und Verpflichtung» empfunden, als Vorteil, aber auch unüberwindliche Voreingenommenheit, prädestinierte wohl unter allen Umständen zu einem Scheitern auf hohem Niveau. «Der ganze Mensch», Klaus Mann, «hatte etwas Ruheloses, überhitzt Intellektuelles und vor allem etwas merkwürdig Unjugendliches», heißt es bei Oskar Maria Graf.

Und das ist auch das eigentlich Frappierende bei Lektüre seiner Schriften: wie dieser schillernde Mensch, während er das Leben seiner Generation lebt und schreibt, eine Desillusionierung durchmacht, die er mit frühreifer Hellsicht immer schon antizipiert hatte. Hier findet sich alles schon zu Beginn konkretisiert: die Enttäuschung über die individuelle und «staatliche» Unlösbarkeit des «Einsamkeitsproblems», von der er Richard Darmstädter sprechen lässt (*Treffpunkt im Unendlichen*, hier S. 19), ebenso die Skepsis gegenüber der Widerstandskraft des «Geistigen» und schließlich die Optionen des Freitods – «grauenhaft-paradoxes Sichüberschlagen des Lebenstriebes»: «Ich bin schon so leicht, so entfernt. Dass es so wenig schwer sein würde! Und wie hochmütig es macht.

Tiefste Niederlage – endgültigster Sieg.

Ich werfe die Last ab, ich werfe die Liebe ab. Welche Verlockung vermöchte *mich* noch zu halten? Ich verzichte, schaut her zu mir, ich verzichte.»

B. H.
Juli 2006

Lebensdaten

1906   Geburt von Klaus Heinrich Thomas am 18. 11. in München, erster Sohn und zweites der sechs Kinder von Katia und Thomas Mann.

1912   Mit der älteren Schwester Erika Besuch des privaten Schulinstituts Ernestine Ebermayer in Schwabing.

1914   Umzug der Familie in die Poschingerstraße 1. Gebele-Volksschule in München-Bogenhausen.

1915   Blinddarmdurchbruch mit lebensgefährlichen Folgen: «Mir scheint es für mein ganzes Leben von Bedeutung gewesen zu sein, dass ich in diesem Alter so nahe an den Grenzen des Todes gewesen bin.» (KM in *Kind dieser Zeit* 1932.)

1916–22 Wilhelmsgymnasium München, zuletzt vier Monate Bergschule Hochwaldhausen.

1922/23 Ab September im Landerziehungsheim Odenwaldschule in Oberhambach bei Paul Geheeb, bis Mitte 1923 und ohne Abschluß; KM hat genug von Schulpädagogik, er will bei «Tanzmeister Terpis» in Berlin das Tanzen lernen.

1924   KM kommt ab Ostern nahe Heidelberg im Stift Neuburg des Anthroposophen und Dichters Alexander von Bernus unter. Verlobung mit Pamela Wedekind (aufgelöst im Januar 1928). Erste Aufsätze in verschiedenen Berliner Zeitungen. KM wird als Theaterkritiker beim Berliner «12 Uhr Blatt» engagiert, bis März 1925.
Übersiedlung nach Berlin.

1925   *Vor dem Leben,* KMs erster Erzählungsband, und sein erster Roman *Der fromme Tanz* erscheinen; das

Drama *Anja und Esther* wird in München (20.10.) und Hamburg (22.10.) uraufgeführt – hier in den Hauptrollen: Klaus und Erika Mann, Pamela Wedekind, Gustaf Gründgens.

1926   Die *Kindernovelle* erscheint. Erika Mann heiratet Gustaf Gründgens (Scheidung 1929).

1927/28 Uraufführung der *Revue zu Vieren* im April in Leipzig (Hauptrollen erneut Klaus und Erika, Pamela Wedekind und Gustaf Gründgens). Der ambitionierte Großessay *Heute und Morgen. Zur Situation des jungen geistigen Europa* erscheint. Von Oktober 1927 bis Juli 1928 Weltreise mit Erika. Die sich durch Vorträge finanzierenden «Mann twins» bereisen erst die USA, weitere Stationen: Hawaii, Japan, Korea und die Sowjetunion.

1929   Der zusammen mit Erika verfasste Reisebericht *Rundherum. Das Abenteuer einer Weltreise*, ebenso *Alexander. Roman der Utopie* und der Novellenband *Abenteuer* erscheinen. Mutmaßlich erste Drogenexperimente. Thomas Mann bekommt den Nobelpreis.

1930   Uraufführung des Stückes *Gegenüber von China* in Bochum und von *Geschwister* (nach Jean Cocteau) in München.

1931   Aufsatzband *Auf der Suche nach einem Weg*. Zusammen mit Erika: *Das Buch von der Riviera. Was nicht im «Baedecker» steht*.

1932   Drei Buchveröffentlichungen: KMs erste Autobiographie *Kind dieser Zeit*; der Roman *Treffpunkt im Unendlichen* und das Theaterstück *Athen*. Freitod des Jugendfreundes Ricki Hallgarten.

1933   KM schreibt Stücke für Erika Manns Kabarett «Die Pfeffermühle» (bis 1936) und emigriert im März erst nach Paris, dann nach Amsterdam; gibt dort unter dem Patronat von Heinrich Mann, André Gide und Aldous Huxley ab September die gegen den europäischen Faschismus gerichtete Zeitschrift *Die Sammlung* heraus (bis August 1935).

1934 Der Roman *Flucht in den Norden* erscheint im Amsterdamer Querido Verlag. Teilnahme am 1. Allunionskongreß der Sowjetschriftsteller in Moskau. Im November wird KM die deutsche Staatsbürgerschaft aberkannt. Holländischer «Gunstpaß».

1935 *Symphonie Pathétique*, Roman über den homosexuellen Komponisten Pjotr Tschaikowsky. Delegierter des deutschen Exil-PEN-Clubs in Barcelona und Gast beim fünftägigen «Internationalen Schriftsteller-Kongress zur Verteidigung der Kultur gegen Krieg und Faschismus» in Paris.

1936 *Mephisto. Roman einer Karriere* – über den Aufstieg des mit den Nazis paktierenden Schauspielers und Regisseurs Hendrik Höfgen in der Hauptstadt des Dritten Reiches. Der Protagonist ist überdeutlich Gustaf Gründgens nachgezeichnet, was den Roman noch vor Gerichte bringen wird. Ab September mit Erika viermonatige Vortragsreise durch die USA.

1937 Im März tschechoslowakischer Staatsbürger. Ende Mai für mehr als drei Wochen Entziehungskur in Budapest: «Ein Zimmer mit vergitterten Fenstern …» (Tagebuch). Bekanntschaft mit Thomas Quinn Curtiss. *Vergittertes Fenster*, Novelle über den Bayernkönig Ludwig II. Ab September erneute viermonatige Vortragsreise durch die USA.

1938 Im April zweite Heroin-Entziehungskur, in Zürich. Im Juni und Juli als journalistischer Berichterstatter im spanischen Bürgerkrieg (mit Erika): u. a. in Madrid, Barcelona und Valencia.

Im September Emigration in die USA, wohin auch die Eltern übersiedeln (Princeton).

1939   *Der Vulkan. Roman unter Emigranten* erscheint. Außerdem *Escape to Life*, eine gemeinsam mit Erika verfasste Bestandsaufnahme der emigrierten Kultur aus dem Deutschen Reich in Form von Porträts seiner Repräsentanten.

1940   *The Other Germany*, ein Versuch, den Amerikanern den deutschen Nazismus zu erklären und für das eigentliche, schützenswerte Deutschland zu werben, verfasst zusammen mit Erika Mann. KM schließt das (zu Lebzeiten nicht veröffentlichte) Manuskript *Distinguished Visitors* ab.

1941   Wohnsitz bleibt vornehmlich das Hotel Bedford in New York City. KM gibt seit Januar die Zeitschrift *Decision. A Review of Free Culture* heraus. Die Unmöglichkeit der Finanzierung gewährleistet ihr Erscheinen nur bis Februar 1942. Bespitzelung durch das FBI beginnt. Im Sommer Suizidversuch.

1942   Zweite Autobiographie *The Turning Point* (erscheint auf Deutsch erst posthum 1952: *Der Wendepunkt*). Suizidversuche. Im Dezember schließlich die erhoffte Einberufung in die U.S. Army.

1943   *André Gide und die Krise des modernen Denkens* (zuerst auf Englisch). KM wird amerikanischer Staatsbürger. *Heart of Europe. An Anthology of Creative Writing in Europe 1920–1940* (hg. zus. mit Hermann Kesten) erscheint. Im Dezember Abreise mit amerikanischem Truppentransport.

1944   Landung in Casablanca; auf alliiertem Feldzug in Italien (als Mitarbeiter des Psychological Warfare Branch, u. a. Flugblätter verfassend). Im Juni Einzug in Rom; im August Entlassungsgesuch.

1945   Schreibt für die US-Armeezeitung «The Stars and Stripes»; im Mai und Juni als deren Berichterstatter im geschlagenen Deutschland und in Österreich. Wiedersehen mit der Poschingerstraße. Im September Entlassung aus dem amerikanischen Militärdienst. Von nun an wechselnde Aufenthalte in Europa und den USA.

1946   *Der siebente Engel*, Drama (zu Lebzeiten ungedruckt, ungespielt).

1947   KM plant eine neue Zeitschrift: *Synthesis*. Nobelpreis für André Gide.

1948   *André Gide. Die Geschichte eines Europäers* (auf Englisch 1943).
        Freitodversuch in Kalifornien. Ab August kurzfristig Lektor im Amsterdamer Querido/Bermann Fischer Verlag.

1949   Vorarbeiten zu dem Roman *The Last Day*. Am 21. Mai Freitod durch Tabletteneinnahme in der Pension «Pavillon Madrid» in Cannes.

Quellenhinweise

«Was für eine Geschichte …» Aus: *Der Wendepunkt. Ein Lebensbericht.* Deutsche Fassung 1949. Neuausgabe 1999. S. 591 f.
«Es ist eine meiner vielen Abreisen …» Aus: *Der Wendepunkt …* (s. o.), S. 244 f.
Gruß an das zwölfhundertste Hotelzimmer. In: *Der Querschnitt,* August 1931.

I Romane, Erzählungen und ein Song:

Treffpunkt im Unendlichen. Roman von 1932: das neunte von zwölf Kapiteln. Neuausgabe Reinbek 1998.
Letztes Gespräch. Erzählung von 1934. Neuausgabe in *Speed. Die Erzählungen aus dem Exil.* Reinbek 1992.
«Ernstes Lied (Kleines Lied)». Text von 1935 für das Kabarett «Die Pfeffermühle». In: Helga Keiser-Hayne, *Erika Mann und ihr politisches Kabarett «Die Pfeffermühle» 1933–1937. Texte, Bilder, Hintergründe.* Reinbek 1995.
Symphonie Pathétique. Ein Tschaikowsky-Roman. Erschienen 1935. Hier das fünfte von zehn Kapiteln. Neuausgabe Reinbek 1999.
Mephisto. Roman einer Karriere. Erschienen 1936, verboten 1966, halblegal neu aufgelegt 1981. Hier das erste Kapitel. Neuausgabe Reinbek 2000.
Vergittertes Fenster. Novelle von 1937: die erste Hälfte, S. 45 bis 66, in der Ausgabe *Speed. Die Erzählungen aus dem Exil.* Reinbek 1992 (S. 45–98).
Der Vulkan. Roman unter Emigranten. Erschienen 1939. Drei Teile mit jeweils fünf Kapiteln; hier: III. Teil, Kapitel 1. Neuausgabe Reinbek 2004.

Speed. Erzählung von 1940, ursprünglich in englischer Sprache (übersetzt von Monika Gripenberg und Heribert Hoven). Mittelteil: S. 120 bis 140 in der Ausgabe *Speed. Die Erzählungen aus dem Exil.* Reinbek 1992 (S. 105–151).

II Aufsätze, Kritiken und ein Brief:

Die Texte und Erstdruckhinweise entstammen folgenden von Uwe Naumann und Michael Töteberg herausgegebenen Bänden zu Klaus Mann:

[Bd. 1] *Die neuen Eltern. Aufsätze, Reden, Kritiken 1924–1933.* Reinbek 1992.

[Bd. 2] *Zahnärzte und Künstler. Aufsätze, Reden, Kritiken 1933–1936.* Reinbek 1993.

[Bd. 3] *Das Wunder von Madrid. Aufsätze, Reden, Kritiken 1936–1938.* Reinbek 1993.

[Bd. 4] *Zweimal Deutschland. Aufsätze, Reden, Kritiken 1938–1942.* Reinbek 1994.

[Bd. 5] *Auf verlorenem Posten. Aufsätze, Reden, Kritiken 1942–1949.* Reinbek 1994.

Gottfried Benns Prosa. Im Januar 1930 in *Die Literatur* (Stuttgart, Berlin). [Bd. 1]

Gottfried Benn oder Die Entwürdigung des Geistes. Im September 1933 in *Die Sammlung,* der von Klaus Mann im Exil in Amsterdam gegründeten Zeitschrift. [Bd. 2]

Kultur und «Kulturbolschewismus». Zu Lebzeiten unveröffentlicht; datiert April 1933. [Bd. 2]

Bertolt Brecht und Hanns Eisler: «Lieder – Gedichte – Chöre». Im Mai 1934 in *Die Sammlung.* [Bd. 2]

Homosexualität und Faschismus. Am 24. Dezember 1934 in *Europäische Hefte/Aufruf* (Prag). Ernst Röhm, seit Januar

1931 Stabschef der SA, wurde (neben anderen) am 30. Juni 1934 wegen angeblicher Putschpläne gegen Hitler auf dessen Befehl erschossen: Verrat und Homosexualität lautete der Vorwurf, «Staatsnotwehr» die Rechtfertigung. [Bd. 2]

Zahnärzte und Künstler. Am 27. Januar 1934 in *Das Neue Tage-Buch* (Paris, Amsterdam). [Bd. 2]

An die Staatsschauspielerin Emmy Sonnemann-Göring. Am 21. April 1935 im *Pariser Tageblatt*, elf Tage nach der Heirat von Emmy Sonnemann mit Reichsmarschall Hermann Göring. [Bd. 2]

Thomas Manns politische Entwicklung. Verfasst in New York und datiert Dezember 1936. Zu Lebzeiten in englischer Übersetzung in *Common Sense* (New York) Februar 1937 erschienen. [Bd. 3]

Kleine Verzauberung. Am 20./21. März 1938 in der *Pariser Tageszeitung*. [Bd. 3]

Stimmungen in den USA. Am 5. Januar 1938 in *Die Volksillustrierte* (Prag). [Bd. 3]

Barcelona ist ruhig. Am 2. Juli 1938 in der *Pariser Tageszeitung*. [Bd. 3]

Der größte Bluff. KMs letzte bekannte Verlautbarung vor Beginn des Zweiten Weltkrieges, so die Herausgeber. Zu Lebzeiten unveröffentlicht. Datiert 29. August 1939, Santa Monica (USA), englisches Manuskript, übersetzt von Monika Gripenberg. [Bd. 4]

Die Pflichten eines neuen Bürgers. Im Januar 1940 in *Topics* (New Jersey, USA). Aus dem Engl. v. Monika Gripenberg. [Bd. 4]

Die Brüder. Am 18. Oktober 1940 in *Aufbau/Reconstruction* (New York).

Entschuldigung bei Charlie Chaplin. Zu Lebzeiten unveröffentlicht; entstanden mutmaßlich nach Rudolf Heß' Flug nach Schottland am 10. Mai 1941. Hitlers Stellvertreter wollte aus ungeklärten Motiven eine Kapitulation anbieten. Aus dem Engl. v. Monika Gripenberg. [Bd. 4]

Dank an André Gide. In der November/Dezember-Ausgabe 1941 der von KM in New York gegründeten Zeitschrift *Decision*. Aus dem Engl. v. Erika Mann. [Bd. 4]

The Last Decision. Englisches Manuskript, zu Lebzeiten unveröffentlicht. Deutsch v. Michel Grunewald. Das letzte Heft von KMs Zeitschrift *Decision* erschien im Februar 1942. Die Datierung des Textes bleibt spekulativ. [Bd. 4]

Cities in the News (2): Tunis. Am 16. September 1943 in *Camp Crowder Message*, zweite Folge einer neunteiligen Artikelserie. Aus dem Engl. v. Monika Gripenberg. [Bd. 5]

Es gibt keine Heimkehr! Am 20. Mai 1945 in *The Stars and Stripes*, Rom. Aus dem Engl. v. Heribert Hoven. [Bd. 5]

Ein KZ zum Vorzeigen. Am 3. Juni 1945 in *The Stars and Stripes*, Rom. Aus dem Engl. v. Monika Gripenberg [Bd. 5]

Der Liebling von Berlin. Zu Lebzeiten unveröffentlicht. Aus dem Engl. v. Monika Gripenberg. [Bd. 5]

Nazismus in Deutschland wieder im Aufwind. Am 5. Juni 1946 in *The Rome Daily American*. Aus dem Engl. v. Monika Gripenberg. [Bd. 5]

B 21/3

Monacensia, München

Familie Mann

Die wichtigste deutsche Schriftstellerfamilie des 20. Jahrhunderts und ihr Werk

Heinrich Mann
Professor Unrat
Roman. rororo 10035
Die Jugend des Königs
Henri Quatre
Roman. rororo 13487
Die Vollendung des Königs
Henri Quatre
Roman. rororo 13488

Erika Mann
Blitze überm Ozean
Aufsätze, Reden, Reportagen
rororo 23107
Mein Vater, der Zauberer
*Hg. von Irmela von der Lühe
und U. Naumann.* rororo 22282

Monika Mann
Vergangenes und
Gegenwärtiges
Erinnerungen. rororo 23087

Klaus Mann
Kind dieser Zeit
rororo 22703
Mephisto *Roman einer Karriere*
rororo 22748

Speed *Die Erzählungen aus
dem Exil.* rororo 12746
Treffpunkt im Unendlichen
Roman. rororo 22377
Der Vulkan
Roman unter Emigranten
rororo 22591
Der fromme Tanz
Roman

rororo 23687

Weitere Informationen in der Rowohlt Revue *oder unter* www.rororo.de